Stefan Schweizer

Nationalsozialistischer Untergrund
NSU 1.0

SWB Media Entertainment

Bibliografische Information der Deutschen Nationalbibliothek:
Die Deutsche Nationalbibliothek verzeichnet diese Publikation in der
Deutschen Nationalbibliografie; detaillierte bibliografische Daten sind
im Internet über http://dnb.d-nb.de abrufbar.

Veröffentlicht im Südwestbuch Verlag, einem Unternehmen der
SWB Media Entertainment Jürgen Wagner, Waiblingen, Oktober 2020

1. Auflage 2020
ISBN 978-3-96438-052-4
© 2020 SWB Media Entertainment, Gewerbestraße 2, 71332 Waiblingen
Lektorat: Martin Müncheberg, Berlin
Titelgestaltung: Dieter Borrmann, Kleve
Satz: SWB Media Entertainment
Druck, Verarbeitung: Bookfactory EU
Für den Druck des Buches wurde chlor- und säurefreies Papier verwendet.

www.suedwestbuch.de

Dr. Stefan Schweizer analysiert in „Nationalsozialistischer Untergrund – NSU 1.0" ein Paradebeispiel für deutschen Rechtsterrorismus. Die NSU-Terrorzelle ermordete unbehelligt neun Menschen mit Migrationshintergrund und flog erst fünf Jahre später durch einen Banküberfall auf. Laut Polizeiangaben erschossen sich Uwe Böhnhardt und Uwe Mundlos selbst, und der einzigen Überlebenden des Trios, Beate Zschäpe, wurde vor dem Oberlandesgericht München der Prozess gemacht.

Schweizer untersucht nicht nur die verübten rechtsextremistischen Verbrechen, er setzt sich auch intensiv mit dem später erfolgten Versuch einer ideologischen Rechtfertigung auseinander – dem NSU-Bekennervideo und weiteren Dokumenten.

„NSU 1.0" enthält hochbrisante, exklusive Aussagen zentraler Personen des Falles und legt den Finger in die immer noch offene Wunde dieser unglaublich anmutenden Staatsaffäre.

Inhalt

1   Vorwort 9

2   Einleitung 15

3   Vorgehensweise 23

4   Am Anfang war die Tat
    – Besonderheiten des Rechtsextremismus 26

5   Wege zur Radikalisierung: Das „Terror-Trio". 30

5.1 Beate Zschäpe 32

5.2 Uwe Mundlos 34

5.3 Uwe Böhnhardt 35

5.4 Radikalisierung und Untertauchen 37

5.5 Fazit 43

6   Organisation der Illegalität 45

6.1 Waffen 47

6.2 Tarnidentitäten 49

6.3 Wohnungen 50

6.4 Nachbarschaft 51

6.5 Urlaubsbekanntschaften 54

6.6 Fazit 55

7   Das Trio und sein Beziehungsstatus 57

8   Die Bank- und Raubüberfälle 62

9   Taten statt Worte I: Eskalationsstufe Migrantenmorde 69

9.1 Enver Şimşek 71

9.2 Abdurrahim Özüdoğru 73

9.3 Süleyman Taşköprü 76

9.4 Habil Kılıç 78

9.5 Mehmet Turgut 82

9.6 İsmail Yaşar 85

9.7 Theodoros Boulgarides 88

9.8 Mehmet Kubaşık 92

9.9 Halit Yozgat 94

9.10 Fazit 98

10 Taten statt Worte II: Angriff auf den Staat 103

10.1 Michèle Kiesewetter 105

10.2 Fazit 109

11 Die Bombenanschläge 111

11.1 Wehrmachtsausstellung Saarbrücken 111

11.2 Nürnberg 114

11.3 Köln I 116

11.4 Köln II 119

12 Rechtsextremismus 127

12.1 Geschichte des Rechtsextremismus nach 1945 128

12.2 Entwicklung des Rechtsextremismus nach 1990 131

12.3 Schnittstellen THS und NSU 133

12.4 Ideologische Schnittmengen und
     Internationalisierung der Nationalisten 135

12.5 Die NSU-Artikel (Mundlos) 146

12.6 Das NSU-Bekenner-Video 158

12.7 Der Horst Mahler-Brief 215

13   Die NSU-Untersuchungsausschüsse 223

14   Der NSU-Prozess:
     Wiederherstellung der Gerechtigkeit? 234
14.1 Das juristische Personal 235
14.2 Die Angeklagten. 242
14.3 Akkreditierungsverfahren für Journalisten. 243
14.4 Prozessverlauf 244
14.5 Einlassungen Zschäpes und Wohllebens 250
14.6 Die psychiatrischen Gutachten 253
14.7 Die Plädoyers. 258
14.8 Das Urteil 261
14.9 Fazit 264

15   NSU, Unterstützer, V-Leute und Behördenhandeln 270
15.1 NSU und mögliche Unterstützer. 272
15.2 Interpretationen des NSU im rechtsextremen
     Spektrum – vor und nach dem Auffliegen 274
15.3 Möglichkeiten zur Verhinderung des NSU. 276
15.4 NSU, V-Leute und Behörden 278

16   Zeugensterben 295
17   Fazit 304
18   Literatur (Auswahl). 306

1 Vorwort

Diesem Buch ist vorauszuschicken, dass es schwierig ist, in Sachen Nationalsozialistischer Untergrund Dinge objektiv zu beweisen und dass daher viel auf Spekulationen beruht. Viele der beteiligten Akteure, darunter auch staatliche Institutionen und staatliche Einzelakteure, geben sich alle denkbare Mühe, Fakten sogar unter der Verwendung von Drohungen zurückzuhalten und zahlreiche Nebelkerzen zünden. Dies lässt sich z. B. daran ablesen, dass zwei wichtige Gesprächspartner, die mir Gespräche zusicherten und dabei signalisierten, dass sie veritable Bomben über die Causa NSU zu berichten haben, ihre Angebote zurückzogen. Als ich nach den Gründen fragte, konnte ich kaum glauben, was ich hörte. Einer der beiden wurde anonym direkt mit dem Tode bedroht, sollte er mit mir sprechen, bei dem anderen wurden indirekte Drohungen, die sich auf sein Kind bezogen, gemacht. Da die Drohungen anonym erfolgten, kann keiner sagen, von wem sie stammen. Wie immer stellt sich bei solchen Sachen die Frage: Wem nutzt das? Dieser Frage will dieses Buch in besonderem Maße nachgehen: Wer hat besonderes Interesse daran und besonderen Nutzen davon, dass bestimmte Sachverhalte des NSU-Komplexes niemals das Tageslicht erblicken?

Meine im Buch präsentierten logischen Schlüsse und Erkenntnisse basieren nach bestem Wissen und Gewissen auf meinen umfangreichen Recherchen und Gesprächen mit Insidern, welche die Geschichte des NSU aus erster Hand kennen. Dass es nahezu keinerlei objektiv belastbaren Beweise gibt, könnte ein Indiz für eine geheimdienstliche Beteiligung sein, denn Geheimdienstler haben es von der Pike auf gelernt, keine Spuren zu hinterlassen oder aber bestehende Spuren zu beseitigen. Es geht mir darum, die Erkenntnisse meiner Recherchen, Nachforschungen und Überlegungen unverfälscht zu präsentieren. Dass diese Version der NSU-Geschichte nicht exakt zu dem passt, was politisch und kulturgesellschaftlich in Sachen NSU vorgegeben wird, ist klar. Mein Narrativ ist ein anderes als das der Bundesanwaltschaft (BAW), der großen Medien und des herrschenden politischen Systems. Jeder, der nur fünf Minuten über die Causa NSU nachdenkt, muss beinahe zwangsläufig zu dem Ergebnis gelangen, dass die offiziellen Versionen der Geschichte in der behaupteten Absolutheit nicht stimmen können. Punkt.

Laut BAW hat der Nationalsozialistische Untergrund (NSU) zehn Menschen kaltblütig liquidiert, verheerende Bombenanschläge durchgeführt sowie zahlreiche Bank- und Raubüberfälle begangen. Wenn der Bundesgerichtshof (BGH) die schriftliche Urteilsbegründung des Oberlandesgerichts (OLG) München bestätigt, die im April 2020 vorgelegt wurde, dann ist das juristische Urteil ein für allemal gefällt und es gibt eine juristische Wahrheit, die aber nicht zwangsläufig mit dem übereinstimmen muss, was tatsächlich passiert ist. Es gibt leider nicht die eine einzige „wahre" Geschichte des NSU, sondern mindestens Dutzende.

So besitzt z. B. die Frage, ob es „den" NSU überhaupt jemals gab, mehr Berechtigung, als dies auf den ersten Blick einzuleuchten vermag. Dazu sagte mir ein altgedienter Neonazi, der sich als Revolutionär bezeichnet und der als einer der besten Kenner des NSU gilt: „Den NSU gab es schon. Uwe Böhnhardt, Uwe Mundlos und Beate Zschäpe verstanden sich als Nationalsozialisten und sie lebten im Untergrund. Ob der NSU allerdings die ihm zugeschriebenen Verbrechen ausschließlich aus Fremdenhass begangen hat, wage ich zu bezweifeln."

Thorsten Heise, der als einer der am besten vernetzten westdeutschen Rechtsextremisten gilt, erörterte mit mir die Thematik des NSU am Telefon: „Die NSU-Geschichte stimmt von vorne bis hinten nicht. Nachdem der NSU aufflog, gab es aus einem anderen Grund ein Treffen auf Leitungsebene aus dem rechtsextremistischen Spektrum. Im Nachklang wurde auch der NSU thematisiert. Aber keiner wusste etwas über den NSU. Wäre der NSU wirklich eine rechtsextreme Geschichte gewesen, dann hätte einer von uns Bescheid gewusst." Die jüngst erschienene Autobiografie eines westdeutschen Neonazis und Rockers stößt in dasselbe Horn, wenn dort behauptet wird, dass die rechte Szene schlimmer als ein Waschweiberverein tratschen würde. Bei zu vielen Mitwissern hätte sich das NSU-Geheimnis nicht lange halten können, so viel scheint festzustehen.

Der Umstand der Polyvalenz des NSU-Narrativs hängt auch nicht unbedingt damit zusammen, dass Beteiligte lügen. Klar, es gibt gezielte Desinformation und geschönte Wahrheiten. Aber je nach Blickwinkel der Beteiligten (Opfer, Unterstützer der Täter, Beamte aus den Sicherheitsdiensten, Juristen usw.) ergibt sich jeweils eine eigene Sicht der Dinge, die dann als Wahrheit bezeichnet werden kann. Mir geht es bei diesem Buchprojekt in allererster Linie darum in Erfahrung zu bringen, was (aufgrund meiner Recherchen) am Ehesten einem objektiven Bild der Ereignisse um den NSU entspricht.

Knapp zehn Jahre nach der Enttarnung des NSU ist es an der Zeit, eine möglichst objektive Darstellung der Ereignisse um den NSU zu verfassen. Mich leitet dabei der Versuch, aus der ungeheuren Zahl an Fakten, Daten und Behauptungen die Wesentlichen herauszufiltern, um ein lesefreundliches und spannendes Buch zu schreiben, das sich nicht in einem exzessiven Fußnotenkrieg ergeht und letztlich doch „nur" die Staatsschutz- bzw. BAW-Version darstellt. Zudem möchte ich ins Bewusstsein rufen, dass es auf deutschem Boden wegen der NS-Geschichte nie wieder rassistisch motivierte Gewalttaten geben darf und dass vor allem der Staat in keiner Form in solche Straftaten involviert sein darf, da er ansonsten seine hehrsten Ziele ad absurdum führen würde. Dieses „Nie wieder!" ist vielen nicht mehr präsent und die Singularität der Verbrechen der NS-Zeit werden auch von den Leitmedien immer stärker als Ballast der Geschichte relativiert. Auch hier setzen sich geschichtsrevisionistische Tendenzen durch.

Eine der vornehmsten Aufgaben des vorliegenden Buchs ist es, prekäre Fragen zu stellen und auf die zwielichtige Rolle staatlicher Institutionen in der Causa NSU hinzuweisen. Eine Involvierung staatlicher Stellen in Sachen politischer Extremismus ist nicht tolerierbar. Das ist ein frommer Wunsch, da bundesdeutsche Geheimdienste immer schon extremistische Zirkel unterwanderten, sie staatlich finanzierten und durch V-Leute zu Straftaten anstachelten. Die Geschichte des NSU beweist, wie eng seine Historie mit dem Agieren verschiedener Geheimdienst- und Polizeidienststellen und deren V-Männern zusammenhängt. Hinzu kommen potenzielle Bezüge zur Organisierten Kriminalität (OK), wodurch die Staatsräson vollends ruiniert wäre.

Die beschriebenen Mischformen von Akteurs- und Institutionsinteraktionen scheinen bis heute Relevanz zu besitzen. Zudem besteht offensichtlich noch immer ein Interesse daran, das Narrativ und damit die Deutungshoheit in Sachen NSU zu steuern. Eine meiner Quellen versorgte mich mit exklusivem und brisantem Bildmaterial, das als Beweis dienen könnte, dass der NSU die beiden Bombenanschläge in Köln nicht alleine begangen hat, sondern dass Akteure der „Dienste" (wer auch immer das in der deutschen Sicherheitsarchitektur gewesen sein mag) ihre Finger im Spiel hatten. Diese Quelle meldete sich schlagartig lange Zeit nicht mehr. Dann teilte sie mir mit, dass sie nicht mehr mit mir sprechen könne, da eine den „Diensten" nahestehende Person bewusst pointiert gefragt habe, ob er denn den Eindruck habe, dass sein Kind im Kindergarten wirklich sicher aufgehoben sei. Ich denke, eine primitivere und unwürdigere Form der Einschüchterung ist kaum denkbar. Ähnlich erging es mir mit einem Interview-Partner, der zunächst sehr erfreut war, dass ein Autor den Mut besitzt, auch andere Sichtweisen auf die Causa NSU zuzulassen. Am Telefon wollte er nicht darüber reden, da er vermutlich zu Recht davon ausging, dass wir abgehört werden. Wegen des Corona-Hypes verschoben wir ein persönliches Treffen. Beim nächsten Telefonat sagte mir dieselbe Person, dass sie nicht mit mir sprechen könne, da sie sich dafür entschieden habe, weiterzuleben. Das sei er seiner Familie schuldig. Was beinahe wie aus einem Politthriller wirkt, ist signifikant, da es sich bei der Person um eine Respektsperson handelt, die aus massivem Eigeninteresse das Gespräch mit mir suchen wollte, um das offizielle NSU-Narrativ zurechtzurücken. Offensichtlich ist dieser Versuch erfolgreich (von wem auch immer) unterbunden worden.

Auch hier könnte massiver Druck von den „Diensten" aufgebaut worden sein, um Gesprächspartner, die um pikante Details der NSU-Affäre wissen, mundtot zu machen. Allerdings sind auch andere Akteure denkbar, die diese Gespräche mit allen Mitteln unterbinden wollten. Dieses Level an Energie und das Ausmaß der Bemühungen, Gespräche mit diesen Zeugen zu verhindern, könnten belegen, dass in deutschen Amtsstuben teilweise Nervosität wenn nicht sogar Panik herrscht, dass etwas das Tageslicht erblicken könnte, was für immer in den Kellerarchiven der Dienste weggeschlossen sein sollte – zum Schutze und im Interesse der Bundesrepublik Deutschland (BRD), versteht sich.

Heute leben laut Medienangaben hunderte von Neonazis im Untergrund und bilden eine wahrhaftige Bedrohung der deutschen Demokratie. Sie werden zudem mit Haftbefehlen gesucht, können aber nicht gefunden werden, was entweder für die Unfähigkeit der Ermittlungsbehörden oder aber für ein hohes Maß an taktisch-strategischer Schulung in Sachen Illegalität bei den Rechtsextremen spricht.

Einer der Repräsentanten der rechten Szene wiegelte bei diesem Sachverhalt die Gefahr aber eher ab, während er genüsslich sein Bierglas vollschenkte und schmunzelnd preisgab: „Meistens handelt es sich um ausstehende Unterhaltszahlungen oder nicht bezahlte Rechnungen." Angesichts der brutalen Mordserie, die vor nicht einmal einem Jahrzehnt den militanten Neonazis Zschäpe, Böhnhardt und Mundlos zugeschrieben wurde, finde ich die Aussicht auf untergetauchte Rechtsextremisten beunruhigend, auch wenn ein Teil der Personen tatsächlich „nur" wegen offener Rechnungen, Leistungserschleichung, dem Verwenden verfassungsfeindlicher Symbole oder offener Unterhaltsforderungen und nicht wegen staatsgefährdender Aktivitäten gesucht wird. Einige der untergetauchten Neonazis werden aber auch Anschläge und einen Putsch planen – alles andere würde ein Armutszeugnis in Sachen Militanz und Extremismus für die Szene des äußersten rechten Rands darstellen.

Um sich für ein Worst-Case-Szenario in Sachen rechtsextremer Putsch und rechtsterroristische Aktivitäten zu wappnen, ist es hilfreich, aus der jüngsten Geschichte zu lernen:
- Welche Erkenntnisse über den NSU können als zutreffend betrachtet werden?

- Welche Annahmen haben sich als falsch herausgestellt bzw. sind nicht mehr haltbar?
- Welche Tatsachen sind in der Zwischenzeit ans Licht gekommen?
- Ändert sich dadurch etwas an der Bewertung des NSU?

Auf den ersten Blick dürfte in Sachen NSU weitgehende Klarheit herrschen. In einem der aufwendigsten Gerichtsverfahren in der Geschichte der BRD wurden Beate Zschäpe als Mitglied des NSU und Unterstützer[1] des NSU zu empfindlichen Haftstrafen verurteilt. Dennoch verstummen mahnende Stimmen nicht, dass damit noch nicht das letzte Wort über den NSU gesprochen sei. „Kein Schlussstrich!" forderten auch die Angehörigen der Opfer nach der Urteilsverkündung. Die Frage lautet, ob die Wahrheit bei der juristischen Aufarbeitung zumindest teilweise auf der Strecke geblieben ist.

Dies herauszufinden ist eine wichtige Aufgabe dieses Buchs. Um Missverständnissen vorzubeugen: Bei „Nationalsozialistischer Untergrund – NSU 1.0" handelt es sich um kein Buch, das Verschwörungstheorien nachgeht. Das ist gar nicht nötig. Denn die Causa NSU beinhaltet sogar ohne verschrobene Weltsicht ungeheuerliche Geheimnisse. Es ist fraglich, ob die „Wahrheit" über den NSU zeitnah herausgefunden werden kann, zumal Akten von den Länder- und Geheimdienstbehörden z. T. 120 Jahre unter Verschluss gehalten werden. Dadurch dürfte klar sein, dass das Themengebiet NSU nach wie vor ein nicht nur metaphorisches, sondern veritables Minenfeld ist. Offensichtlich sollen Sachverhalte der Öffentlichkeit vorenthalten werden – nicht zuletzt zum

---

[1] Der einfacheren Lesbarkeit halber wird im Folgenden immer die männliche Form geschrieben. Das Genderkorrekte (*) stört – das haben viele Rückmeldungen auf mein Sachbuch „50 Jahre RAF – Die ganze Geschichte" ergeben – den Lesefluss doch erheblich. Insofern ist immer auch die weibliche Form der Hauptwörter mitzulesen.

Schutz des Ansehen des Staates, seiner Institutionen und seiner Akteure.

Als promovierter Politikwissenschaftler habe ich mich seit jeher mit politischer Ideengeschichte beschäftigt und war stets von politischen Extremismen fasziniert. Nicht selten befiel mich der Gedanke, dass es die politischen Kräfte an den Rändern sind, welche die demokratische Gesellschaft im Kern zusammenhalten. Über die Geschichte der Roten Armee Fraktion (RAF) habe ich bereits ausführlich publiziert.[2] Den militanten Islamismus und Ausländerextremismus à la PKK habe ich in zwei Kriminalromanen und einer Doku-Fiktion über das Leben Anis Amris zum Thema gemacht. Zum Rechtsextremismus habe ich bisher aus biografischen Gründen Abstand bewahrt. Denn auch meine Familie ist durch ihre Geschichte während des nationalsozialistischen Dritten Reichs und des Zweiten Weltkriegs stark belastet. Mein Großvater meldete sich seinen Erzählungen zufolge kurz nach Kriegsbeginn freiwillig zur Waffen-SS und landete bei der Leibstandarte Adolf Hitler. Er kämpfte hauptsächlich auf dem Balkan, in Griechenland und der UdSSR. Als hochdekorierter Soldat kam er 1945 in sowjetische Gefangenschaft, wurde erst zum Tode und dann zu lebenslanger Lagerhaft verurteilt. Bereits 1950 kehrte er aus Gebieten hinter dem Ural nach Deutschland zurück und konnte das erste Mal seinen Erstgeborenen (meinen Vater) in seine Arme schließen. Nach dem Krieg schrieb er viel über seine zahlreichen Kriegserfahrungen und es gab kaum ein SS-Kameradschaftstreffen, das er ausließ.

Rechtsradikale waren für mich lange Zeit „Glatzen" mit Bomberjacken und Springerstiefeln, die sich ins Koma saufen und kurz vor dem Wegkippen noch den rechten Arm heben, um „Sieg Heil"

---

[2] Vergleiche mein Buch „50 Jahre RAF – Die ganze Geschichte".

zu lallen. Dieses Verständnis entsprach auch dem damals durch die Sicherheitsbehörden und Medien propagierten Bild. Auch die politische Bildung in der Sekundarstufe II zeichnete im Kern dieses reichlich beschränkte Bild der rechten Szene.

Natürlich war mir bewusst, dass es auch intellektuelle neonazistische Kader gibt, die nicht im Vollrausch Asylbewerberheime anzünden oder linken „Zecken" das Maul stopfen. Nach dem Auffliegen der NSU-Terrorzelle wurde mir bewusst, dass moderne Neonazis über eine gefestigte Weltanschauung und durchdachte Strategien und Taktiken verfügen, um ihre Weltanschauung in die Tat umzusetzen.

Die Entdeckung des NSU könnte der Beginn eines Rechtsrutsches in unserer Gesellschaft gewesen sein. Zwar gab es einen Aufschrei der Empörung der aufrechten Bürger und demokratischen Mitte. Doch zugleich war viel Vertrauen in die deutschen Behörden und den Staat verloren gegangen, da immer mehr über die Verwicklungen der staatlichen Institutionen in die Causa NSU bekannt wurde. Der gesellschaftliche Rechtsrutsch potenzierte sich 2015 durch die „Flüchtlingskrise" und dem lakonischen „Wir schaffen das!" von Bundeskanzlerin Angela Merkel, das auch vielen in der Mitte der Gesellschaft sauer aufstieß. Die Flüchtlingswelle gab rechten Think Tanks reichlich Nahrung. Die Rechten schienen kapiert zu haben, dass der Weg zur gesellschaftlichen Unterminierung und der Weg zur Macht über die kulturpolitische Vorherrschaft führt und nicht (wie vom NSU vorexerziert) durch militärische Gewalt beschritten werden kann. An dem Projekt, die kulturelle Vorherrschaft in Deutschland zu erlangen, arbeitet die Rechte intensiver denn je, was zu einer gesellschaftlichen Spaltung führt. Dadurch, dass sich die Rechten in der politisch reüssierenden Alternative für Deutschland (AfD) sammelten, wurden sie politisch hoffähig und zogen mit überraschend guten Wahlergebnissen in den Bundestag und in die Länderparlamente ein. Seitdem scheint sich die rechte Front bei allen politischen Differenzen geschlossen gegen die demokratische Mehrheit in Deutschland zu stellen. In der AfD ist der rechte „Flügel" dabei, das politische Geschehen zu dominieren, auch wenn es verzweifelte Bemühungen in der Mitte der AfD gibt, die dies verhindern wollen. Das wird aber vermutlich nicht gelingen. Erklärtes Ziel ist die legale Machtübernahme, um danach einen extralegalen Zustand herbeizuführen, der das Ende unserer Demokratie bedeuten würde. Dabei sind die neuen Rechten nicht durch Äußerlichkeiten vom Mainstream zu unterscheiden. Sie tragen Anzüge, Krawatten und hochwertige Schuhe. Sie verfügen über ein hohes Maß an Sozialkompetenz und intellektuellen Fähigkeiten, die es Gegnern erschweren, sie mit sachlich-rationalen Argumenten auszustechen. Kurzum, die politische Rechte ist in der Mitte der Gesellschaft angekommen. Wie gefährlich diese Konstellation ist, wird klar, wenn man sich vergegenwärtigt, dass es inzwischen Stimmen gibt, die vor einer größeren Flüchtlingswelle als 2015 warnen. Diese Stimmen wurden nur für kurze Zeit durch den Ausbruch der Corona-Pandemie erfolgreich aus den Schlagzeilen verdrängt. Nicht wenige behaupten, dass die AfD im Falle eines noch gigantischeren Flüchtlingsstroms als 2015 die Bundestagswahlen gewinnen könne. In ihrem Schatten würden dann auch die gewaltbereiten Rechtsextremisten Auftrieb erhalten, was zu bürgerkriegsähnlichen Zuständen führen könne.

Der rasante Aufstieg der nationalpopulistischen AfD sollte nicht darüber hinwegtäuschen, dass es nach wie vor militante Rechtsextremisten in Deutschland gibt, die auch vor der Anwendung militärischer Gewalt nicht zurückschrecken, sondern dadurch die Macht an sich reißen möchten. Diese Machtübernahme unterscheidet sich fundamental von den Vorstellungen der AfD, die zuerst die parlamentarische Macht gewinnen möchte. Die Rechten würden dann aller Voraussicht nach (sollte ihnen ein solcher Coup gelingen) Schritt für Schritt die Demokratie abschaffen. Für militant-radikale Personen, Zusammenschlüsse und Organisationen gilt, dass der NSU in seiner Vorbildfunktion nicht zu unterschätzen ist, auch wenn heutige Militante den NSU als „Kindergarten" oder „Vorspiel" in Sachen auszuübender Militanz bezeichnen. Diesen vollmundigen Bewertungen und Ankündigungen sind bisher zum Glück aber keine Taten gefolgt.

In der Nachfolge des NSU entstanden rechtsextreme Organisationen, die (wie ihre NSU-Vorbilder) den bewaffneten Kampf im Herzen Europas aufnehmen wollten. Dieser Kampf erfolgt in zwei Stoßrichtungen. Er richtet sich einerseits gegen alles Fremdländische und tritt für eine Reinhaltung der deutschen Kultur und Rasse ein. Die ersten Opfer dieses Kampfs sind daher Ausländer. Die zweite Stoßrichtung geht gegen das politische System Deutschlands. Ziel ist es, durch Anschläge Chaos und Verunsicherung in der Bevölkerung herbeizuführen und das Vertrauen in das politische System zu unterminieren. Die Hoffnung hinter dieser strategisch-taktischen Ausrichtung besteht darin, dass sich bei äußerst instabilen politischen Verhältnissen Teile der Polizei und des Militärs auf die Seite der Rechtsextremen schlagen und dadurch deren Machtübernahme ermöglichen. Ein solches Szenario ist nicht völlig von der Hand zu weisen, zumal in den Sicherheitsbehörden und im Militär häufig rechte Gesinnungen vorhanden sind – die gesellschaftspolitische Auseinandersetzung mit diesem Thema ist in vollem Gang. Der NSU könnte in dieser Hinsicht als Vorbild dienen: Zunächst ermordete er neun Menschen mit Migrationshintergrund, um danach den Staat in Form seiner Repräsentanten anzugreifen.

Die mir bekannten rechtsextremistischen Pläne zur Machtübernahme sind beängstigend, da sie im Gegensatz zum NSU nicht eine Strategie der Nadelstiche verfolgen, sondern einen richtiggehenden Putsch anvisieren. Sie zielen nicht „nur" auf eine kommunikative Botschaft für die Unterstützer und gegen die in Deutschland lebenden Migranten, sondern sie sollen der Machterringung eines totalitären Regimes dienen. Dafür wurden laut Medien Todeslisten verfasst, die z. T. Zehntausende Namen umfassen. Die Planungen waren schon so weit gediehen, dass martialische Waffenvorräte angelegt wurden. Alarmierend ist auch, dass sich die rechtsextremen Verschwörer-Gruppen u. a. aus hochrangigen und gut ausgebildeten Polizisten und Soldaten zusammensetzen, die ihr Handwerk verstehen sollten.

Eine Beschäftigung mit der Entstehung, den Taten, der Weltanschauung, Taktik und Strategie des NSU ist nötig, um die Gefahren, die unsere Demokratie bedrohen, aus ihrer historischen Entwicklung heraus verstehen und abwehren zu können. Nur durch die Beschäftigung mit diesem Thema können wir verstehen, warum unsere Gesellschaft gespalten ist – einige behaupten, so stark wie seit der Endphase der Weimarer Republik nicht mehr. Zudem erhalten wir Einblick in die Denkweisen derjenigen, die einer modernen rechtsextremistischen Ideologie anhängen, deren Vorläufer vor nicht einmal hundert Jahren 55 Millionen Tote mitverursacht hat. Dabei sollten die kritisch zu hinterfragenden Rollen der staatlichen Institutionen beleuchtet werden, welche die Causa NSU von

Beginn an begleiten und die bis heute Anlass zu Geraune über Deep-State-Verschwörungen geben. Vielleicht können wir für die Zukunft lernen, wie sich Fehler, die beim NSU begangen wurden, vermeiden lassen, denn die staatlichen Pleiten, Pech und Pannen dienen den Rechten mitunter als Rechtfertigung ihrer Umtriebe. Zudem helfen sie Rechtsradikalen, sich gegenüber dem Staat in der Opferrolle zu sehen – eine Argumentationsfigur, die (ihre Richtigkeit vorausgesetzt) aus der Sicht der Rechten nur schwer zu entkräften wäre.

Die NSU-Terrorzelle ermordete gemäß dem offiziellen Staatsnarrativ zwischen 2000 und 2006 neun Männer mit Migrationshintergrund im zeugungsfähigen Alter, um zum Erhalt der deutschen „Rasse" beizutragen. 2007 erschossen sie einen Polizisten und verletzten einen weiteren schwer. Vier Jahre später flog der NSU nach einem Banküberfall auf. Böhnhardt und Mundlos, der männliche Kern des NSU-Trios, begingen angeblich erweiterten Suizid. Der Überlebenden des Trios, Zschäpe, wurde vor dem Oberlandesgericht (OLG) München der Prozess gemacht.

Das Motto der NSU-Rechtsterroristen lautete „Taten statt Worte". Deshalb werden in diesem Buch zuerst die Verbrechen bzw. (aus politischer Sicht) die rechtsextremistisch bewaffneten Aktionen untersucht. Danach wird die 2011 bekannt gewordene ideologische NSU-Rechtfertigung analysiert. Kritisch reflektiert wird zudem die Rolle der staatlichen Institutionen in der Causa NSU.

Versprochen: „NSU 1.0" ist spannender, fintenreicher und brutaler als die meisten Polit-Thriller.

3 Vorgehensweise

Der Zugang, sich dem Phänomen NSU anzunähern, hat sich bewährt. Ein Alleinstellungsmerkmal meiner Schriften über politischen Extremismus ist, dass ich die politischen Theorien, die Ideologie und die angewendeten Strategien und Taktiken rational rekonstruiere. Dieser der Wissenschaftstheorie und Politikwissenschaft entstammende Begriff sieht vor, dass die rationale Rekonstruktion ohne Wertungen, Vorverurteilungen und Diffamierungen vor sich geht. Dadurch wird sichergestellt, dass sich die Leser ein eigenständiges Bild über die Materie bilden können. Eine solche Vorgehensweise sollte selbstverständlich sein. Leider ist dies aber bei Werken über Organisationen, die unsere Demokratie bedrohen, fast nie der Fall. Weder beim Journalismus noch in Büchern. Bei Büchern über die RAF überbieten sich die Autoren in der Regel mit Vorverurteilungen. Wenige Autoren stellen die RAF in einem positiven Licht dar. Die goldene Mitte, die weder eine Vorverurteilung noch eine weltanschaulich begründete Glorifizierung anstrebt, ist selten.

Rückmeldungen zu „50 Jahre RAF" haben bestätigt, dass die Leser diese „objektive" Herangehensweise an den Gegenstand wertschätzen. Ich erhielt Zuschriften von Lesern, die gegenüber der RAF aufgrund der Darstellung in Sachbüchern a priori negativ eingestellt waren. Keiner sagte, dass er durch mein Buch zum Anhänger der RAF wurde oder sich dem Kampf gegen die Demokratie verschrieb. Aber die Zuschriften beteuerten, dass sie durch mein Buch immerhin verstanden, was die RAF wollte. Ich hätte die RAF nämlich nicht als eine Bande „irrer Krimineller" verurteilt, wie das die meisten Autoren zumindest unterschwellig suggerieren.

Tatsächlich geht es mir um das Verstehen. Denn politische Urteilsbildung kann erst durch das Erkennen und Durchdringen des Sachverhalts möglich sein. In der Politikdidaktik lautet einer der wenigen (von allen politischen Seiten getragenen) Konsense, dass jeder politische Sachverhalt kontrovers zu diskutieren ist, um politische Urteilsbildung zu ermöglichen. Das eigenständig erarbeitete politische Urteil, das nicht durch (einseitige) Indoktrination zustande kam, verankert sich nachhaltig im Gedächtnis und bildet einen wesentlichen Punkt der eigenen Weltanschauung.

Um keine Missverständnisse aufkommen zu lassen, möchte ich betonen, dass ich fest auf dem Boden der freiheitlich-demokratischen Grundordnung (FDGO) stehe und diese nicht in Frage stelle. Ich denke, dass unsere demokratische Gesellschaftsform die beste aller Welten ist, auch wenn sie keineswegs perfekt ist. Einige Defizite dieser Demokratie haben sich gezeigt, wenn es um den Umgang des Staates mit dem NSU geht. Das bietet aber nur Anlass dafür, in Zukunft dafür zu sorgen, dass sich so etwas nicht wiederholt.

Das Narrativ von „NSU 1.0" verschafft dem Buch ein Alleinstellungsmerkmal mit hohem Wiedererkennungswert. Aus einer objektiven Perspektive, vergleichbar mit einem vogelähnlichen Flug über den zu behandelnden Gegenstand, werden die Taten, Ideologie, Strategie und Taktik des NSU rational rekonstruiert. Dasselbe gilt für die Verbandelung des Staats mit dem NSU. Gerade in Zeiten, in denen viele Menschen die vermeintliche Bevormundung durch die Große Koalition unter Bundeskanzlerin Merkel stört und abwertend von einer „Merkelatur" als Verklausulierung einer Diktatur die Rede ist, scheint eine solche Vorgehensweise nötiger denn je. Allenthalben sind Stimmen aus allen politischen Lagern zu hören, dass sich in Deutschland eine Meinungsdiktatur herausgebildet habe und dass Widerspruch als Nestbeschmutzung angesehen wird. Ich teile diese Positionen nicht umfänglich, finde es aber vielsagend, dass viele Bürger das subjektiv so empfinden. Politische Bevormundung der Leser soll durch den von mir gewählten narrativen Zugang vermieden werden.

4   Am Anfang war die Tat – Besonderheiten des Rechtsextremismus

Im Johannes-Evangelium heißt es: „Im Anfang war das Wort, und das Wort war bei Gott, und Gott war das Wort. Dasselbe war im Anfang bei Gott. Alle Dinge sind durch dasselbe gemacht, und ohne dasselbe ist nichts gemacht, was gemacht ist." (Joh 1, 1-3)

Diese christliche Sichtweise prägt unsere Gesellschaft bis heute. Das Merkmal, das den Menschen von anderen Säugetieren unterscheidet, ist die Fähigkeit zur Sprache. Politische Extremisten begründen ideologische Standpunkte in der Regel durch „Wort-Werk". Diese Kommunikation mit politisch Andersdenkenden und politisch Verbündeten dient der Selbstvergewisserung und der Abgrenzung von der herrschenden politischen Strömung. Wird dies auf Nachkriegsdeutschland bezogen, so zeigt sich die Stichhaltigkeit dieser Aussagen im linksextremistischen Spektrum. Die RAF, aber auch andere bewaffnet kämpfende linke Gruppen, haben Strategiepapiere, Bekennerschreiben und Erklärungen mit dem Ziel verfasst, die Berechtigung ihrer Handlungen der Bevölkerung und ihren Anhängern zu vermitteln. Jeder wörtlichen Äußerung liegt eine Kommunikationsabsicht zugrunde und linksextreme Schriften sollten deshalb nicht per se verurteilt, sondern lieber zuerst gelesen, dann rational rekonstruiert und erst in einem abschließenden Schritt bewertet werden.

Beim Rechtsextremismus ist diese Vorgehensweise nicht möglich. Das hängt mit einer rechtsextremistischen Besonderheit zusammen. Denn der Rechtsterrorismus bekennt sich in der Regel nicht zu seinen Taten. Außerdem scheinen Rechtsterroristen nicht das Bedürfnis zu besitzen, durch Worte ihre Taten der Bevölkerung zu kommunizieren. Hierbei ist zu beachten, dass von Terrorismus die Rede ist und damit rechtsextreme Einzeltäter wie Anders Breivik oder Stephan Balliet ausdrücklich nicht gemeint sind, die vor ihren Anschlägen Manifeste über ihre Weltanschauung verfasst haben. Nach dem Strafgesetzbuch (StGB) kann von einer terroristischen Vereinigung erst ab einer Gruppengröße von mindestens drei Personen gesprochen werden, wodurch die genannten Einzeltäter zwar rechtsextremistische Taten begangen haben, aber nicht als terroristische Organisation bewertet werden können und somit ihre weltanschaulichen Bekennerschriften nicht der gängigen rechtsterroristischen Praxis entsprechen.

Der Gegensatz zwischen Links- und Rechtsterroristen ist bei der Wahl ihrer Opfer offensichtlich. Das erklärt die unterschiedlichen Kommunikationsstrategien. Während die RAF bei der Auswahl ihrer Opfer meist „oben" ansetzte, verfolgte der NSU eher eine nach „unten" gerichtete Strategie. Es macht einen Unterschied, ob ich den Vorstandssprecher der Deutschen Bank oder Kleingewerbetreibende mit Migrationshintergrund töte. Die RAF benutzte Attentate, um durch Bekennerschreiben ihre Ideologie zu kommunizieren, während der NSU die Exekutionen zumindest für rechtsextremistische Kameraden als selbsterklärend verstanden haben könnte. Die Parallelität von Bekennerschreiben und Attentat bei der RAF steht im Gegensatz zum erst „ex post" erfolgten NSU-Bekenntnis zu seinen Morden und Bombenanschlägen, die erst dadurch aus NSU-Perspektive zu politischen Taten umgemünzt werden.

Dass Rechtsterroristen Taten sprechen lassen und auf ein Bekenntnis in Wortform verzichten, ist keine neue Erkenntnis und so erschweren die Rechtsextremisten   den Fahndungsbehörden ihre Arbeit, da diese nicht von Anfang an durch Selbstbekenntnisse wissen, wer die Tat begangen hat. Dass dieser Sachverhalt bei „einsamen rechtsextremen Wölfen" nicht zutrifft, wurde an den Beispielen Breivik und Balliet dargelegt.

Dass Rechtsterroristen Taten sprechen lassen, ohne sich dazu zu bekennen, war bereits z. B. im Zusammenhang mit dem Münchener Oktoberfest-Attentat von 1980 bekannt. Damit verliert der mitunter reklamierte „blinde Fleck" der deutschen Ermittlungsbehörden und deren Rechtfertigungsstrategie (warum sie bei neun Morden an Männern mit Migrationshintergrund trotz Česká-Signatur nicht an Rechtsextremisten gedacht haben) an Glaubwürdigkeit.

An sich würde es ja bereits ausreichen, den Behörden vorzuwerfen, auf dem rechten Auge blind zu sein. Hinzu kommt aber, dass bei deutschen Staatsdienern (ob sie nun beim Militär, bei der Polizei oder Geheimdiensten arbeiten) tendenziell eher eine rechte Gesinnung anzutreffen ist – zumindest wird dies derzeit in den Medien und unter wichtigen Akteuren vehement und kontrovers diskutiert. Bekanntermaßen gehört der ehemalige Präsident des Bundesamts für Verfassungsschutz (BfV), Dr. Georg Maaßen, dem wertkonservativen Flügel der CDU an, der angeblich für eine Kooperation mit der AfD plädiert.

Konkreter: Bei einem tief in die Causa NSU verwickelten, ehemaligen V-Mann-Führer des hessischen Landesamts für Verfassungsschutz (LfV) wurde seine Gesinnung nach Hausdurchsuchungen deutlich, da Nazi-Devotionalien, Auszüge aus Hitlers „Mein Kampf" usw. gefunden wurden. Zudem wurde bekannt, dass der Geheimdienstler angeblich in seinem Heimatdorf „Klein Adolf" genannt wurde, da er sich sowohl optisch als auch inhaltlich an sein Idol anzulehnen versuchte.

Das rechtsterroristische Paradigma „Taten statt Worte" gilt es ernst zu nehmen. Deshalb untersucht „NSU 1.0" die Handlungen des NSU und beschäftigt sich danach mit dem Versuch einer ideologischen Rechtfertigung.

Zuvor werfen wir aber einen Blick auf die Protagonisten des NSU. Wichtig ist zudem die historisch-kontextuelle Einbettung, die ihre Sozialisation prägte. Dies hilft zu verstehen, warum Zschäpe, Böhnhardt und Mundlos zu Rechtsterroristen wurden, die kaltblütig Menschen töteten. Als am Ende des adoleszenten und politischen Sozialisationsprozesses für Böhnhardt eine Haftstrafe anstand, entschlossen sie sich, den Weg in die Illegalität anzutreten. Die Organisation des Untertauchens ist wichtig, um die Operationsweise des NSU zu verstehen. Bei einer exklusiven Gruppe wie dem NSU ist es außerdem wichtig, die Beziehungen der Protagonisten untereinander zu untersuchen.

5 Wege zur Radikalisierung: Das „Terror-Trio"

Es ist müßig, sich mit Lebensläufen von Terroristen zu beschäftigen. Politische Überzeugung sollte für sich stehen und nicht aus Jugenderlebnissen abgeleitet werden. Hinzu kommt, dass Hunderttausende anderer Menschen ähnliche Traumata erlebten und dennoch nicht zur Waffe griffen, um den bewaffneten Kampf gegen das System oder „die Fremden" aufzunehmen.

Die Protagonisten des NSU verlangen dennoch nach einer biografisch-historischen Kontextualisierung ihrer Lebensläufe, um das Gesamtphänomen NSU besser verstehen zu können. Denn das NSU-Kern-Trio wuchs in einer historisch brisanten Zeit auf. Die staatliche Ordnung der Deutschen Demokratischen Republik (DDR) war unweigerlich zerfallen. Alte Gewissheiten, staatliche Auszeichnungen, Macht und Repräsentanten besaßen auf einen Schlag keine Bedeutung mehr. Böse Zungen sprechen von einer DDR-Annexion durch die BRD, was vielleicht der Wahrheit näher kommt, als Phantastereien über ein gleichberechtigt zusammengewachsenes Deutschland.

Die realsozialistische DDR-Führung hatte sich einen tief in der Gesellschaft verwurzelten Anti-Faschismus auf die Fahnen geschrieben. Internationalität, ein Hoch auf die Solidarität der Völker und das Bewusstsein, dass alle Menschen gleich sind, waren Gewissheiten einer Staatsräson, die sich zu Gute hielt, dass sie (im Gegensatz zur BRD) ihre Gesellschaft mit Stumpf und Stiel entnazifiziert hatte. Die biografischen Kontinuitäten in staatlichen Institutionen vom Dritten Reich zur DDR waren bei weitem nicht so ausgeprägt wie in der kapitalistischen BRD, wo sich viele SS-Männer, Kriegsverbrecher und hochrangige Nazis nach Kriegsende daran machten, erneut gesellschaftliche Spitzenpositionen zu besetzen. Manche waren von früheren politischen Ansichten geläutert, manche immer noch von der NS-Ideologie überzeugt. Die meisten wurden schlichtweg unpolitisch. Dabei wurden diese Männer in der BRD wegen ihrer militärischen, technologischen und geheimdienstlichen Expertise von den Amerikanern mit offenen Armen empfangen, um gegebenenfalls den Kampf gegen den Feind im Osten fortzuführen.

Die Staatsdoktrin der DDR sah einen anderen Ansatz vor. Der Großteil des Führungspersonals der Nationalsozialisten wurde radikal aus allen öffentlichen Ämtern verdrängt. Dadurch wurde das Problem nicht gelöst, dass immer noch überzeugte Nationalsozialisten auf dem Gebiet der DDR lebten. Es gibt Berichte, wonach in der DDR die „Heldengeschichten" der Großväter aus dem Zweiten Weltkrieg eine beinahe ebenso wichtige Rolle wie in Westdeutschland spielten. Zu Beginn der 80er Jahre des 20. Jahrhunderts manifestierten sich in der DDR rechtsextremistische Ressentiments. Im Umfeld von Fußballclubs entstanden Skinhead-, Hooligan- und Neonazi-Szenen, wie es sie im Westen schon längst gab. Im Gegensatz zur BRD gab es in der DDR aber nur relativ wenige Ausländer. Während die BRD nach dem Krieg aktiv um Fremdarbeiter warb (um das Wirtschaftswunder zu vollbringen), arbeitete die DDR-Führung mit ausländischen Vertragsarbeitern, die zwar die DDR-Wirtschaft stabilisierten, aber nach Ablauf des Vertrags in ihr Heimatland zurückkehren mussten. Sie erhielten in der Regel kein dauerhaftes Bleiberecht. Vietnamesen, Kubaner, Mosambikaner usw. bildeten im Alltag der DDR eine kaum sichtbare Minderheit, die in eigenen (von der DDR-Bevölkerung abgeschotteten) Wohngebieten lebte. Die Solidarität der Völker zeigte sich manchmal im

Kleinen, wenn sich DDR-Bürger mit den Menschen aus fremden Kulturen verbanden und nicht selten Kinder aus diesen Beziehungen entstanden, wodurch die Ausländer als Elternteil dann auch in der DDR bleiben konnten. Die zahlenmäßig wenigen ausländischen Menschen gaben gegen Ende des DDR-Regimes aber dennoch Anlass zu fremdenfeindlichen Übergriffen.

Im Gegensatz zur politischen Kultur der BRD waren Skins und Punks (die nicht mit westlichen Punkern verglichen werden können) zwei Möglichkeiten, durch jugendkulturelle Protestformen Opposition gegen das DDR-Regime zu praktizieren. Als 1989 die Mauer fiel und Deutschland wiedervereinigt wurde, brachen für Hunderttausende Jugendliche in der DDR alte Gewissheiten weg und es entstand ein ideell-geistiges Vakuum, das gefüllt werden wollte.

5.1 Beate Zschäpe

Zschäpe wurde am 2. Januar 1975 in Jena als Beate Apel geboren. Ihre Mutter studierte damals Zahnmedizin an der Medizinischen und Pharmazeutischen Universität in Bukarest. Aufgrund einer allergischen Veranlagung war es ihr aber nicht möglich, den erlernten Beruf auch auszuüben. Deshalb arbeitete sie ab Mitte 1976 als Buchhalterin beim Kombinat VEB Carl Zeiss Jena, während sie zeitgleich an einer Fernuniversität Ökonomie studierte und als Ingenieurökonomin abschloss. Nach der Wiedervereinigung verlor sie ihre feste Anstellung.

Ob und wie sehr es Zschäpe belastete, ihren Vater nie kennengelernt zu haben, kann schwer beurteilt werden. Es gilt nicht einmal als vollständig sicher, dass der Vater ein rumänischer Studienfreund der Mutter war. Jedenfalls wuchs Zschäpe in einfachen Verhältnissen auf. Während ihres Prozesses betonte sie, dass sie ein „Oma-Kind" war. Das lag an den häufig wechselnden Partnerschaften ihrer Mutter, die oft mit Umzügen verbunden waren. Trotz der turbulenten familiären Verhältnisse absolvierte sie 1991 (nach der 10. Klasse) die staatliche Regelschule. Im Rahmen einer Arbeitsbeschaffungsmaßnahme nahm sie eine Tätigkeit als Malergehilfin an. Anschließend machte sie eine Lehre als Gärtnerin.

In dieser instabilen häuslichen Situation mag es (laienpsychologisch betrachtet) logisch erscheinen, dass sich Zschäpe durch ihren Freundeskreis eine Ersatzfamilie erschuf. Der soziale Zusammenhalt und die pseudo-familiären Banden sind bei vielen radikalen oder kriminellen Jugendzusammenschlüssen sehr stark.

Zunächst schloss sich Zschäpe der Punk-Bewegung an, deren politische Dimension in der DDR darin bestand, sich optisch und von der Lebenseinstellung her vom Mainstream zu unterscheiden. Gemeinsam mit einem Freund beging sie Diebstähle, wobei Alkohol und Zigaretten beliebtes Beutegut waren. Während der Wiedervereinigung entstand die Beziehung mit Mundlos. Mit diesem verbrachte sie ab 1991 viel Zeit im kommunalen Jugendzentrum „Winzerklub", der als Anlaufstelle für Jugendliche im Jenaer Plattenbauviertel Winzerla ins Leben gerufen wurde. Dort lernte das Paar Böhnhardt kennen, mit dem es in der Folge eine neonazistische Jugendclique formte. Das Trio, Ralf Wohlleben und andere bildeten die später die „Kameradschaft Jena". Die aus Ablehnung gegen Elternhäuser und Gesellschaft angenommene rechte Einstellung formte sich zu einem gefestigten Weltanschauungskonstrukt. Prof. Dr. Joachim Bauer, der von den Verteidigern Zschäpes als

Gutachter bestellt wurde, verfasste ein psychologisches Gutachten, das massive Kritik erfuhr. Deshalb stellte er (auf meine Bitte hin und exklusiv für dieses Buch) die wesentlichen Inhalte seines Gutachtens heraus.

Für Zschäpes verheerende Kindheits- und Jugendkonstellation kam Bauer zu dem Fazit, dass ihr Lebensweg katastrophal war und dass frühkindliche und bis in die Endphase ihres Jugendalters reichende Traumatisierungen durch Vernachlässigung und Verwahrlosung bestanden. Es kann davon ausgegangen werden, dass diese psychischen Vorbelastungen Zschäpes als Gründe eines (durch viele Faktoren bedingten) Ursachenbündels betrachtet werden können, die sie in eine familienähnliche Freundes- und Beziehungskonstellation trieb, die von neonazistischem Gedankengut bestimmt war.

5.2 Uwe Mundlos

Mundlos war Zschäpes erste Liebesbeziehung, die einen Bezug zum Rechtsextremismus aufwies. Deshalb kann von einer gemeinsamen „Politisierung" des Paares ausgegangen werden, wobei Mundlos die geistig treibende Kraft war.

Mundlos wurde am 11. August 1973 in Jena geboren. Im Gegensatz zu Zschäpe wuchs er in stabilen Familienverhältnissen auf. Der Vater war Professor, die Mutter Verkäuferin. Um seinen an den Rollstuhl gefesselten Bruder kümmerte er sich vorbildlich, was zunächst nur schwer mit einem nationalsozialistischen Weltbild vereinbar scheint. Die in der DDR verlaufende Kindes- und Jugendsozialisation verlief in den hier angemessenen Bahnen. Mundlos war

Mitglied der Thälmann-Pioniere und der Freien Deutschen Jugend (FDJ). 1989 verließ Mundlos die Polytechnische Oberschule „Magnus Poser" nach der 10. Klasse mit einem „soliden" Zeugnis. Nach dem Schulabschluss absolvierte er eine Ausbildung zum Datenverarbeitungskaufmann beim VEB Carl Zeiss Jena. Später unternahm er den Versuch, am Ilmenau-Kolleg das Abitur nachzuholen.

Aus den biografischen Fakten heraus ist es schwer verständlich, wie sich Mundlos zu einem der radikalsten Rechtsextremisten des wiedervereinigten Deutschlands entwickeln konnte. An einigen Stellen wird darauf hingewiesen, dass ihn seine Eltern zum Misstrauen gegenüber staatlichen Institutionen erzogen. Dies resultierte daraus, dass Mundlos Eltern lange Zeit vergeblich versuchten, für ihren behinderten Sohn eine behindertengerechte Wohnung zu erhalten, was aber die lokale Sozialistische Einheitspartei Deutschlands (SED) ablehnte. Mundlos Vater brach daraufhin mit der Partei. Mundlos Junior wurde also bereits in der DDR systemkritisch erzogen. Nach der Wiedervereinigung behielten die Eltern ihre staatskritische Haltung angeblich bei.

5.3   Uwe Böhnhardt

Wie Mundlos stammt Böhnhardt aus geordneten Familienverhältnissen. Er wurde am 1. Oktober 1977 in Jena geboren. Seine Mutter war Lehrerin und sein Vater Ingenieur. Dass er drei ältere Brüder hatte, könnte darauf hinweisen, dass er sich von Kindheit an gegen Stärkere durchsetzen musste. Traumatisch war für Böhnhardt, dass einer seiner Brüder mit knapp 18 Jahren starb. Die Todesumstände sind bis heute ein wenig mysteriös – auf jeden Fall nicht eindeutig.

Der junge Mann wurde von Passanten leblos vor der Haustür der elterlichen Wohnung gefunden. Denkbar ist, dass der Bruder (stark alkoholisiert) beim Klettern auf einer nahegelegenen Burgruine abstürzte und dass seine Freunde ihn (um keinen Ärger mit der Staatsmacht zu bekommen) vor der elterlichen Wohnung ablegten. Eine andere Variante lautet, dass er vor der elterlichen Wohnung zusammenbrach und erfror. Vielleicht hörten die Eltern sein Klingeln nicht. Fest steht, dass der damals 11-jährige Uwe Böhnhardt durch den Tod des Bruders schwer erschüttert wurde.

Im Gegensatz zu Mundlos wurde Böhnhardt früh straffällig. 1992 brach er in einen Kiosk ein und wurde erwischt. Seine schulische Sozialisation verlief nicht unauffällig. Die siebte Klasse musste er wiederholen, danach besuchte er eine Lernförderschule. Dort stahl er Computer und erhielt einen Schulverweis.

Mit 15 Jahren wurde Böhnhardt wegen Diebstählen und Körperverletzungen zu vier Monaten Jugendhaft ohne Bewährung verurteilt. Dem waren polizeiliche und juristische Ermahnungen vorausgegangen, die nicht gefruchtet hatten. Doch auch seine Inhaftierung schien nichts am Verhalten des jungen Straftäters zu ändern. Es folgten Verurteilungen wegen Autoeinbrüchen, Fahren ohne Fahrerlaubnis und Widerstand gegen die Staatsgewalt. Als er Ende 1993 zu zwei Jahren Haft wegen Erpressung und Körperverletzung verurteilt wurde, wirkte sich das traumatisch auf seinen weiteren Lebenslauf aus. Angeblich wurde er von Mithäftlingen sexuell misshandelt, was seinen Entschluss stärkte, nie wieder ins Gefängnis zu gehen.

5.4 Radikalisierung und Untertauchen

Die Beziehungen zwischen Zschäpe, Böhnhardt und Mundlos waren nicht nur politischer Natur. Zschäpe und Mundlos waren ein Paar, wobei Mundlos wohl klagte, dass Zschäpe zu sehr klammere. Als Mundlos seinen Wehrdienst bei der Bundeswehr ableistete, begann Zschäpe mit Böhnhardt eine Beziehung. Diese Beziehungsaspekte sind wichtig, wenn es darum geht, sich die Drei als eingeschworene Gemeinschaft im Untergrund vorzustellen.

Ab 1993 durchlief das Trio eine politische Radikalisierung. Böhnhardt und Mundlos marschierten durch Jena-Winzerla in SS- und SA-Uniformen. Während des Wehrdiensts erhielt Mundlos disziplinarische Verweise, die mit seiner rechtsradikalen Einstellung zusammenhingen. Bei einem als Informationsgespräch getarnten Anwerbungsversuch des Militärischen Abschirmdienstes (MAD) lehnte Mundlos wohl das Angebot ab, Informant zu werden. Da die diesbezüglichen Unterlagen angeblich vernichtet wurden, kann nicht bestätigt werden, ob es nicht doch zu einer Zusammenarbeit kam. Einer der „Opfer-Anwälte" des Prozesses vor dem OLG München bestätigte mir, dass er davon ausgehe, dass Mundlos als MAD-V-Mann arbeitete und bis zum bitteren Ende unter dem Schutz dieses Militärgeheimdienstes stand. Diese Sichtweise wird von anderen Kennern der Materie zurückgewiesen. Danach habe der MAD (falls sein Anwerbungsversuch erfolgreich war) den Angeworbenen nach dem Ausscheiden aus dem Bundeswehrdienst an einen anderen Sicherheitsdienst (z. B. dem BfV) „übergeben". Schon alleine deshalb sei die These, dass Mundlos bis zum Ende MAD-Agent war, unhaltbar.

Nicht nur der MAD zeigte reges Interesse an dem Trio. Ab 1995 berichtete V-Mann Thomas Richter aka Corelli dem BfV von den Aktivitäten des Trios. Dies hing mit dem Erstarken der rechtsextremen Szene in Thüringen zusammen. Ab 1996 bot der „Thüringer Heimatschutz" (THS) Zschäpe, Böhnhardt, Mundlos, (André) Kapke, Wohlleben und (Holger) Gerlach nicht nur eine politische Heimat, sondern auch eine Art politischen Überbau. Heise (laut Systemmedien einer der radikalsten deutschen Rechtsextremisten) sagte zu mir über den THS: „Also erstens hat der V-Mann Tino Brandt mit massiver Unterstützung des Verfassungsschutzes die rechtsextremistische Thüringer NS-Szene aufgebaut. Und zweitens war der THS für mich ein ‚Aufkleber-Verein‘. Bei den Treffen redeten, ja zerredeten die Anwesenden alle wichtigen Themen und am Ende bekam man einen Stapel Aufkleber in die Hand gedrückt, die Werbung für den THS machten. Da war wirklich nichts Bedrohliches dran, da man nie ein konkretes Projekt zu Ende bringen konnte. Wir haben uns als Niedersachsen dann recht schnell wieder von den Treffen verabschiedet und weiter unsere politische Arbeit, Schulung und Straßenagitation betrieben."

Wer sich durch die seitenlangen Beschreibungen der THS-Zeit von Aust, Schultz und Konsorten quält, kommt im Prinzip auch zu keinem wesentlich anderen Ergebnis.

Beim THS bildeten die beiden Uwes eine Untersektion mit dem Namen „Kameradschaft Jena" und sie waren Funktionsträger. Die THS-Personen begleiteten die Geschichte des NSU wie ein roter Faden, was indiziert, dass die zu Beginn und Mitte der 90er Jahren gebildeten rechten Strukturen lange Zeit Bestand hatten. Waren diese Strukturen trotz oder wegen der staatlichen Involvierung gefestigt? Brandt als Top-Quelle des LfV Thüringen ist im Zusammenhang mit dem NSU kaum überzubewerten.

Die politischen Tätigkeiten des Trios bewegten sich zunächst weitgehend im legalen Rahmen. So meldete Zschäpe 1995 eine Demonstration zur „Identitätswahrung der Heimat" an. Plakate, die das Kriegsende am 8. Mai 1945 nicht als Tag der Befreiung feierten, gehörten ebenso zum politischen Repertoire wie kalkulierte Provokationen, die in der Verwendung verfassungsfeindlicher Zeichen bestand. Das Trio nahm an Kreuzverbrennungen in Anlehnung an den rassistischen Ku-Klux-Klan teil. Im Nachgang identifizierte Zschäpe bei der Polizei Personen auf Fotos, die den Hitlergruß zeigten. Das bedeutet, dass Zschäpe bereits sehr früh eine V-Frau gewesen sein könnte – Verdachtsmomente in diese Richtung gibt es bis heute, doch dazu später mehr.

1996 versah Böhnhardt einen Puppentorso mit einem Judenstern und hängte diesen an einer Autobahnbrücke auf. Zudem platzierte er eine Bombenattrappe. Im August desselben Jahres nahm das Trio in Worms an einer Gedenkveranstaltung für Hitlers Stellvertreter Rudolf Heß teil. Die Verehrung von Heß in der rechtsextremistischen Szene erklärte mir ein prominenter und radikaler Neonazi so, dass er im Gegensatz zu anderen Größen des Dritten Reichs menschlich und weltanschaulich vorbildlich handelte. Die Unterstützung des Rechtsterroristen Manfred Roeder durch Böhnhardt, Mundlos, Kapke, Wohlleben und andere vor dem Amtsgericht Erfurt war martialisch, da die Neonazis mit Bomberjacken und Springerstiefeln im Gerichtssaal erschienen. Dabei entrollten sie ein Transparent mit der programmatischen Aufschrift „Unsere Großväter waren keine Verbrecher".

Zunächst bildeten solche strafwürdigen, aber wohlkalkulierten Provokationen das Aktionsfeld des NSU. Im Fußballstadion in Jena wurde eine mit Hakenkreuz versehene Bombenattrappe gefunden.

Böhnhardt, Mundlos und Kameraden provozierten ein Hausverbot der KZ-Gedenkstätte Buchenwald, da sie hier mit SA-Uniformen aufmarschierten.

Die Mühlen der Justiz mahlten langsam, aber stetig. Insbesondere Böhnhardt war aufgrund seiner allgemeinkriminellen Handlungen und seiner politischen Aktivitäten justiziell ständig aufgefallen. Im April 1997 wurde er wegen Volksverhetzung zu zwei Jahren und drei Monaten Jugendstrafe verurteilt. Böhnhardt blieb bis zur Bestätigung des Urteils auf freiem Fuß. Die Freiheit nutzte er für weitere politische Aktionen, was auf eine damals bereits umfänglich verfestigte politische Weltanschauung schließen lässt. So wurde im September desselben Jahres vor dem Theaterhaus Jena eine Bombenattrappe mit TNT (ohne Zündvorrichtung, aber mit Hakenkreuz) platziert. Das NSU-Trio wurde dazu polizeilich vernommen – ohne Konsequenzen. Am 24. Januar 1998 nahmen Zschäpe, Böhnhardt und Mundlos an einer NPD-Demonstration gegen die Wehrmachtsausstellung in Dresden teil, wobei sie ein Transparent mit der Aufschrift „Nationalismus – eine Idee sucht Handelnde" trugen. Einen Tag vor der Demonstration erhielt der zuständige Jugendrichter Böhnhardts Prozessakte, um den Haftantrittstermin zu bestimmen. Am 26. Januar durchsuchte die Polizei mehrere Garagen, die dem Trio zugeordnet wurden, da die Observation des LfV Verdachtsmomente ergeben hatte, dass die Bombenattrappen dort hergestellt wurden. Böhnhardt war bei der Durchsuchung zweier Garagen anwesend, wobei keine verdächtigen Spuren gefunden wurden. Warum ihm gestattet wurde, sich mit seinem Auto zu entfernen, ist bis heute umstritten. Teilweise wird von einer Schlampigkeit der Polizei ausgegangen, andere behaupten, es habe gewisse Sympathien eines Polizisten für Böhnhardt gegeben. Wieder andere glauben, dass das LfV Thüringen schützend seine Hand über Böhnhardt hielt, weil er V-Mann war und der Geheimdienst diese wertvolle Quelle nicht verlieren wollte. Abweichende Stimmen gehen davon aus, dass eher Top-V-Mann Brandt durch das Laufenlassen des Trios geschützt werden sollte. Bei der Durchsuchung der dritten Garage (die Zschäpe von einem Polizisten gemietet hatte) wurde eine an sich funktionstüchtige Rohrbombe gefunden. Zwar fehlte der Zünder, aber 1,4 Kilogramm TNT sprechen eine deutliche Sprache. Aufgrund dieses Funds ordnete die Staatsanwaltschaft die Festnahme des Trios an – die zwangsläufig damit verbundenen Wohnungsdurchsuchungen folgten. Aber die eingeleitete Fahndungsmaßnahmen versandeten. Von Interesse ist hier eine Kontaktliste, auf der sich vier V-Leute befanden, die für die Geschichte des NSU stets von Bedeutung blieben: Brandt, (Thomas) Starke, Richter und (Kai) Dalek. Die Unterstützer des Trios waren auf der Liste akribisch verzeichnet. Warum der Sachbearbeiter des Bundeskriminalamts (BKA) diese Liste nicht an die zuständigen Zielfahnder weitergab, ist ziemlich rätselhaft, zumal dies vermutlich zur schnellen Inhaftierung des NSU geführt hätte.

Als am 28. Januar 1998 der Haftbefehl erfolgte, war das Trio bereits abgetaucht. Sie flohen mit einem auf Wohlleben zugelassenen PKW nach Chemnitz, wo sie bei Kameraden in einer Plattenbau-Siedlung untertauchten. V-Mann Starke vermittelte ihnen diese Unterkunft. Vielleicht kooperierte Starke mit den Behörden und gab ihnen belastbare Hinweise über den Aufenthalt der Drei, vielleicht „deckte" er aber auch die Kameraden. Kurz darauf wechselte das Trio in die Wohnung von Max-Florian Burckhardt, der noch recht neu in der rechtsextremen Szene war. Zur Finanzierung der Illegalität stellte das Trio eine antisemitische Version des Brettspiels

„Monopoly" her. Kapke vertrieb das Spiel namens „Pogromly", wobei einige Exemplare von Geheimdiensten erworben wurden, die dadurch den Beginn der NSU-Illegalität mitfinanzierten. Rasch folgte ein weiterer Ortswechsel.

Das Thüringer Landeskriminalamt (LKA) unternahm derweilen ernsthafte Versuche, das Trio zum Ausstieg aus der Szene und zum Auftauchen aus der Illegalität zu bewegen. Diese Vermittlungsversuche liefen über die Familie Böhnhardt, die angeblich geheimen Kontakt zum Trio hatte und ihnen Geld, Kleidung usw. besorgte. Auch die Familie Mundlos wurde (wie mir aus einer verlässlich klingenden Quellen persönlich mitgeteilt wurde) zu instrumentalisieren versucht. Dabei stand die Kreditkarte von Prof. Mundlos im Zentrum des Behördeninteresses, die den Geflüchteten in irgendeiner Weise zur Verfügung gestellt werden sollte. Das hätte natürlich den gewünschten Effekt gehabt, dass die Ermittler ständig gewusst hätten, wo sich das Trio aufhielt. Zugleich aber (so meine Quelle weiter) hätte das die Auswirkung gehabt, dass man den Eltern von Mundlos eine Art Komplizenschaft mit dem Trio unterstellen konnte. Damit wären sie juristisch selbst angreifbar geworden. In dieser Atmosphäre gegenseitigen Misstrauens scheiterten dementsprechend alle Vermittlungsversuche. Im April 1999 bezogen Zschäpe, Böhnhardt und Mundlos eine Wohnung im Chemnitzer Heckert-Viertel. André Eminger mietete diese Wohnung an. Eminger blieb bis zum Auffliegen des Trios dicht am NSU dran und gilt bis zum heutigen Tag als eine der Schlüsselfiguren der Szene. Je länger das Trio im Untergrund agierte, desto stärker professionalisierte es die Organisation seiner Illegalität.

5.5   Fazit

Wie die verschiedenen Biografien zeigen, fällt eine wie auch immer geartete politische Sozialisation nicht unvermittelt vom Himmel. Während Zschäpe in familiär prekären Verhältnissen ohne väterliche Identifikationsfigur aufwuchs, waren die Familienverhältnisse von Böhnhardt und Mundlos für DDR-Verhältnisse beinahe als privilegiert zu bezeichnen. Bei Böhnhardt und Mundlos gab es aber jeweils traumatische Kindheitserlebnisse, die mit ihren Brüdern zusammenhingen, wobei der eine starb, während der andere schwerbehindert war. Signifikant scheint bei allen zudem das Abweichen von allgemeinen Normen zu sein, was sich anfänglich und altersgemäß in kriminellen Handlungen zeigte. Bei Zschäpe beschränkte sich dies auf Diebstähle, verbale Entgleisungen und Handgreiflichkeiten. Böhnhardts Kriminalität war da schon ausgeprägter und strafwürdiger. Hier lagen u. a. schwere Straftaten vor, die dann auch zu seiner Inhaftierung führten. Der im Gefängnis erlebte sexuelle Missbrauch dürfte seinen Entschluss gefestigt haben, nie wieder ins Gefängnis zu gehen – eine der maßgeblichen Triebfedern für den Gang in die Illegalität.

Die politische Radikalisierung im Umfeld des THS bedeutete, dass es von V-Männern unterschiedlicher Polizei- und Geheimdienststellen umgeben war. Zudem lassen sich Verdachtsmomente nicht von der Hand weisen, dass eine oder mehrere Personen des Trios als V-Personen agierten. Diese Gemengelage macht die Causa NSU zu einem beinahe unentwirrbaren Rätsel. Die hieraus resultierenden Fragezeichen betreffen vor allem die Rollen der Polizei- und Geheimdienststellen. Akteure dieser Institutionen (aber auch das Agieren der Institutionen als Ganzes) haben in Sachen

NSU bis heute viel unternommen, um das staatsbürgerliche Vertrauen in die staatlichen Institutionen zu untergraben, auch wenn das sicherlich nicht ihre Intention gewesen ist.

6   Organisation der Illegalität

Hier wird nicht die Theorie vertreten, dass Links- und Rechtsra-
dikalismus gleichgesetzt werden können. Zu unterschiedlich sind
die ideologisch-weltanschaulichen Prämissen, die daraus abgelei-
teten Strategien und Taktiken. Zudem orientiert sich der Links-
extremismus an Opfern aus der „oberen Hierarchie", die durch
ihre Tätigkeiten als Politiker, Militärs oder Industrielle (aus linker
Sicht) Blut an ihren Händen kleben haben, da sie die Menschen
„unten" ausbeuten und rücksichtslos nach Macht und Reich-
tum streben. Der Rechtsextremismus in Form des NSU richtet
sich dagegen eher nach „unten" und gegen „Fremde". Während
die RAF Attentate oft dazu benutzte, ihre Ideologie zu begründen und eine schriftliche Botschaft an ihre Anhänger zu senden,
beging der NSU Taten, ohne sich offen zu ihnen bekennen. Das
erschwerte den Ermittlungsbehörden das Leben und lockte sie
auf eine falsche Fährte, da sie die Gründe für die Morde in der
„Ausländerkriminalität" sahen. Dadurch demaskierte der NSU
zunächst sicherlich unbeabsichtigt den in der deutschen Gesellschaft verankerten Alltagsrassismus (der auch in deutschen Behörden zu finden ist), während die RAF ganz bewusst dem System die „pseudo-humanitäre" Maske vom Gesicht riss. Trotzdem
gibt es zwischen NSU und RAF auch gewisse Parallelen in Sachen
Illegalität. Dies verwundert nicht, da die Illegalität (und die Organisation derselben) für alle politischen Richtungen ähnliche
Strukturmerkmale aufweist. Eine bewaffnete politische Organisation muss über Waffen, Bargeld, Autos, Wohnungen, falsche Pässe
usw. verfügen. Diese Parameter sind von der politischen Agenda
völlig losgelöst.

Erstaunlich ist, dass sich zwei Protagonisten des NSU auf die RAF bezogen, die für sie Vorbild-Charakter besaß. Zschäpe soll Ulrike Meinhof für ihre Konsequenz bewundert haben, da sie für den politischen Kampf sogar ihre beiden Kinder aufgab. Bei Mundlos ist bekannt, dass er die Strategien der RAF studierte, was seinen Anspruch als Theoretiker des NSU festigt.

Rechtsterroristische Gruppen hatten sich natürlich auch schon vor dem NSU Gedanken darüber gemacht, wie Illegalität organisiert werden kann. So lernten auch Zschäpe, Böhnhardt und Mundlos, sich ihren Weg in den Untergrund zu ebnen.

Es gibt eine weitere erstaunliche Parallele zwischen NSU und RAF. Birgit Hogefeld, verurteiltes Mitglied der 3. RAF-Generation, sagte während ihres Prozesses vor dem OLG Frankfurt aus, dass es die Angst vor Strafe und einer langen Inhaftierung gewesen sei, die sie, Wolfgang Grams und andere zum Abtauchen und zum Aufbau der 3. RAF-Generation praktisch „gezwungen" hätten. Erst infolge dessen hätte sich die Militanz der Gruppe gesteigert. Mit der Konsequenz, dass die 3. RAF-Generation viele tödliche Attentate verübte und den Staat unerbittlich bekriegte. Beim NSU verhielt es sich ähnlich. Insbesondere Böhnhardt erwartete eine längere Haftstrafe. Insofern ist anzunehmen, dass sich auch beim NSU die Radikalisierung nach dem Abtauchen in die Illegalität weiter potenzierte. Zwar hatten Zschäpe, Böhnhardt und Mundlos vor dem Schritt in den Untergrund rechtsextremistische Straftaten begangen, aber erst danach entwickelte das Trio die psychische Energie und politische Entschlossenheit, Menschen zu ermorden.

Bereits vor dem Abtauchen in den Untergrund bewies der NSU eine besondere Affinität zu Waffen. Baseballschläger, Butterfly-Messer, Wurfsterne usw. gehörten zum selbstverständlichen Arsenal der Rechtsextremisten. Wenn im Zusammenhang mit dem NSU über Waffen gesprochen wird, steht meistens die Mordwaffe vom Typ Česká im Vordergrund. Diese spezielle Česká ermöglichte dem NSU ein „Branding". Dadurch, dass alle Morde an den neun Bürgern mit Migrationshintergrund mit dieser Česká begangen wurden, lieferte der NSU den Behörden zwar den Hinweis, dass alle Morde ein und demselben Täterkreis zuzuordnen sind, aber zugleich stellte die Pistole die Ermittler auch vor gehörige Probleme. Munition und andere Spuren wiesen darauf hin, dass alle neun Morde mit ein und derselben tschechischen Česká 83 (Kaliber 7,65) begangen wurden. Nach dem fünften Mord war den Ermittlern klar geworden, dass die Česká spätestens jetzt einen Schalldämpfer hatte. Nachforschungen ergaben, dass 55 Exemplare der Česká 83 für einen Schalldämpferaufsatz geeignet waren. Die Spuren führten in die Schweiz. Die Mord-Česká wurde schließlich am 5. November 2011 in den Brandruinen der NSU-Wohnung in der Frühlingsstraße in Zwickau gefunden.

Im NSU-Prozess rekonstruierte die BAW den Weg der Česká zum NSU auf eine eher fragwürdige Art und Weise, was in den Leitmedien zwar ansatzweise thematisiert, im Großen und Ganzen aber eher verschwiegen wurde. 1993 wurde diese Handfeuerwaffe vom tschechischen Hersteller in die Schweiz geliefert, wo sie ein Kunde mit Waffenerwerbsschein legal kaufte. Von der Schweiz gelangte die Waffe illegal nach Thüringen. Dort landete sie vermutlich über Umwege in dem rechten Jenaer Szene-Laden „Madley". Zu dieser Zeit hatten Böhnhardt und Mundlos (folgt man der offiziellen Version) ihren Kameraden Carsten Schultze mit dem Kauf einer Waffe inklusive Schalldämpfer beauftragt. NPD-Funktionär Wohlleben soll laut BAW Schultze den Tipp gegeben haben, dass die Waffe im „Madley" zu erwerben sei, was für eine Summe von 2500 DM dann auch geschah. Angeblich streckte Wohlleben Schultze das Geld vor und begutachtete die Waffe persönlich. Die Waffenübergabe ist aber heftig umstritten, da Schultze offensichtlich gegenüber der BAW falsche Angaben machte. Er behauptete nämlich, dass er sich vor der Waffenübergabe mit Böhnhardt und Mundlos in der Cafeteria eines Kaufhauses getroffen habe, das im Jahr 2000 noch gar nicht existierte. Dennoch beharrt die BAW auf ihrem Narrativ bzw. der Anklage, dass Schultze die Waffe im Frühjahr 2000 in Chemnitz an den NSU übergab. Für die Waffenübergabe soll er 500 DM erhalten haben. Zudem seien ihm und Wohlleben bewusst gewesen, dass der NSU die Waffe für rassistische Morde einsetzen wollte. Darin (so die BAW weiter) hätten die beiden die Erfüllung ihrer nationalsozialistischen Gesinnungspflicht gesehen, wodurch das Merkmal der Beihilfe zum Mord erfüllt sei.

Sowohl im Camper als auch in der Zwickauer Wohnung wurden zahlreiche weitere Waffen gefunden. Dabei handelte es sich u. a. um eine Pump-Gun, eine Maschinenpistole, zu scharfen Waffen umgebaute Schreckschusspistolen und die bei den Polizistenmorden erbeuteten Polizeipistolen. Angesichts dieses Waffenarsenals drängen sich diverse Fragen auf. Eine betrifft die Spurenlage, denn an der Mord-Česká befanden sich weder DNA noch Fingerabdrücke der vermeintlichen Täter. Hierzu sagte mir ein Pflichtverteidiger Zschäpes exklusiv: „Bei den Morden handelte es sich nicht um Sexualdelikte, wo es viele Spuren gibt. Bei solchen Arten von Exekutionen müssen nicht unbedingt Spuren hinterlassen werden."

Der Einwand mag richtig sein, verweist dann aber unweigerlich auf ein hochprofessionelles Agieren der Täter. Auch die 3. RAF-Generation hinterließ so gut wie keine verwertbare Spuren, was bei manchen Buchautoren sogar zu Spekulationen führte, ob es sich bei ihr nicht um ein Geheimdienst-Phantom gehandelt habe. Anders als die RAF versteckte der NSU seine Waffen aber nicht in Erddepots, was bei Terrorismus-Experten Fragezeichen aufwirft. Entweder handelte es sich hierbei um eine fahrlässige Unterlassung des NSU, welche die Sicherheitslage der Organisation gefährdete. Oder aber der NSU fühlte sich unter der Schirmherrschaft eines oder mehrerer „Dienste" so sicher, dass er Waffenverstecke in Erddepots für überflüssig hielt.

6.2   Tarnidentitäten

Da nach dem NSU-Trio zu Beginn der Illegalität gefahndet wurde, musste es sich Tarnidentitäten zulegen. Die Wohnmobile, welche die Uwes für Anschläge und das Trio für Urlaube benutzten, konnten sie nicht unter Klarnamen anmieten. Zudem stellte sich für Zschäpe das Problem der Gesundheitskarte, da sie häufig zum Zahnarzt musste. Auch Bahnkarten und konspirative Handy-Anschlüsse mussten organisiert werden. Dabei fuhr der NSU eine gemischte Strategie, denn Handys wurden durch die Unterstützung zufällig ausgesuchter Passanten ermöglicht, die eine materielle Entschädigung für ihre Unterstützung erhielten.

Maßgeblich scheint die Familie Eminger dem NSU bei der Beschaffung von Tarnidentitäten behilflich gewesen zu sein. So fand die Polizei im ausgebrannten Wohnmobil in Eisenach Bahncards auf den Namen Eminger. Diese wurden vermutlich von Zschäpe und Böhnhardt benutzt. Zudem mietete Eminger Wohnmobile für das Trio an, was die BAW als Beihilfe zum Mord bewertete. Als 2006 ein Wasserrohrbruch in ihrem heimischen Domizil die NSUler in Bedrängnis brachte, lieh Emingers Frau Zschäpe ihren Ausweis. Eminger begleitete Zschäpe auch beim Gang aufs Polizeirevier und gab sich dort als ihr Mann aus. Mandy Struck (eine Bekannte aus der rechten Szene) lieh Zschäpe angeblich bei anderen Gelegenheiten ihren Personalausweis.

Vermutlich gab es weitere Helfer, die dem NSU dabei halfen, das Leben im Untergrund durch falsche Identitäten zu organisieren. Bei der Würdigung der Sachverhalte wird offensichtlich, dass der NSU kein isoliertes Trio war, sondern sich auf die Hilfe von Mitstreitern verlassen konnte.

6.3 Wohnungen

Die bisherigen Wohnungswechsel, die der NSU seit seinem Abtauchen durchlief, wurden bereits dargelegt. Am Beispiel ihres Domizils in der Frühlingsstraße in Zwickau kann die Organisation der Illegalität und der Alltag der Rechtsextremisten geschildert werden. Wie zuvor ließ das Trio die Wohnung über einen Mittelsmann anmieten, was erneut die BAW-These (eines nicht vorhandenen Unterstützer-Netzwerks) in Frage stellt. Die Wohnung war regelrecht zur Festung ausgebaut worden. Sie hatte

Überwachungskameras und eine Art eingebaute Zelle, die als Tresor für NSU-Dokumente, Bargeld und Waffen fungierte – vielleicht eine moderne, aber risikoreichere Variante der RAF-Erddepots. Zudem war die Doppelwohnung in zwei Teile unterteilt, wobei sich der „offizielle Teil" auf der rechten und der geheime Teil auf der linken Seite befand. Ein Teil der NSU-Residenz war für Besucher und Freunde öffentlich zugänglich und der konspirative Teil war hinter einer beweglichen Sperrholzwand versteckt. Die Eingangstür war schallisoliert und die Kellertür durch Bewegungsmelder gesichert. Sogar in den Blumenkästen befanden sich Überwachungskameras. Während der Urlaube hatte die Frau, die sich um Zschäpes Katzen kümmerte, Zugang zum nichtkonspirativen Teil der Wohnung.

Der geringe Wasserverbrauch lässt angeblich darauf schließen, dass Zschäpe einen Großteil der Zeit alleine in der Wohnung war. Böhnhardt und Mundlos verbrachten viel Zeit damit, durch Deutschland zu fahren, um Anschlagziele zu inspizieren. Zudem ist denkbar, dass Böhnhardt und Mundlos auch andere eigene Wohnungen hatten. Dies würde wieder die BAW-Trio-These anzweifeln, da die Uwes entweder mit Personen zusammenlebten oder aber auf die Hilfe Dritter bei der Anmietung der Wohnungen angewiesen waren.

6.4 Nachbarschaft

Laut BAW bestand Zschäpes Funktion vor allem darin, als Verbindung zur legalen Außenwelt zu dienen. Das Trio spielte bewusst mit der Neugier der Nachbarn:

- Wie sah das Dreiecksverhältnis der Frau und der zwei Männer aus?
- Mit welchem der Männer war Zschäpe intim?
- Vielleicht sogar mit beiden?

Solche Dinge sind für ein Sachbuch über eine bewaffnet kämpfende rechtsextremistische Organisation nicht von wesentlichem Belang, aber die Menschen, die mit dem Trio Kontakt hatten, interessierten diese Aspekte auf jeden Fall, was nur allzu menschlich ist.

Jedenfalls diente Zschäpes Anwesenheit in der Zwickauer Wohnung dem Aufbau einer Legende für die Uwes, damit diese auf Erkundungsfahrten gehen und Morde sowie Sprengstoffan- schläge verüben konnten. Sie legitimierte die Abwesenheit ihrer Mitbewohner z. B. indem sie behauptete, sie befänden sich auf Dienstreisen. Die Uwes vermittelten den Eindruck, in der IT- Branche tätig zu sein, was gut zu auswärtigen Aufenthalten pass- te. Wenn die Männer in der Frühlingsstraße anwesend waren, zeigten sie sich gegenüber den Nachbarn stets freundlich, aber reserviert. Sie gaben sich keinen Geselligkeiten hin und vermie- den meistens Gespräche. Den Nachbarn fiel die Sportbegeiste- rung der beiden auf, da sie viel mit Fahrrädern unterwegs waren. Dies macht Sinn, da die Uwes bei Morden und Raubüberfällen vom Wohnmobil mit dem Fahrrad zum Tatort und zurückfuh- ren.

Zschäpes Aufgabe bestand folglich darin, den Kontakt zu den Nachbarn zu pflegen und diesen Normalität zu suggerieren. So zeigte sie sich offen und knüpfte gezielt gutnachbarschaftlichen Kontakt. Zschäpe übernahm dabei die Rolle der „guten Seele" – sie half z. B. Nachbarn aus, die finanziell klamm waren. Außerdem war Zschäpe Kindern gegenüber sehr freundlich, denen sie häufig Geschenke machte.

Es war Usus, dass sich die Hausgemeinschaft im Partykeller zum Umtrunk traf. Zschäpe spendierte nicht selten den Sekt. Es kann sein, dass diese Verhaltensgewohnheit Zschäpes angeblich übermäßigen Alkoholkonsum förderte, allerdings sollte nicht vergessen werden, dass sie bereits in der Jugend viel Alkohol trank und ihre Mutter ein schlechtes Vorbild war und vielleicht genetische Dispositionen weitervererbte.

Nachbarn von Zschäpe rühmten diese (auch noch nach Bekanntwerden der Mordserie) für ihre warme, offene und zugewandte Persönlichkeit. Es wurden ihr Liebeskummer, finanzielle Nöte und Erziehungsprobleme mitgeteilt. Offenbar gab sie den Betroffenen durchaus brauchbare Ratschläge. Dass Zschäpe wenig über sich und ihre Mitbewohner preisgab, schien den Nachbarn aufgrund mangelnder Neugier oder zu stark ausgeprägter Egozentrik kaum aufzufallen.

Zschäpe äußerte sich in der Nachbarschaft auch politisch. Die beinahe allabendliche Sektrunde fand unter einem Bild Adolf Hitlers statt. Das zeugt ziemlich deutlich von einer allgemeinrechten Gesinnung, die im Haus herrschte. Alltagsrassismus war bei der Hausgemeinschaft gängig. So wurde gegen Ausländer gewettert, die den Deutschen ihre Arbeitsplätze wegnahmen. Auch die Überfremdung Deutschlands war ein heißes Eisen. Als sich der Sohn einer Nachbarin der rechten Szene annäherte, riet ihm Zschäpe vehement davon ab. Entweder wollte Zschäpe damit verhindern, dass der Junge einen fatalen Weg (wie sie und die Uwes) einschlug – oder aber sie wollte vermeiden, dass das Haus wegen der politischen Umtriebe des Jungen ins Visier der Polizei geriet.

Tarnung, Täuschung und Verstellung gehören zum Alltag von Personen, die im Untergrund leben. Ehemalige Mitglieder der RAF haben mir berichtet, dass sie die Illegalität als befreiend empfanden – trotz der Gefahr aufzufliegen. Mitunter hätte dieses Gefühl zu Übermut geführt, sodass die RAF-Revolutionäre bei Verkehrskontrollen mit gefälschten Papieren den Polizisten viel Glück beim Schnappen der „langhaarigen Bombenleger" wünschten, was auf ein hohes Maß an Abgebrühtheit (aber auch Ironie) hinweist.

So unbeschwert ging es beim NSU in Sachen Illegalität nicht zu, aber dennoch ist erstaunlich, dass sich das Trio im jährlichen, mehrwöchigen Urlaub an der Ostsee sehr kontaktfreudig gab – ein Umstand, der von der RAF nicht bekannt ist, wohl aber z. B. von Akteuren der linksrevolutionären Roten Zellen. Ihren Urlaubsbekanntschaften stellten sich die Drei mit ihren Alias-Namen Lisa, Gerry und Max vor. Sie verbrachten mit anderen Campern gemeinsame Abende, die sie mit zum größten Teil sicherlich erfundenen Erzählungen und Gesellschaftsspielen bestritten. Das NSU-Trio kam seinen Urlaubsbekanntschaften dem Vernehmen nach authentisch vor. Sie wirkten sogar regelrecht sympathisch. Die Preisfrage lautete auch hier (wie in Zwickau), mit welchem der Männer Zschäpe eine sexuelle Beziehung unterhielt. Dieses Rätsel konnte dem NSU nur recht sein, da es von anderen Aspekten des gemeinsamen Lebens ablenkte.

Mit Fragezeichen versehen scheint die angeblich gesicherte Tatsache, dass Zschäpe, Böhnhardt und Mundlos nach den Urlauben mit ihren Bekanntschaften Bilder austauschten. Terroristen, Mörder und Bankräuber achten in der Regel akribisch darauf, nicht auf

Zelluloid gebannt zu werden. Aber vielleicht war es gerade diese Unverfrorenheit, die bei den Urlaubsbekanntschaften keinen Verdacht entstehen ließ.

Schwierig zu erklären ist auch, warum sich Zschäpe von einem ARD-Fernsehteam beim Gruppensport auf dem Campingplatz filmen ließ. Hatte die gefährlichste Rechtsterroristin Deutschlands keine Bedenken, sich von einem Fernsehteam ablichten zu lassen? Wieso sah sie es nicht als Gefahr an, dass durch die Ausstrahlung der Sendung Hunderttausende von TV-Zuschauern sie auf dem Bildschirm erkennen konnten? Stieg damit nicht eklatant die Gefahr, entdeckt zu werden? Man mag es wenden wie man will – Zschäpes Verhalten ist äußerst seltsam. Es sei denn, dass Zschäpe sich in ihrer Scheinidentität sehr sicher war. Das wiederum könnte den Verdacht nahelegen, dass sie unter dem Schutz eines Geheimdienstes stand – als prominente V-Frau selbstverständlich.

6.6   Fazit

Dieses Kapitel hat die Eckpfeiler rekonstruiert, auf denen die Illegalität des NSU-Trios basierte. Die Organisation der rechtsextremistischen Illegalität gleicht in vielen Merkmalen derjenigen der linksrevolutionären RAF oder den als „Feierabend-Terroristen" bezeichneten Roten Zellen.

Dennoch gibt es eklatante Unterschiede, durch die sich der NSU von der RAF abhebt. So gab es zu keiner Zeit der RAF eine Trio-Konstellation, der es über Jahre hinweg gelungen ist, nach außen erfolgreich den Anschein der Bürgerlichkeit zu erwecken. Vielleicht ist es den noch flüchtigen Ehemaligen der RAF (Daniela

Klette, Burkhard Garweg und Ernst-Volker Staub) gelungen, sich in einem ähnlichen Setting mit einer strukturell vergleichbaren Fassade niederzulassen. Allerdings kann dies bezweifelt werden, da die Ex-RAF-Mitglieder im Gegensatz zum NSU ihre Konterfeis auf Fahndungsplakaten finden und sie von Zielfahndern gesucht werden.

Die wichtigste Erkenntnis dürfte hier erneut die Infragestellung der These vom isoliert agierenden NSU-Trio sein. Zschäpe, Böhnhardt und Mundlos wäre es aus eigener Kraft nicht gelungen, so erfolgreich ihre Illegalität aufzubauen. Dazu benötigten sie massive Unterstützung. Wie groß der Unterstützerkreis genau war, lässt sich nicht sagen. Unterschiedliche Personen leisteten dem NSU-Trio logistische Hilfestellungen. Insbesondere die Beschaffung falscher Identitäten und das zur Verfügung stellen von Gesundheits- und Bahnkarten sowie das Anmieten von Campern war essenziell, damit die rechtsextremistische Terrorgruppe funktionierte. Damit könnte die BAW-These vom autarken NSU-Trio durchaus als widerlegt gelten.

7   Das Trio und sein Beziehungsstatus

Letztlich ist es für den bewaffneten politischen Kampf des NSU egal, wie die Beziehungen von Zschäpe, Böhnhardt und Mundlos aussahen. Allerdings muss davon ausgegangen werden, dass die Drei eine Art des Zusammenlebens fanden, welche die Geheimhaltung im Untergrund ermöglichte. Zudem ist davon auszugehen, dass die Beziehungen zwischen der Frau und den Männern eng waren. Sonst ließe sich nicht erklären, wie sie beinahe ein Jahrzehnt unentdeckt in der Illegalität bleiben, Morde und Sprengstoffanschläge verüben und Bank- sowie Raubüberfälle begehen konnten. Von einer eingeschworenen Gemeinschaft zu reden, dürfte den Nagel hier ziemlich genau auf den Kopf treffen.

Das Leben im Untergrund war laut Zschäpe mitunter recht ereignisarm. An vielen Abenden wurden Gesellschaftsspiele wie „Die Siedler von Catan" oder „Risiko" gespielt. Auch TV-Abende und das Lesen von Büchern bildeten einen maßgeblichen Teil von Zschäpes Freizeitgestaltung, während sich die Männer am PC mit Ego-Shooter- und Strategiespielen die Zeit vertrieben.

Beim NSU von einer klassischen Dreiecksbeziehung zu sprechen ist falsch. Natürlich war Zschäpe mit beiden Männern intim. Dafür, dass es auch zwischen Böhnhardt und Mundlos zu sexuellen Kontakten kam, gibt es aber keine Anzeichen.

Zschäpes Vertrauensanwalt Mathias Grasel wurde von mir gefragt: Können Sie Hinweise zu dem Verhältnis von Zschäpe zu den mutmaßlichen NSU-Terroristen Böhnhardt und Mundlos geben? Grasel antwortete: „Es bestand demnach zunächst eine Liebesbeziehung zu Uwe Mundlos, der später nahtlos von Uwe Böhnhardt ‚abgelöst' wurde. Die Beziehung zu Uwe Böhnhardt war dabei durchaus auch von Gewalt und Abhängigkeit geprägt."

So einfach (wie Grasel das Beziehungsgeflecht darstellt) dürfte es wohl doch nicht ganz gewesen sein, denn das suggeriert das Bild von geschlossenen Beziehungen, die einander ablösten. Doch die Wirklichkeit war komplexer. Denn Zschäpe unterhielt sowohl vor dem Gang in den Untergrund als auch danach sexuelle Beziehungen zu anderen Männern. Das schließt nicht aus, dass sie zu diesen Zeitpunkten mit Böhnhardt und bzw. oder Mundlos liiert war. So ist von Beziehungen zu Wohlleben, Starke und anderen die Rede, wobei hier meistens der Konjunktiv benutzt wird, da die Sachverhalte eben nicht lückenlos nachgewiesen werden können. Eine Aussteigerin aus der rechten Szene schrieb sensationsheischend in ihrem „Enthüllungsbuch", dass Frauen in der rechten Szene wie Trophäen herumgereicht würden. Dies kann bei Zschäpe eher ausgeschlossen werden, da sie für diese Art des weiblichen Objekt-Seins zu dominant erscheint. Allerdings könnte bei Zschäpes Beziehungen ein anderer Aspekt ausschlaggebend gewesen sein, nämlich der, dass sie sich an den Alpha-Männern der Szene orientierte, um selbst Macht auszuüben und um mit an der Spitze der Bewegung zu stehen.

Über die sexuellen Aktivitäten der Uwes ist wenig bekannt. Aber vorausgesetzt, dass Zschäpe im Untergrund überwiegend mit Böhnhardt liiert war, ist kaum anzunehmen, dass Mundlos in den Jahren der Illegalität auf Beziehungen verzichtete und völlig enthaltsam lebte. Das wiederum legt nahe, dass Mundlos unbekannte Sexualpartner außerhalb des Trios hatte. Auch dies stellt die BAW-Trio-These erneut in Frage.

Zurück zu härter belastbaren Aspekten: Das Bauer-Gutachten über die Persönlichkeit von Zschäpe nahm die Dreieckskonstellation unter die Lupe, wobei der Fokus auf der Angeklagten lag. Der erste Besuch Bauers bei Zschäpe war ein ärztliches Untersuchungsgespräch, dem die Bitte ein Gutachten zu erstellen erst folgte, als sich aus diesem Gespräch signifikante Gesichtspunkte ergaben. Bauer schrieb wörtlich: „Nachdem das mit Frau Z. geführte, ärztliche Gespräch signifikant neue Sachverhalte – insbesondere ein Abhängigkeitsverhältnis trotz anhaltender, teilweise schwerer Misshandlungen seitens eines der beiden Haupttäter – zutage gefördert hatte, bat ich die Angeklagte, die als Patientin ein Recht auf die ärztliche Schweigepflicht hatte, die Ergebnisse des ärztlichen Gesprächs ihren Anwälten mitteilen zu dürfen.‟

Bauers „Haupttäter‟ des NSU ist Böhnhardt. Im Vergleich zu Mundlos war er deutlich impulsiver und weniger rational. Mundlos war demnach eher der ideologische Kopf, während Böhnhardt recht unreflektiert und aus dem Bauch heraus handelte. Zschäpe wurde von Böhnhardt auch psychisch misshandelt und geschlagen. Allerdings trifft das Gutachten keine Aussage darüber, ob und inwieweit Zschäpe sich gegen die körperlichen Angriffe zur Wehr setzte. Aus Zschäpes Jugend ist überliefert, dass sie sich vor körperlichen Auseinandersetzungen nicht scheute. Es könnte sein, dass die körperlichen Auseinandersetzungen und Misshandlungen zwischen Zschäpe und Böhnhardt ein essenzieller Bestandteil der Beziehung waren: körperliche Auseinandersetzungen als Vorspiel sexueller Handlungen.

Bauer charakterisierte das Innenverhältnis der Dreiergruppe wie folgt: „u. a. schwere Misshandlungen der Angeklagten; nachweisbare Versuche sich aus dem Trio zu lösen; dessen ungeachtet aber ein Unvermögen sich zu trennen aufgrund eines pathologischen Abhängigkeitsverhältnisses.‟

Die krankhafte Abhängigkeit habe sich laut Bauer auf beide Mittäter bezogen, die für sie (die niemals eine eigene Familie gehabt habe) zu einer Art Ersatzfamilie geworden seien. Denn auch ohne sexuelle Beziehung kann Zschäpe von Mundlos psychisch abhängig gewesen sein. Etliche Beobachter des Trios bewerteten die Beziehung Zschäpes zu Mundlos als die einer ergebenen und liebenden Schwester zu ihrem älteren Bruder. Das weist auf ein hohes Maß an Zuwendung psychischer Energien hin.

Festzuhalten ist, dass die Beziehungen innerhalb des Trios äußerst eng waren, da sie sonst nicht über so viele Jahre in der Illegalität überleben und Verbrechen hätten begehen können. Nur eine in sich gefestigte Gruppe mit klaren Strukturen und hohem Organisationsgrad ist zu solchen Taten in der Lage. Die neonationalsozialistische Weltanschauung ist eine wesentliche Voraussetzung für die Morde und Sprengstoffanschläge. Sie bietet aber keine hinreichende Erklärung für das Funktionieren der „NSU-Truppe". Während über das Sexualleben Zschäpes und ihre häufigen Partnerwechsel einiges bekannt ist, stellt dieser Aspekt bei den beiden Uwes einen dunklen Fleck dar. Sowohl Böhnhardt als auch Mundlos waren während ihrer Jahre in der Illegalität mit an Sicherheit grenzender Wahrscheinlichkeit sexuell aktiv, da sie sich im „besten Mannesalter" befanden und keine Indizien auf Impotenz hinweisen. Während bei Böhnhardt von sexuellen Kontakten zu Zschäpe ausgegangen werden kann, liegt dieser Aspekt bei Mundlos im Bereich des Spekulativen. Bezeichnend für die verworrene Konstellation mag Zschäpes Antwort auf die Frage von Böhnhardts Eltern gelten, mit wem sie zusammen sei. Zu dieser Zeit befand sich das Trio bereits im Untergrund. Zschäpes Antwort lautete, dass sie mit dem Uwe zusammen sei. Erst im

Nachgang dämmerte Böhnhardts Eltern die Mehrdeutigkeit dieser Antwort.

Wie auch immer die Beziehungen im Detail ausgesehen haben mögen – Bauers These klingt plausibel, dass Zschäpe es aufgrund der psychischen und physischen Beziehungen schwerfiel, sich von der Gruppe zu lösen. Zschäpe nannte noch einen weiteren Grund. Beide Uwes drohten mit Suizid, sollte sie aus der Gruppe aussteigen und sich den Ermittlungsbehörden stellen – eine Aussage Zschäpes nach dem Auffliegen des NSU, die (wie viele andere auch) zumindest fragwürdig erscheint.

Dies alles stellt in keiner Weise irgendeine Rechtfertigung für die rassistischen Morde des NSU dar. Dennoch hilft die Aussage zu verstehen, weshalb Zschäpe im Untergrund ausharrte und dem mörderischen Treiben ihrer Kameraden angeblich tatenlos zusah. Oder ist diese Konstellation nur ein von der Angeklagten stilisiertes Selbstbildnis, um ihre Person vor den Mühlen der Justiz zu bewahren? War sie vielleicht doch eine treibende Kraft in dem Trio, deren Tatbeiträge höher waren, als es durch das hier skizzierte Szenario angedeutet wird?

8   Die Bank- und Raubüberfälle

Ein Sicherheitsbeamter erklärte mir im Zusammenhang mit der RAF einmal, dass ein Leben in der Illegalität ca. zwölf Mal so teuer sei wie das „normale Leben". Diese Aussage hat (auch wenn man über den Faktor zwölf durchaus diskutieren und ihn im Fall des NSU sicherlich etwas reduzieren kann) auch für die rechtsextremistische Illegalität ihre Berechtigung. Deshalb ist erwiesen, dass das Trio zur Finanzierung des Untergrundlebens immense Geldbeträge benötigte. Hinzu kommt, dass der Geldfluss stetig, inoffiziell und nicht nachvollziehbar sein musste.

Über die Finanzierung des NSU gibt es zahlreiche Spekulationen. Zu Beginn diente der Verkauf des antisemitischen Spiels „Pogromly" der Finanzierung. Auch ist bekannt, dass es in der rechtsextremen Szene kurz nach dem Abtauchen der Drei Sammelaktionen und Benefizkonzerte zu ihrer Unterstützung gab.

Aus dieser finanziellen Abhängigkeit wollte sich der NSU befreien, da durch kameradschaftlicher Solidarität auch die Gefahr des Auffliegens stieg. Folgerichtig wurde der rechten Szene signalisiert, dass das Trio keine materiellen Zuwendungen mehr benötige, da sie inzwischen „jobben" würden. Ein Teil dieses Jobbens waren die von ihnen verübten Bank- und Raubüberfälle. Über weitere Maßnahmen zur Geldbeschaffung kann nur spekuliert werden. Bedenkenswert ist der mitunter zu hörende Einwand, dass die Beute aus den Bank- und Raubüberfällen nicht zur vollständigen Finanzierung der Illegalität (über so eine lange Zeitspanne hinweg) gereicht hätte.

Bekannt ist aber auch, dass die „Einnahmen" aus den Überfällen teilweise so hoch waren, dass sich der NSU bei seinen Unterstützern dankbar revanchierte. So erfolgte wohl eine Spende im vierstelligen Bereich an das neonazistische Organ „Der Weiße Wolf". In einer der Ausgaben dieser Postille wurde dem NSU für die Spende dementsprechend gedankt und betont, dass die Spende Früchte getragen habe. Das Magazin dankte dem NSU also bereits neun Jahre vor dessen Entdeckung durch die Behörden. Ein Herausgeber des Neonazi-Fanzines war der frühere HDJ-Mann und NPD-Landtagsabgeordnete David Petereit. Überhaupt scheint der NSU mit der NPD eng verbandelt zu sein, wie u. a. an Wohlleben gesehen werden kann. Es ist seltsam, dass die Ermittler trotz all der V-Leute im Umfeld des NSU-Trios nichts von der „Danksagung" mitbekommen haben wollen, die sie rechtzeitig auf die Fährte des Trios hätte führen können.

Seit jeher bedienen sich Organisationen, die ihrem Selbstverständnis nach nicht kriminell, sondern politisch sind, des Mittels der Bank- und Raubüberfälle, um den bewaffneten Kampf zu finanzieren. Dies hat u. a. den Vorteil, dass das Geld nicht versteuert werden muss und die Spur des Geldes nicht nachverfolgt werden kann.

Das NSU-Trio benötigte also Kapital, das es durch Bank- und Raubüberfälle generierte. Die Überfälle trugen ein erhebliches Entdeckungsrisiko in sich, aber die Kriegskasse wurde durch einen gut verlaufenden Banküberfall für lange Zeit gefüllt. Die Gefahr bei einem Raubüberfall verhaftet zu werden, wurde durch die niedrige Frequenz derselben beinahe wieder ausgeglichen. Zwischen Dezember 1998 und November 2011 überfielen Böhnhardt und Mundlos vermutlich fünfzehn Post- und Sparkassenfilialen in Sachsen, Mecklenburg-Vorpommern und Thüringen. Dies bildet eine Besonderheit des NSU, denn während die Morde an neun Menschen mit Migrationshintergrund (bis auf eine Ausnahme) im

Westen verübt wurden, fanden die Raubüberfälle ausschließlich in ostdeutschen Städten statt. Bei den Morden suchte das Trio eine große Distanz zu ihrem Wohnort, während es die Raubüberfälle mehr oder weniger direkt vor der eigenen Haustür beging. Offensichtlich ist das Kalkül aufgegangen, denn die Ermittler konnten bis zum Auffliegen des NSU keinen Kausalzusammenhang zwischen den „West-Morden" und den „Ost-Überfällen" herstellen. Deshalb scheint die Strategie aus militärisch-strategischem Kalkül heraus durchaus fruchtbar gewesen zu sein und ermöglichte dem NSU, lange Zeit unentdeckt zu bleiben.

Insgesamt werden dem NSU 15 Raubüberfälle zugeschrieben. Beim Ersten, der am 18. Dezember 1998 auf einen Edeka-Supermarkt in Chemnitz stattfand und 30.000 DM Beute einbrachte, sollen ausnahmsweise drei statt zwei Täter agiert haben. Leider lässt sich nicht rekonstruieren, ob die dritte Person Zschäpe oder jemand aus dem Unterstützerumfeld des NSU war. Bei diesem Raubüberfall unterstrich der NSU zum ersten Mal seine Gefährlichkeit, denn ein Zeuge (der die Verfolgung der Täter aufnahm) wurde beinahe von einer Kugel getroffen. Angeblich zielten die Täter auf Brust und Beine, verfehlten aber ihr Ziel. Üblicherweise verübte aber das Duo Böhnhardt und Mundlos die Überfälle. Lediglich ein Überfall (der beinahe schiefging) wurde von Böhnhardt alleine begangen. Dieser elfte Überfall am 5. Oktober 2006 in Zwickau verlief ziemlich brutal. Das Zielobjekt war (wie so oft) eine Kreissparkasse. Ein Bank-Auszubildender versuchte den Räuber aufzuhalten und wurde durch einen Bauchschuss lebensgefährlich verletzt. Von Beginn an zeigte sich, dass Böhnhardt in der Situation überfordert war. Nach dem Beinahe-Fiasko agierte der NSU bei kriminellen Geldbeschaffungsaktionen wieder zu zweit. Auch in Sachen Raubüberfälle zeigt sich, auf welch tönernen Füßen die „Trio-These" der BAW steht. Denn bei zwei Überfällen mietete Eminger die Tatfahrzeuge an und beim ersten Überfall gab es mit hoher Wahrscheinlichkeit einen dritten Täter.

Die Überfälle wurden stets nach ähnlichem Muster begangen. Das scheint logisch, denn eine taktische Vorgehensweise, die sich bewährt hat, wird selbstverständlich erneut verwendet. Die Täter gingen bei den Überfällen brutal vor. Wenn sie die Notwendigkeit sahen, schneller an hohe Summen Bargeld zu kommen, nahmen sie auch Verletzungen der Bank-Angestellten und Bankkunden in Kauf.

Die Schüsse beim ersten Überfall auf den Edeka-Supermarkt und beim elften Überfall bewertete die BAW juristisch als versuchte Morde. In erster Linie wurde die Polizei dem NSU nicht durch die Mordermittlungen gefährlich, sondern durch die Untersuchungen der Raubüberfälle. Bei den Geheimdiensten mag sich dies anders verhalten haben, wie die Anwesenheit des Verfassungsschutzmit-arbeiters Temme beim Kasseler NSU-Mord belegen könnte – dazu später noch mehr.

Nachdem der erste Überfall auf den Supermarkt durch das Ein-greifen des Zeugen beinahe schiefgegangen wäre, wandte sich der NSU Banken zu, was hinsichtlich der revolutionären Energie als eine deutliche Steigerung bewertet werden dürfte. Zwischen dem 6. Oktober 1999 und dem 5. Juli 2001 erfolgten vier Überfälle auf Postfilialen. Bei drei Überfällen in Chemnitz und Zwickau betrug die Beute durchschnittlich knapp 50.000 DM pro Überfall.

Nach den Postfilialen wechselte der NSU erneut das Zielobjekt. Die restlichen zehn Raubüberfälle wurden zwischen dem 25. Sep-tember 2002 und dem 4. November 2011 ausschließlich auf Filialen der regionalen Kreissparkassen verübt. Die ersten sechs Überfälle fanden in Chemnitz und Zwickau statt. Erstaunlich ist die Differenz der Beutebeträge. Bei zwei Überfällen ging der NSU ganz leer aus, bei einem weiteren erbeutete man lediglich 435 €.

Die letzten vier Raubzüge verliefen beutetechnisch ziemlich optimal. Böhnhardt und Mundlos gelang es im Schnitt über 85.000 € zu rauben. Erstaunlich ist, dass die Überfälle an neuen Orten stattfanden. Die Überfälle am 7. November 2006 und 18. Januar 2007 fanden in der Hansestadt Stralsund statt. Die Beutesummen betrugen ca. 85.000 € und 170.000 €, was im Schnitt die besten Erträge der Überfallserie waren. Insofern ist es verwunderlich, dass Böhnhardt und Mundlos sich danach wieder einem neuen Ort für ihre Überfälle zuwendeten. Sie überfielen am 7. September 2011 in Arnstadt-Ilmenau eine weitere Kreissparkasse und erbeuteten 15.000 €. Der letzte NSU-Überfall, der im angeblich erweiterten Suizid der Uwes mündete, fand in Eisenach statt. Verwunderlich ist, dass sich im ausgebrannten Wohnwagen noch Geld aus dem Arnstadt-Überfall befand. Hinzu kommt, dass das Geld mit Original-Banderolen versehen war, was Fragezeichen an dem Gesamtszenario aufwirft und den Verdacht erweckt, dass hier nicht alles so ist, wie es auf den ersten Blick scheint.

Die alles entscheidende Frage im Zusammenhang mit den Raubüberfällen lautet, ob die Gesamtbeute von etwa 600.000 € für ein dreizehnjähriges Leben im Untergrund ausreichend war. Auf die hohe Kostenstruktur der Illegalität wurde bereits hingewiesen. Alle Unwägbarkeiten beiseitegeschoben und ein vereinfachtes Rechenmodell zugrunde gelegt, kommt heraus, dass jede Person des Trios mit knapp über 1000 € im Monat auskommen musste. Zudem ist der letzte Überfall in Eisenach erstaunlich, da der NSU nachweislich noch über 40.000 € Beutesumme des letzten Überfalls verfügte.

Die Richtigkeit dieser Rechenspiele vorausgesetzt erstaunt es nicht, dass Politiker und Rechtsanwälte der Opferfamilien davon ausgehen, dass das NSU-Trio über weitere Einnahmequellen verfügte. Der NSU steckte viel Geld in die technische Überwachung der Wohnung, und ein Waffenarsenal wie dasjenige des NSU lässt sich nicht einfach aus der Portokasse bezahlen. Sowohl die Wohnwagen-Anmietungen als auch die Urlaubsreisen waren mit hohen Kosten verbunden. Die BAW machte im Anklagekonstrukt deutlich, dass sie keine Erkenntnisse über weitere Einnahmequellen des NSU besitzt. Abweichende Stimmen verwiesen auf die Möglichkeit, dass der NSU Teil einer größeren Organisation war, die über umfassende Ressourcen verfügte. Verschwörungstheoretisch orientierte Annahmen gehen sogar davon aus, dass die Rechtsextremisten Geschäfte mit Rockerbanden betrieben, da es in den neuen Bundesländern massive Überlappungen von rechtsextremer Szene und Motorrad-Gangs gibt. Haben die beiden Uwes für die Gangs kriminelle Geschäfte im Rotlichtmilieu, mit Drogen, Waffen oder Kinderpornografie gemacht? So berechtigt die Fragen sind, umso deutlicher muss darauf hingewiesen werden, dass es weder belastbare Indizien noch Beweise in diese Richtung gibt. Ebenso wenig verstummen Hinweise, dass Mundlos mehrere Monate für die Zwickauer Abrissfirma des Neonazis Ralf Marschner arbeitete. Dies scheint nicht unbedingt plausibel, da die dabei zu erwartenden Einnahmen gering gewesen sein dürften. Zudem wäre die Gefahr einer Entdeckung durch Kontrollen des Zolls oder durch eine Durchsuchung der Fahrzeuge durch die Polizei viel zu groß gewesen.

Die ideologische Rechtfertigung der Banküberfälle nimmt sich ähnlich wie im linksextremistischen Milieu aus. Ein Gewährsmann, der behauptet, bis zum Schluss eng am NSU dran gewesen zu sein, sagte mir im persönlichen Gespräch: „Man raubt das Geld den bösen Kapitalisten. Dadurch entsteht kein Schaden. Entscheidend ist, dass das erbeutete Geld einem guten Zweck zugeführt wird. Und das bedeutet: politische Aufbauarbeit. Eine Revolution starten."

9   Taten statt Worte:
Eskalationsstufe Migrantenmorde

Durch das ideologische Paradigma „Taten statt Worte" entstand eine Situation, die (wäre der Anlass nicht todernst) beinahe als skurril bezeichnet werden könnte. Der NSU ermordete zwischen 2000 und 2007 zehn Menschen, ohne dass dabei jemand etwas vom Vorhandensein dieser rechtsextremistischen Terrorgruppe wusste. Zumindest tappten die Ermittler im Dunkeln und die Namensgebungen der mit den Morden verbundenen Sonderkommissionen „Halbmond" und „Bosporus" legen für einige ein beredtes Zeugnis über zumindest potenziell rassistische Ermittlungstendenzen deutscher Behörden ab. Die Opfer der NSU-Mordserie wurden (dieser Lesart folgend) gleich zwei Mal Opfer rassistischer Übergriffe. Erst durch den NSU, dann durch deutsche Ermittlungsbehörden.

Zunächst nahm der NSU neun Männern türkischer und griechischer Herkunft das Leben. Danach ermittelten Polizeibeamte im Umfeld der Opfer und verdächtigten in der Regel deren Familienmitglieder. Zudem wurde den Opfern von Seiten der Polizei nachgesagt, dass sie kriminell wären. Die Anschuldigungen reichten von Steuerhinterziehung über die Mitgliedschaft in der OK bis hin zu politischen Motiven. Da zahlreiche Opfer kurdischen Ursprungs waren, vermuteten die Ermittler dort einen Zusammenhang mit der kurdischen Guerillaorganisation PKK. Zumindest ging die Polizei mitunter davon aus, dass die Opfer sich gegebenenfalls weigerten, Schutzgelder für die PKK zahlten und deshalb von dieser eliminiert wurden.

Das Umfeld der Opfer hat vor dem Auffliegen des NSU geahnt, dass es sich um rechtsextremistische Taten handelte. Die Angehörigen von Mordopfern veranstalteten Demonstrationen, in denen sie forderten, dass es kein 10. Opfer geben dürfe und in denen sie der Polizei vorwarfen, auf dem rechten Auge blind zu sein. In der rechten Szene könnte bei eingeweihten Zirkeln bekannt gewesen sein, dass ein rechtsterroristisches Kommando namens NSU mordend durch die Lande zieht, wenn man den Liedtext „Döner-Killer" der Gruppe „Gigi und die braunen Stadtmusikanten" hört:

Neun mal hat er es schon getan
Die SoKo Bosporus schlägt Alarm
Die Ermittler stehen unter Strom.
Eine blutige Spur und keiner stoppt das Phantom.

Sie drehen durch, weil man ihn nicht findet.
Er kommt, er tötet, er verschwindet.
Spannender als jeder Thriller,
sie jagen den „Döner-Killer".

Was hier zwischen den Liedzeilen steht, kann als Spott gegen die Ermittler gelesen werden. Frappierender ist, dass der Verdacht naheliegt, dass die Band Insider-Wissen besaß und dem NSU noch vor dessen Bekanntwerden ein musikalisches Denkmal setzte.

Da die neonazistische Ideologie das Primat der Tat verfolgt und die ideologische Rechtfertigung erst danach eine Rolle spielt, werden in diesem Buch zuerst die Morde untersucht und danach die Versuche der ideologischen Rechtfertigung.

Obwohl Sonderkommissionen im Zusammenhang mit der Česká-Mordserie gegründet wurden und viele Polizeibeamte an den Ermittlungen beteiligt waren, gab es Merkmale, welche die Ermittler frühzeitig auf die Spur des NSU hätten führen können. Alle

Opfer waren Männer türkischer oder griechischer Herkunft, die kleine Ladengeschäfte betrieben oder dort angestellt waren. Fünf Opfer waren kurdischen, drei türkischen und einer griechischen Ursprungs. Die Männer wurden exekutiert, während sie ihrer Arbeit nachgingen.

Trotz intensiver Ermittlungen war es den Ermittlern nicht möglich, Zusammenhänge zwischen den Opfern zu erkennen. In keinem Fall konnten die Polizisten ein opferbezogenes Motiv rekonstruieren. Dabei lagen die Strukturmerkmale der Tatwaffe/n, der Tatorte, der beruflichen Tätigkeit und des Migrationshintergrundes offen auf dem Tisch.

9.1   Enver Şimşek

Der erste NSU-Mord wurde am 9. September 2000 begangen. Er weist im Vergleich zu anderen Morden Besonderheiten auf. Şimşek war zum Zeitpunkt des Mordes 38 Jahre alt. Mitte der 80er Jahre nach Deutschland gekommen, arbeitete er zunächst in einer Fabrik, dann eröffnete er einen Blumenhandel. Dem folgte ein Großhandel mit dazugehörigen Blumenläden und Blumenständen. Vor diesem Hintergrund verwundert es nicht, dass Şimşek als erfolgreicher Geschäftsmann galt.

Offensichtlich strebte der NSU nicht (wie viele seiner Mitstreiter) an, Asylantenheime anzuzünden, um dadurch fremde Menschen, die meistens ohne Hab und Gut nach Deutschland flüchteten, zu vertreiben. Vielmehr waren Mitbürger türkischer Herkunft das Ziel des NSU, die seit längerer Zeit in Deutschland lebten und die sich durch harte Arbeit selbstständig gemacht hatten oder als Angestellte arbeiteten. Bei keinem der Morde kann der NSU für sich reklamieren, dass er Bürger mit Migrationshintergrund erschossen habe, die dem deutschen Staat auf der Tasche lagen. Ziel waren gut integrierte und im Geschäfts- und Gesellschaftsleben Deutschlands erfolgreiche Bürger, deren Wurzeln in der Türkei lagen.

Es ist schwer vorstellbar, dass der NSU im Voraus plante, die Person Şimşek zu ermorden. Selbst wenn der NSU oder mit ihm verbündete Sympathisanten über längere Zeit den Blumenstand observiert hätten, wäre ihnen aufgefallen, dass für gewöhnlich ein anderer Verkäufer als Şimşek anwesend war. Şimşeks Aufgabe war es in erster Linie, die Blumen seinem Verkäufer zu liefern. An dem verhängnisvollen Samstag betreute er aber den Stand selbst, da sein Mitarbeiter Urlaub hatte. Der Stand war in einer Parkbucht am Rand einer Ausfallstraße im Osten Nürnbergs aufgebaut. Zeugen, die zwei kaukasisch aussehende Radfahrer am Tatort sahen, wurden von den Ermittlungsbehörden nicht ernst genommen.

Im Gegensatz zu den meisten anderen acht Morden an türkisch-griechischen Selbstständigen und Angestellten verwendete der NSU beim ersten Mord zwei Tatwaffen. Eine davon war die besagte Česká 83, die bei allen Morden verwendet und zu einer Signatur der Migrations-Mordserie wurde, ohne dass die Ermittler damit etwas anfangen konnten. Die andere Tatwaffe war eine in Italien gefertigte halbautomatische Bruni – Modell 315 mit Kaliber 8 mm.

Es gibt noch weitere Merkmale, welche diesen Mord von den anderen abheben. Bei späteren Morden legten die NSU-Täter ein professionelles kriminelles Verhalten an den Tag. Beim Mord an Şimşek benötigten Böhnhardt und Mundlos acht Schüsse aus beiden Pistolen, um Şimşek zu töten. Für die nicht professionelle Durchführung dieses Mordes sprach weiterhin, dass Şimşek ins

Krankenhaus gebracht wurde und dort erst zwei Tage später seinen Verletzungen erlag. Dadurch waren die Täter einem hohen Entdeckungsrisiko ausgesetzt. Wäre Şimşek wieder zu sich gekommen, hätte er den ermittelnden Beamten Angaben über die Täter machen können und es wäre vielleicht ein Phantombild entstanden. Die Tatbegehung war hier ganz offensichtlich überhastet. Demnach sprangen zwei Täter in die offene Tür des Transporters und kurz darauf ertönten gedämpft klingende Schüsse.

Über diese Anomalien gibt es wilde Spekulationen und Verschwörungstheorien. Hier wird die Position vertreten, dass die Hemmschwelle beim ersten Mord für Böhnhardt und Mundlos noch recht hoch war. Deshalb agierten sie weder sonderlich souverän noch professionell. Vielmehr begingen sie Fehler, die bei den späteren Morden nicht mehr unterliefen.

Während fränkische Ermittler eine Spur nach rechts nicht in Erwägung zogen, bewies der bayrische Ministerpräsident Günther Beckstein mehr Durchblick. Als er vom Mord durch Zeitungslektüre erfuhr, machte er sich eine Randnotiz, da er von den zuständigen Ermittlern wissen wollte, ob der Mord einen rechtsextremistischen Bezug habe – was diese verneinten. Eine entschlossenere Intervention Becksteins zugunsten seiner Theorie hätte vielleicht weitere NSU-Opfer verhindern können.

9.2   Abdurrahim Özüdoğru

Gut neun Monate nach dem ersten Mord schlug der NSU erneut in Nürnberg zu. Hier sticht eine erste Besonderheit der Mordserie ins Auge: Beide Morde fanden in der Frankenmetropole statt. Dafür gibt es Erklärungsansätze, von denen keiner den Anspruch auf Vollständigkeit oder Richtigkeit für sich beanspruchen kann – sie seien an dieser Stelle dennoch erwähnt.

Einer könnte lauten, dass Nürnberg im Dritten Reich für die Nationalsozialisten und insbesondere die Nationalsozialistische Deutsche Arbeiterpartei (NSDAP) von besonderer Bedeutung war. Nürnberg galt neben München als Hochburg der NS-Bewegung. Hier wurde zudem das riesige Reichsparteitagsgelände errichtet, auf dem die NSDAP in gigantomanischer Manier ihre Parteitage abhielt. Die Massenkundgebungen waren an Perfektion und ideologischer Indoktrination kaum zu überbieten. Z. T. trug die berühmte Regisseurin Leni Riefenstahl dazu bei. Im Frühjahr 1934 erhielt sie von Hitler persönlich den Auftrag, einen Film über den im September stattfindenden „Reichsparteitag der Einheit und Stärke" zu produzieren – ein erster Versuch vom Vorjahr wies erhebliche propagandistische Mängel auf. Hitler bestimmte auch den Namen des Films: „Triumph des Willens". Der zweistündige Propagandastreifen ist perfekt arrangiert und wurde umfassend in der schulischen Bildung eingesetzt, um Kinder und Jugendliche ideologisch auf Linie zu bringen. Der Film besticht dank (damals) moderner Aufnahmetechniken, Kamerapositionen und außergewöhnlich guter Schnittfolge. Die politische Botschaft des Films sollte vermitteln, wie eng die Verbindung zwischen Führer und Volk war. Vor diesem Hintergrund ist es nicht verwunderlich, dass Hitler (40 Minuten lang) im Mittelpunkt dieses Streifens steht. Vielleicht war diese für den Nationalsozialismus historische Bedeutung von Nürnberg ein Beweggrund für Böhnhardt und Mundlos, hier lebende Menschen mit Migrationshintergrund zu töten, da sie ihrer Meinung nach das Ansehen dieser Stadt „verschandelten". Vielleicht hatte das

NSU-Duo aber auch an die nach dem Krieg stattfindenden Nürnberger Prozesse gedacht, in denen das Führungspersonal des NS-Regimes angeklagt und z. T. zum Tode verurteilt wurde. Denkbar wäre dann, dass die NSU-Exekutionen als Racheaktionen für die (von ihnen als Siegerjustiz beurteilten) Todesurteile gegen die NS-Führungsriege betrachtet wurden.

Ein eher kriminalistisch orientierter Erklärungsansatz wäre, dass Böhnhardt und Mundlos vor Ort Unterstützer hatten. Es gab nachweislich Beziehungen zwischen den rechtsextremen Bewegungen in Franken und denen in den neuen Bundesländern. Ohnehin wird vielerorts davon ausgegangen, dass das NSU-Duo vor Begehung seiner Taten Unterstützung beim Ausspähen der Zielobjekte hatte. Vielleicht leb(t)en in Nürnberg solche verlässlichen Unterstützer.

Am 13. Juni 2001 wurde Abdurrahim Özüdoğru in seiner Änderungsschneiderei in der Nürnberger Südstadt kaltblütig hingerichtet. Der zum Tatzeitpunkt 49 Jahre alte Türke immigrierte 14 Jahre vor Şimşek nach Deutschland, wo er als Metallfacharbeiter beschäftigt war. Gemeinsam mit seiner Frau eröffnete er dann eine Änderungsschneiderei, die er nach der Scheidung übernahm. Er wurde mit zwei Kopfschüssen getötet, was auf einen gestiegenen Professionalisierungsgrad der Täter hinweist, die ja beim ersten Opfer noch acht Schüsse benötigten. Neu war, dass die Täter zudem die Kaltblütigkeit besaßen, ihr im Sterben liegendes Opfer zu fotografieren. Özüdoğru hinterließ neben seiner Ex-Frau eine Tochter.

Die Polizei machte (dies wird sich wie ein roter Faden durch alle Morde ziehen und sollte auch nicht verschwiegen werden) keine glückliche Figur. Außer der Erkenntnis, dass der Mord wie derjenige an Şimşek mit einer Česká 83 verübt worden war, verliefen die polizeilichen Ermittlungen im Sand. Alle Nachforschungen, ob der Schneider kriminell gewesen sei, brachten keine belastbaren Ergebnisse, obwohl die Beamten die Wohnung des Opfers mit Drogenspürhunden durchsuchten. Bereits beim zweiten NSU-Mord könnte sich so der latent vorhandene Rassismus mancher Polizeibehörden ansatzweise gezeigt haben. Ebenso durch den Vermerk, dass in der Wohnung des Mordopfers einiges an „für Wohnungen von Türken nicht unüblichen Nippes" gefunden wurde. Diese Formulierung hätten Böhnhardt und Mundlos vermutlich weltanschaulich zutreffend gefunden.

9.3   Süleyman Taşköprü

Der NSU suchte sich schnell ein neues Opfer. Etwa 14 Tage nahmen sich Böhnhardt und Mundlos dafür Zeit. Es scheint kaum denkbar, dass der NSU als Männerduo innerhalb dieser Zeitspanne sein nächstes Opfer an einem völlig anderen Ort in Deutschland zur Genüge ausgespäht haben könnte, um einen weiteren Mordanschlag mit der nötigen Akribie und Planungssicherheit durchzuführen. Dennoch: Am 27. Juni 2001 wurde Taşköprü in Hamburg-Bahrenfeld im Laden seines Vaters exekutiert.

Es könnte eingewendet werden, dass es in Hamburg zahlreiche Mitbürger aus der Türkei gibt und dass dort insofern eine Zielbestimmung leicht war. Aber die NSU-Täter mussten den Laden observieren, um zu wissen, wann er geöffnet, geschlossen und wann Mittagspause gemacht wurde. Zudem war es im Vorfeld nötig, zu eruieren, wann wie viele Kunden in den Laden kamen, welche Tage gut frequentiert waren und wann sich die Täter sicher fühlen konnten und ein nur minimales Entdeckungsrisiko bestand. Diese

Überlegungen sprechen erneut gegen die NSU-Trio-These, die u. a. davon ausgeht, dass Zschäpe während der Taten zu Hause wartete, um beim Scheitern einer Aktion die Bekenner-DVDs zu versenden. Vielmehr ist von Unterstützern auszugehen, die dem NSU halfen, im Vorfeld die Tatorte auszuspionieren. Natürlich werden sich Böhnhardt und Mundlos vor Tatbegehung auch selbst ein Bild vor Ort gemacht haben, aber 14 Tage scheinen dafür keine angemessene Zeitspanne zu sein.

Dieses Mal feuerte der NSU drei Schüsse auf sein Opfer ab, wobei beide Waffen des ersten Anschlags auf Şimşek verwendet wurden. Erneut zielten die Täter auf den Kopf. Kopfschüsse haben in der Kriminalistik verschiedene Bedeutungen. Ein Vernichtungswille kann in diesem Zusammenhang konstatiert werden. Zugleich stellen gezielte Kopfschüsse den Versuch dar, die Individualität des Opfers durch die Zerstörung seines Gesichts auszulöschen. Böhnhardt und Mundlos haben die Kopfschuss-Methode vielleicht ganz bewusst gewählt, um die Taten wie militärisch ausgeführte Exekutionen aussehen zu lassen. Taşköprü war 31 Jahre alt und hatte eine dreijährige Tochter. Seine Eltern waren 1970 aus der Türkei nach Deutschland gekommen. 1998 übernahm die Familie das kleine Geschäft in Hamburg. Auch in diesem Fall handelt es sich bei den Opfern um in den deutschen Alltag integrierte, arbeitende und Steuern zahlende Mitbürger.

Und wieder einmal stocherte die deutsche Polizei im Trüben. Die einseitig geführten Ermittlungen ergaben, dass Taşköprü Freunde im Hamburger Rotlichtmilieu hatte. Deshalb (so schloss die Polizei) sei ein Verbrechen im Rahmen der OK anzunehmen.

Wie im Falle Şimşek war nicht vorherzusehen, dass Taşköprü zu dieser Zeit im Laden seiner Eltern anwesend sein würde. Es kann sein, dass die Ausspäher davon ausgingen, dass bei einer Mordakti-on sein Vater Opfer wäre, da dieser in der Regel den Laden führte. Am 27. Juni 2001 musste Taşköprüs Vater aber Besorgungen ma-chen, weshalb der Sohn hinter der Ladentheke stand. Als der Vater zurückkam, fand er seinen Sohn sterbend vor.

Die Täter gingen hier ein hohes Entdeckungsrisiko ein. Viel-leicht waren Böhnhardt und Mundlos der Meinung, dass sie sich gegebenenfalls den Weg freischießen würden. Die Erklärungsva-riante passt aber nicht zu den raffinierten Fluchtplänen. Demnach flüchtete das NSU-Duo stets mit Fahrrädern vom Tatort und ver-steckte diese anschließend im Camper. Es ist davon auszugehen, dass sie bei der Tatbegehung über die Hilfe von Unterstützern ver-fügten, die das Umfeld des Tatorts im Blick behielten, um via Han-dy oder Walkie-Talkie die Uwes im Gefahrenfall zu warnen. Wäre der Vater wenige Minuten vorher zurückgekehrt, hätte der „Fun-ker" die Uwes gewarnt und die Aktion wäre abgebrochen worden. Leider wird kaum herauszufinden sein, ob nicht weitere geplante Attentate durch solche „Störfaktoren" abgebrochen wurden. Durch die offizielle Festlegung auf die BAW-Trio-These besteht in dieser Sache wenig Aufklärungsinteresse und angesichts der zu erwarten-den langen Haftstrafe im Falle eines Geständnisses wird bzw. wer-den sich die Helfer nicht freiwillig melden.

9.4   Habil Kılıç

Der NSU legte keine Pause ein. Einen Monat nach dem dritten Mord schlugen Böhnhardt und Mundlos wieder zu – wieder in Bayern, allerdings nicht Franken, sondern in München. München besitzt wie Nürnberg einen engen Bezug zum Nationalsozialismus. München gilt als Ursprungsort der nationalsozialistischen Bewegung. Zudem befand sich dort das „Braune Haus", von dem aus die NSDAP Deutschland eroberte. Ob solche historischen Erwägungen bei der Wahl des Anschlagorts eine Rolle spielten, ist unsicher. Aber gerade Mundlos, der als ideologischer Kopf des NSU gilt, war geschichtlich-weltanschaulich interessiert und wusste über solche Geschichtsfakten Bescheid.

Der in München-Ramersdorf verübte Mord wies Parallelen, aber auch Abweichungen zu den bisherigen Taten auf. Wie die drei vorherigen Opfer war Kılıç im Kleingewerbe als Inhaber eines Obst- und Gemüsehandels selbstständig. Was war der tiefere Sinn dieser Anschläge? Inwiefern erschienen Böhnhardt und Mundlos türkischstämmige Selbstständige mit kleinem Gewerbe als gefährlich? Ging es „nur" um ihre Herkunft? Dann müsste allerdings festgestellt werden, dass der NSU bei der Selektion seiner Anschlagziele effektiver hätte vorgehen können, indem er z. B. Moscheen, ideologische Organisationen wie die „Grauen Wölfe" oder türkische Kriminelle ins Visier genommen hätte. Vermutlich war dem NSU dabei aber das Risiko zu hoch, denn so hätte die Tatbegehung mehr Risiken mit sich gebracht. Bei Zuhältern und Drogendealern hätten sie mit Wachsamkeit und bewaffneter Gegenwehr rechnen müssen, ebenso bei den „Grauen Wölfen". Welcher kleine Selbstständige rechnet dagegen am helllichten Tag mit einem Anschlag? Vielleicht mit dem Raubüberfall eines Junkies, der es auf Bargeld abgesehen hat, aber nicht mit kaltblütigen Neonazi-Killern, die sich zumindest vordergründig die Reinhaltung der deutschen Rasse auf ihre Fahnen geschrieben haben.

Am 29. August 2001 erschossen Böhnhardt und Mundlos Kılıç. Als Novum hinterließen sie keine Patronenhülsen. Vermutlich hatten sie erkannt, dass ausgeworfene Patronenhülsen ein wichtiges Indiz für die Ermittler waren. Das bescheinigt dem NSU strategisch-taktisches Lernpotenzial. Vielleicht motivierten ihn die Erfolge ihrer Morde, sodass er seine Methoden optimierte.

Der 38-jährige Kılıç hinterließ eine Frau und eine Tochter. Es war ihm gelungen, sich in München eine Existenz als Gemüsehändler aufzubauen. Sein Geschäft führte er zusammen mit seiner Frau. Wieder einmal war es dem NSU gelungen, eine Familie aus heiterem Himmel in großes Unglück zu stürzen.

Die Behörden gaben erneut keine gute Figur ab. Die Polizei rätselte wieder ergebnislos und kam zu dem Schluss, dass Kılıç in Drogengeschäfte der OK verwickelt war. Diese Schlussfolgerungen ohne belastbare Indizien könnten als ein weiteres Beispiel dafür angesehen werden, dass ein gewisser institutioneller oder einzelner Akteur-Rassismus bei der deutschen Polizei in der Tat vorhanden ist. Der Nebenklage-Anwalt Damimagüler stellte am Telefon fest, dass aufgrund der rassistischen Ermittlungsmethoden (Racial Profiling) das Vertrauen der Migranten-Community in die deutschen Behörden geschwunden sei. Mazyek, Präsident des Zentralrats der Muslime (ZDM), betonte im persönlichen Gespräch, dass neben dem Racial Profiling die ungleiche Anwendung der Gesetze das Problem sei: „Wir haben ein hervorragendes Gesetzesinstrumentarium zur Bekämpfung von Terrorismus. Aber die einschlägigen Gesetze sind nicht für alle Extremismen angewendet worden, sondern fast ausschließlich gegen religiöse Extremisten."

Den NSU-Opfern hilft diese Relativierung nicht, denn Freunde, Nachbarn und Verwandte wurden durch die Verdächtigungen der Polizei z. T. stark verunsichert. So erlebten Kılıç Witwe und Tochter Anfeindungen. Folglich überrascht es nicht, dass seine Frau beim Münchener Prozess Zschäpe mit den Worten ansprach: „Können Sie das verstehen? Was die Leute über uns reden?" Während sich die Mutter bis heute in psychiatrischer Behandlung befindet, ist die Geschichte der Tochter nicht weniger traurig. Dabei gerät auch das deutsche Schulwesen ins Visier: Kılıç Tochter wurde angeblich von ihrer Schule verwiesen, da die Schulleiterin fürchtete, dass die Täter auch dort zuschlagen könnten. Was wie ein Schutzbedürfnis für andere Kinder aussieht, ist eine Form der Ausgrenzung einer Bevölkerungsminderheit. Undenkbar, dass die Schulleiterin ein deutsches Kind bei demselben Sachverhalt von der Schule verwiesen hätte. Dann wäre ein Aufschrei der Empörung durch die Medien gegangen, der sowohl die Schulaufsichtsbehörde als auch die Schulleiterin gezwungen hätte, ihre Entscheidung zu revidieren.

Erneut zeigt sich hier die Perfidie des NSU. Sie löschten nicht nur die Leben männlicher Familienmitglieder aus, sondern hinzu kamen die Verdächtigungen, bewussten Falschbehauptungen und einseitigen Ermittlungen der Polizei, in deren Folge sich Freunde und Verwandte z. T. von den betroffenen Familien abwandten. Hier wurde der Tochter ihr Recht auf Bildung verwehrt. Nicht auszumalen, welche Triumphgefühle Böhnhardt und Mundlos empfunden haben müssen, als sie von diesen Vorgängen durch die mediale Berichterstattung erfuhren. Vermutlich stachelte sie dies zu weiteren Kapitalverbrechen an – zumal die Polizei ihnen nach wie vor nicht gefährlich wurde.

Nachdem der NSU die ersten vier Morde knapp innerhalb eines Jahres begangen hatte, brach die Mordserie für eine Weile ab. Drei der schrecklichen Taten waren im süddeutschen Raum verübt worden, eine in Norddeutschland. Was dem NSU zugutekam, ist, dass am 11. September 2001 ein weltgeschichtliches Ereignis stattfand, das die Welt in ihren Grundfesten erschütterte und eine neue Weltordnung heraufbeschwor. Die Angriffe auf das World Trade Center in New York, das Pentagon in Washington D.C. und ein über Pennsylvania abgestürztes Flugzeug betrafen die deutschen Sicherheitsbehörden nicht direkt. Es stellte sich aber heraus, dass u. a. der Anführer der Attentäter, Mohammed Atta, in Hamburg studiert hatte. Hier gab es für die Sicherheitsbehörden eine Menge Ermittlungsarbeit, um den Amerikanern Amtshilfe zu leisten. Es ist nachvollziehbar, dass das mediale Echo auf die drei im Jahr 2001 verübten Morde an türkischen Mitbürgern geringer ausfiel, als dies der Fall gewesen wären, wenn die Vereinigten Staaten nicht von islamistischen Terroristen angegriffen worden wären. Auch die zügige Reaktion der USA, der Angriff auf Afghanistan (um den Drahtzieher der Anschläge, den Al-Qaida-Chef Osama bin Laden, zur Rechenschaft zu ziehen) nahm einen großen Teil der damaligen Berichterstattung ein.

Fragt man nach Erklärungen für die NSU-Pause, dann könnte eine Antwort lauten, dass der NSU die ihm gebührende mediale Rezeption in den ersten zweieinhalb Jahren nach 9/11 gefährdet sah. Dies ist lediglich eine These – auch andere Erklärungsmuster sind hier denkbar.

Der fünfte NSU-Mord weist eine Besonderheit auf. Bei der Darstellung und Analyse der Raub- und Banküberfälle wurde klar, dass diese in den neuen Bundesländern und manchmal sogar in direkter Nachbarschaft des NSU-Wohnsitzes verübt wurden. Die Morde hingegen passierten in Westdeutschland. Die Ausnahme bei insgesamt zehn Morden bildet der fünfte Mord an Turgut. Tatort war Rostock, und die ideologische Brücke für den NSU könnte hier auf der Hand liegen: Zwischen dem 22. und 26. August 1992 gab es in Rostock-Lichtenhagen massive Ausschreitungen gegen die Zentrale Aufnahmestelle für Asylbewerber und ein Wohnheim für vietnamesische Vertragsarbeiter in einem im Realsozialismus der DDR errichteten Wohnungsblock. An den rassistischen Angriffen beteiligten sich mehrere hundert Randalierer und Tausende von Zuschauern. Bei den Angreifern handelte es sich vor allem um Rechtsextremisten. Höhepunkt des Schauspiels waren die Brandanschläge durch Molotowcocktails auf den Plattenbau, in dem sich über 100 Vietnamesen und ein TV-Team des Zweiten Deutschen Fernsehens (ZDF) befanden. Die vor Ort befindliche Polizei musste sich aufgrund der Übermacht der Randalierer zurückziehen, sodass ein rechtsfreier Raum entstand. Die im Haus Eingeschlossenen wurden praktisch ihrem Schicksal überlassen. Dieser Befund passt zur politischen Stimmung dieser Zeit, die durch eine hitzige Asyldebatte geprägt wurde. Etliche Politiker nutzten den Hass auf Asylanten, um populistische Kampagnen gegen diese zu führen, die auch von den Leitmedien unterstützt wurden, was sicherlich z. T. zu weiteren rassistischen Brand- und Mordanschlägen in Deutschland führte.

Zu dieser Zeit wurden Zschäpe, Böhnhardt und Mundlos politisch sozialisiert. Am Beispiel der Rostock-Pogrome sahen sie die Ohnmacht des Staats und die Unterstützung durch Teile der ostdeutschen Bevölkerung. Dieses Erlebnis dürfte Motivation und Inspiration für eigene Taten gewesen sein. Wieso sollte der NSU nicht auch dort ein tödliches Attentat verüben, um in der rechten Szene Erinnerungen an die Pogrome zu wecken? Erleichternd kam hinzu, dass es in Rostock eine ausgeprägte rechtsextremistische Szene gab, die dem NSU Hilfestellung beim Ausspähen ihres Ziels leisten konnte. Dieser Verdacht ist durchaus begründet, da der Tatort abgelegen liegt und für Ortsfremde nur schwer auffindbar ist.

Am 25. Februar 2004 wurde Turgut in einem Döner-Kebab-Imbiss im Rostocker Ortsteil Toitenwinkel mit drei Schüssen hingerichtet – wieder Kopfschüsse. Der zum Tatzeitpunkt 25 Jahre alte Turgut hielt sich illegal in Deutschland auf. Eigentlich war er zu Besuch bei einem Freund in Rostock, mit der Absicht, sich dort niederzulassen. Für seinen Freund übernahm er die Öffnung des Imbisses – wieder ein Zufallsopfer des NSU. Bei Ausspäh-Aktionen wäre der Freund Turguts (und nicht Turgut selbst) ins Visier des NSU geraten.

Die Identität des Verstorbenen sorgte für Verwirrung. In den Akten der BAW wird Turgut angeblich unter dem Namen Yunus geführt, da er mit seinem Bruder vor der Einreise nach Deutschland die Pässe getauscht hatte. So gingen die Ermittler zunächst davon aus, dass Mehmet Turguts Bruder das Opfer war.

Eine Woche nach der Tat veröffentlichte die zuständige Mordkommission eine Pressemitteilung, in der es hieß: „Ein ausländerfeindlicher Hintergrund kann derzeit ausgeschlossen werden." Sogar das relativierende „derzeit" kann nicht verhüllen, dass auch diese Mordkommission (wie ihre Kollegen zuvor) eine rassistisch motivierte Täterschaft ausschloss. Erneut könnte sich ein der Tendenz nach staatlich institutionalisierter Rassismus gezeigt haben, denn der Betreiber des Imbisses stand bald als Verdächtiger im

Mordfall unter polizeilicher Beobachtung. Wieder einmal hatte sich die Polizei auf den unschuldige Verdächtige eingeschossen und ließ von der Theorie auch nicht ab, als sich keine belastbaren Indizien fanden.

9.6 İsmail Yaşar

Nach dem fünften Mord verging über ein Jahr, bevor der NSU erneut zuschlug. Auch hier kann die Frage nach dem Warum gestellt werden. Was taten Zschäpe, Böhnhardt und Mundlos in der Zwischenzeit? Hielten sie sich im Ausland auf? Trainierten sie Schießfähigkeiten durch Ausflüge nach Tschechien? Verbrachten sie den Großteil der Zeit im geheimen Domizil mit Kameraden, um das weitere Vorgehen zu planen und sich in schwärmerischen Revolutionsfantasien zu ergehen?

Fest steht, dass sich der NSU nach der einzigen Mordtat auf ostdeutschem Boden danach wieder Westdeutschland zuwandte. Und nicht nur das: Erneut war Nürnberg der Tatort. Damit beging der NSU bereits seinen dritten Mord in der Frankenmetropole.

Yaşar war 50 Jahre alt und Inhaber eines Döner-Kebab-Imbisses. Auch bei diesem NSU-Opfer fällt eine Widersprüchlichkeit der späteren weltanschaulichen NSU-Begründung auf. Denn das NSU-Weltanschauungsnarrativ lautet gemäß NSU-Bekenner-DVD, dass es dem NSU vor allem um den Erhalt der deutschen Rasse ging. Dazu sollten alle in Deutschland lebenden Fremdländischen ausgemerzt werden, damit sie ihre „artfremden" Gene nicht im deutschen Hoheitsgebiet reproduzieren könnten. So abstrus diese Weltanschauung auf den ersten Blick erscheint, im Fall von Yaşar und anderen hält sie nicht einmal theoretisch stand. Denn warum sollte der NSU einen 50-jährigen Selbstständigen exekutieren, der den Höhepunkt seiner Reproduktionsphase bereits überschritten hatte? Wieso attackierte der NSU nicht (theorieimmanent gesehen) junge nordafrikanische, türkische oder libanesische Männer im Alter von 20 Jahren? Solche Morde hätten bei genauerer Betrachtung die bessere (weil unmittelbarere) Umsetzung der ideologischen Prämissen des NSU bedeutet. Insofern sind Fragen der Opfer, wieso ausgerechnet ihre Männer, Väter, Brüder usw. ermordet wurden, nicht schlüssig zu beantworten – diese Morde konnten auch vom NSU selbst nicht aus seiner Ideologie heraus legitimiert werden.

Am 9. Juni 2005 wurde Yaşar in Nürnberg in seinem Döner-Verkaufscontainer mit fünf Schüssen liquidiert. Die Täter beschränkten sich nicht auf Kopftreffer, sondern schossen auch auf den Oberkörper. Yaşar war Vater eines Sohnes und lebte geschieden.

Dieses Mal gibt es Zeugenhinweise, die auf Böhnhardt und Mundlos deuteten, da sich zwei Männer mit Fahrrädern in Tatort-Nähe aufhielten. Die Zeugenbeschreibungen führten sogar zur Anfertigung von Phantombildern. Einer Zeugin wurden erst ein Jahr nach der Tat die Bilder der Überwachungskamera aus der Kölner Keupstraße gezeigt, wo der NSU für einen verheerenden Bombenanschlag verantwortlich zeichnete. Die Zeugin will auf dem Video einen der Fahrradfahrer von Nürnberg erkannt haben. Die Ermittlungen nach dem Auffliegen des NSU ergaben, dass es wahrscheinlich ist, dass der NSU oder einer seiner Unterstützer den Döner-Stand beobachtete. In einer NSU-Adressenliste fanden sich handschriftliche Zusätze, in denen auch das Ziel des Anschlags stand.

Doch es wird noch brisanter. Es gibt nicht nur Zeugenhinweise auf Böhnhardt und Mundlos, sondern auch gegen die dritte im Bunde, Zschäpe. Dies würde der BAW-Konstruktion widersprechen, wonach Zschäpe bei allen Anschlägen im Unterschlupf der Terroristen blieb, um im Falle einer Verhaftung oder Eliminierung von Böhnhardt und Mundlos die Bekenner-DVDs zu verschicken, um der Welt mitzuteilen, dass es diese Terrorzelle gab. Eine Zeugin behauptet, dass sie (bevor sie Böhnhardt und Mundlos am Döner-Stand mit Fahrrädern sah) zuvor Zschäpe in einem Supermarkt erkannte. Die Zeugin ist sich sicher, da Zschäpe sie an die Schauspielerin Sara Gilbert erinnerte.

Vorausgesetzt, dass diese Zeugenaussagen valide sind, würde das die BAW-These von den selbstständig mordenden Uwes in Zweifel ziehen. Plausibel könnte die Zeugenbeobachtung sein, da es unwahrscheinlich ist, dass Böhnhardt und Mundlos die Mordserie vor Ort ohne fremde Unterstützung begingen. Vielmehr ist davon auszugehen, dass Böhnhardt und Mundlos Unterstützer hatten, die beim Ausspähen der Objekte halfen und die während der Tatbegehung vor Ort waren, um die Mörder beim Auftauchen unvorhergesehener Schwierigkeiten zu warnen. Es widerspräche allen logischen militärischen, strategisch-taktischen und logistischen Erwägungen, dass Böhnhardt und Mundlos die Mordvorbereitungen und Taten völlig autark durchführten.

Bei Yaşar gab nun das BKA (bei dem jetzt die Ermittlungshoheit lag) keine gute Figur ab. So ist verständlich, dass Opferangehörige von institutionalisiertem Rassismus sprechen, der ihnen nach den Morden entgegenschlug. Denn wie bei den anderen Opfern der Česká-Mordserie ging auch das BKA davon aus, dass Yaşar Verbindungen zu Drogendealern in den Niederlanden besaß. Wieder einmal eine Drogenspur nach Holland. Die Ernsthaftigkeit dieser Thesen ist daran abzulesen, dass Polizeibeamte Yaşars Imbiss weiterbetrieben, da sie hofften, so neue Erkenntnisse zu gewinnen. Diese Spur entpuppte sich aber als heiße Luft. Und die Vorgehensweise entbehrte auch aller kriminalistischen Logik. Denn welche hoch professionellen Drogendealer (die auch vor Morden nicht zurückschrecken) würden ausgerechnet den Dönerstand zum Zwecke einer erneuten Geschäftsanbahnung aufsuchen, dessen Inhaber sie gerade erst liquidierten? Hier zeigen sich meines Erachtens die polizeilichen Ermittlungen weder auf der Höhe der Zeit, noch von ihrer professionellen Seite.

9.7 Theodoros Boulgarides

Der siebte Mord des NSU weist eine Besonderheit auf. Zum ersten Mal handelte es sich bei dem Opfer weder um einen Türken noch um einen Deutschen mit türkischen Wurzeln. Nach fünf Morden haben die Täter somit ihr Muster geändert, nachdem sie bisher „nur" Anschläge auf die türkischstämmige Community in Deutschland verübten.

Gemäß dem offiziellen NSU-Narrativ haben Böhnhardt und Mundlos die Morde aus ideologischem Hass gegen alles Fremde begangen. Es gibt hier aber Fragezeichen, da ihre politische Sozialisation vor dem Abtauchen eine andere Sprache spricht: Sie hatten auch Aktionen gegen „Zecken" (Punks und Gegner aus dem linken Lager) unternommen. Dann hatten sie symbolische Bestrafungsaktionen veranstaltet, die sich gegen Juden und das politische Establishment richteten. Bis dato keine Spur von einem nationalsozialistischen Kreuzzug, der sich gegen die Gruppe der in Deutschland lebenden Türken richtete. Allerdings kann eingewendet werden, dass die „Überfremdung" Deutschlands durch Ausländer immer ein heikles Thema für rechte Kreise war. In anderen NSU-Büchern werden häufig Belege aus neonazistischen Liedern herangezogen, in denen Hass auf in Deutschland lebende Türken zum Ausdruck gebracht wird. Diese Lieder kannten auch Böhnhardt und Mundlos. Ob sie als ideologische Unterfütterung für neun Morde ausreichten (wenn darin von „Ali Drecksau" usw. die Rede ist) darf bezweifelt werden. Wie an vielen Punkten der NSU-Geschichte existiert ein weiteres Fragezeichen hinsichtlich der Theoriekonsistenz, denn wenn Böhnhardt und Mundlos den vor der Illegalität beschrittenen Weg fortgesetzt hätten, dann hätten sich ihre Aktionen auch gegen jüdische Einrichtungen, staatliche Institutionen und exponierte Repräsentanten des Staats gerichtet.

Der Mord an Boulgarides ist insofern ein Novum, da das siebte Mordopfer griechischer Herkunft war. Wie es zu dem Wechsel kam, bleibt spekulativ. Hatten Böhnhardt und Mundlos bei der Observation einen Fehler gemacht? Gingen sie aufgrund des Aussehens von Boulgarides davon aus, dass es sich bei ihm auch um einen Türken handelte? Oder spielte die Nationalität der Opfer keine Rolle? Ging es vielleicht eher um das „orientalische" Erscheinungsbild? Diese Frage könnte bejaht werden, wenn das NSU-Bombenopfer iranischer Herkunft herangezogen wird, auf das im Kapitel der Bombenanschläge eingegangen wird. Die Gretchenfrage bleibt: Wollte der NSU die türkischstämmige Community treffen oder ging es vielmehr um Äußerlichkeiten wie Hautfarbe, Kleidung, kulturelle Gebräuche usw.? Dann ist aber erstaunlich, dass der NSU nicht auch Schwarzafrikaner, Nordafrikaner, Araber usw. angriff.

Knapp eine Woche nach dem Attentat auf Yaşar wurde Boulgarides am 15. Juni 2005 in seinem Geschäft im Münchener Westend erschossen. Damit wurde Bayern erneut zum NSU-Tatort. Fraglich ist, ob und wie das NSU-Duo in den sechs Tagen zwischen den beiden Taten auf ihr neues Opfer aufmerksam wurde. Oder gab es im Vorfeld Ausspäh-Aktionen und wenn ja, von wem?

Wieder glich die Ermordung einer militärischen Exekution. Drei Schüsse trafen den Kopf.

Boulgarides hatte zwei Wochen vor seiner Ermordung einen Schlüsseldienst eröffnet. Dieser Umstand ist merkwürdig, denn wie sollen Böhnhardt und Mundlos innerhalb von 14 Tagen auf diesen Schlüsseldienst in einer Millionenstadt wie München aufmerksam geworden sein?

Boulgarides war 41 Jahre alt. Er hinterließ eine Frau und zwei Töchter. Auch hier ist die in anderen Werken und auf der NSU-Bekenner-DVD immer wieder vorgeschobene Behauptung, Böhnhardt und Mundlos wollten Männer im zeugungsfähigen Alter töten (um den Erhalt der deutschen Rasse zu schützen) fragwürdig. Wie viele Kinder hätte ein 41-jähriger Mann mit Ehefrau und zwei Kindern noch in die Welt gesetzt? Haben Böhnhardt und Mundlos überhaupt Recherchen über das Alter ihrer Opfer und die bereits vorhandene Kinderanzahl betrieben? Oder handelte es sich lediglich um vorgeschobene Argumente, um die Morde in eine ideologische Schublade stecken zu können, die selbst den dumpfsten Nationalsozialisten überzeugt?

Vor seiner Ermordung arbeitete Boulgarides bei der Deutschen Bahn als Fahrkartenkontrolleur. Das Bild eines (aus NS-Ideologie gesehen) parasitären Ausländers passt auch hier nicht, da Boulga-rides in Lohn und Brot stand und dem deutschen Staat nicht auf der Tasche lag.

Boulgarides war 1973 mit neun Jahren nach München gekom-men, wo er das Abitur machte und eine Ausbildung zum Einzelhan-delskaufmann absolvierte. Auch auf den zweiten Blick ein integ-rierter griechischer Mitbürger, dessen akademische und berufliche Sozialisation fast vorbildlich war. Vor seiner Beschäftigung bei der Deutschen Bahn arbeitete er bei Siemens. Die Presse überschlug sich nach dem Mord mit Titeln wie „Türken-Mafia schlug wieder zu" und die „Spur des Killers führt nach Istanbul". Damit ebnete die Presseberichterstattung den einseitigen Ermittlungsmethoden der Polizei den Weg – oder sie orientierte sich eben an den vorigen Ermittlungsansätzen der Polizei.

Boulgarides hatte sich vor seinem Tod von seiner Ehefrau schei-den lassen, was für die Polizisten einen Ermittlungsansatz darstell-te. Boulgarides Familienumfeld wurde vernommen. Dabei stellten die Ermittler immer wieder die gleichen Fragen: Ob Boulgarides in Drogengeschäfte, Prostitution, Internet-Kriminalität, Waffenge-schäfte, die Wettmafia o. Ä. involviert war. Diese Ermittlungsan-sätze bestätigten sich jedoch nicht. Deshalb vermutete die Polizei schließlich sexuellen Missbrauch der eigenen Kinder, was aber auch eine falsche Spur war. Zudem wurde die Witwe verdächtigt, dass sie ihren Mann töten ließ. Auch der Mitinhaber des Schlüssel-dienstes wurde peniblen Verhören unterzogen und dazu befragt, ob und inwiefern Boulgarides sex- oder spielsüchtig war. Doch alle Spuren verliefen im Sand.

Summa summarum gab die Polizei auch bei diesem Mord kein glanzvolles Bild ab und es kann bestenfalls von einem blinden

Fleck in Richtung rechts gesprochen werden. Die Polizei befragte Hunderte von Zeugen, aber keinen zu einem rechtsradikalen Hintergrund. Auch nach dem siebten Mord verschlossen die Polizisten die Augen vor einem rechtsradikal-rassistischen Motiv. Wieder einmal versäumte die Polizei die Gelegenheit, den Česká-Mördern durch eine Erweiterung des eigenen Denk- und Ermittlungsrepertoires auf die Schliche zu kommen.

9.8   Mehmet Kubaşık

Der achte NSU Mord wurde im Ruhrgebiet begangen. Bisher waren Böhnhardt und Mundlos in Bayern, Hamburg und Rostock tätig. Dortmund scheint als Tatort interessant, da es hier eine ausgeprägte türkische Gemeinde gibt und da Dortmund zugleich als moderne neonazistische Hochburg gilt.

Am 4. April 2006 schlug der NSU in der Dortmunder Nordstadt zu. Kubaşık war Besitzer eines Kiosks, der sich in der Nähe eines Treffpunkts der Dortmunder Neonazi-Szene befand. Dies könnte ein Indiz auf Hilfestellungen aus der Dortmunder Neonaziszene sein. Vielleicht störten sich die Neonazis an dem türkischen Inhaber des Kiosks in ihrer Nähe.

Kubaşık war türkischer Herkunft und mit 39 Jahren dreifacher Familienvater. Er hatte sich eine Existenz im Einzelhandel aufgebaut. Wie fünf weitere Opfer der Mordserie war auch Kubaşık kurdischer Abstammung. Er wurde gegen 13 Uhr von einer Kundin in einer Blutlache liegend hinter dem Tresen seines Kiosks aufgefunden. Tatzeugen gab es keine. Dieses Mal gab es eine Patronenhülse am Tatort, aber ebenso signifikant scheint die Trefferquote zu sein, denn von vier Schüssen trafen Kubaşık lediglich zwei. Wieso schossen hier die seit dem zweiten Mord recht treffsicheren Böhnhardt und Mundlos zwei Mal daneben? Das widerspricht ihrem zunehmend professionellen Verhalten. Zudem ist es auch schwierig nachzuvollziehen, wieso ausgerechnet eine von vier Patronenhülsen durch die Fangaufrichtung „rutschte".

Bei diesem Mord beging die Polizei meines Erachtens wieder den Fehler, einen rechtsextremistischen Mord auszuschließen und sich auf das Opfer und sein Familienumfeld zu konzentrieren. Wieder wurde die Verdachtspalette der Ausländerkriminalität und des Ausländerextremismus ausgebreitet. Die Familie wurde intensiv zu möglichen Drogengeschäften, Mafia- und PKK-Kontakten Kubaşıks befragt. Darüber hinaus standen die Witwe und ihre Kinder lange Zeit im Fokus der Mordermittlungen. Wie bei anderen Anschlagopfern führten die polizeilichen Verdächtigungen auch hier zu einer Stigmatisierung innerhalb des nächsten Familien-, Freundes- und Bekanntenkreises.

Allerdings muss den Beamten an dieser Stelle zugutegehalten werden, dass es zumindest einen Bezug zu einem anderen Opfer der Česká-Mordserie gab. Kubaşık kannte Yaşar zufällig, deshalb nahmen die Polizisten an, dass beide Männer eine politische Organisation in der Türkei mitfinanzierten und deshalb umgebracht wurden.

Wenn die Polizei nicht auf ein rechtsextremistisches Mordmotiv in der Česká-Mordserie schließen konnte, so übernahmen das die Opferangehörigen für sie. Am 11. Juni 2006 wurde (nach dem im nächsten Kapitel dargestellten neunten Opfer des NSU) ein Schweigemarsch in Dortmund organisiert, bei dem gefordert wurde, dass es kein 10. Opfer geben dürfe. Die Aufforderung richtete sich u. a. an die Polizei. Denn die Familie Kubaşık ging von Anfang an von einem rechtsextremistischen Mord aus.

9.9 Halit Yozgat

Der letzte Mord, den der NSU an Bürgern mit Migrationswurzeln beging, ist mit noch mehr „Leerstellen" versehen als die übrigen. Diese Aussage mutet vor dem Hintergrund, dass die bisherigen acht Morde alles andere als kriminalistisch lückenlos aufgeklärt sind, schon erstaunlich an. Auch unter geografischen Gesichtspunkten stellt der neunte NSU-Mord ein Novum dar, da nun auch Hessen auf der „NSU-Deutschlandtour" zu verzeichnen war.

Yozgat wurde zwei Tage nach dem Mord an Kubaşık, am 6. April 2006 im gemeinsam mit seinem Vater betriebenen Internetcafé exekutiert. Das Geld für die Internetcafé-Eröffnung hatte er von seinem Vater erhalten. Alleine schon die geringe zeitliche Differenz zwischen den zwei Morden macht es unwahrscheinlich, dass Böhnhardt und Mundlos spontan nach dem Mord in Dortmund Zeit hatten, den Anschlagort und die Abläufe der potenziellen Opfer auszukundschaften. Theoretisch denkbar ist, dass sie dies im Vorfeld erledigten. Dies scheint allerdings wenig plausibel, da sich in der Zwischenzeit die Gewohnheiten ändern konnten. Der Verdacht liegt nahe, dass die Uwes logistische und vor allem informationelle Hilfe besaßen. Dies könnte wiederum ein Indiz für die NSU-Netzwerktheorie sein und gegen die von der BAW propagierte NSU-Trio-These sprechen.

Yozgat war zum Zeitpunkt des Mordes 21 Jahre alt und deutscher Staatsbürger mit türkischen Wurzeln. Bei ihm würde gegebenenfalls die ideologische Rechtfertigung der Reproduktionsverhinderung alles „Ausländischen" greifen. Allerdings funktioniert auch hier dieses „Rechtfertigungskonstrukt" nicht, da laut Geschäftsplan der Vater des Ermordeten im Internetcafé seinen Dienst hätte versehen müssen.

Yozgat wurde durch zwei Kopfschüsse hingerichtet. Hätten die Täter wenige Minuten später zugeschlagen und hätte Yozgats Vater keine Verspätung gehabt, wäre Yozgat zur Abendschule gegangen und sein Vater wäre das letzte NSU-Opfer geworden.

Bis hierhin verlief der Mord nach bekannten Mustern. Allerdings spitzten sich nach dem Mord die Ereignisse zu. Es stellte sich heraus, dass Andreas Temme, ein V-Mann-Betreuer des hessischen LfV, während des Mordes im Internetcafé anwesend war. Er wurde als Mordverdächtiger festgenommen und unterlag einer elektronischen Überwachung. Trotz umfangreicher Ermittlungen konnte sich der Tatverdacht gegen Temme jedoch nicht bestätigen. Dennoch wirft Temmes Verhalten markante Fragezeichen auf. Er meldete sich als einziger Zeuge nicht bei der Polizei, obwohl er das Internetcafé nur wenige Sekunden nach dem Mord verließ. Angeblich war Temme zu dieser Zeit (während seine Frau hochschwanger war) häufiger Kunde in dem Internetcafé, da er dort die Gelegenheit hatte, unbemerkt Online-Affären anzukurbeln, ohne dass ihm seine Frau dabei auf die Schliche kam. Merkwürdig ist, dass Temme beim Verlassen des Lokals den blutend am Boden liegenden Yozgat angeblich nicht sah – auch Fotografien vom Tatort und Tatort-Rekonstruktionen kommen zu keinem eindeutigen Ergebnis, bezweifeln aber Temmes Version.

Trotz mehrfacher Vernehmungen Temmes im NSU-Prozess vor dem OLG München und trotz parlamentarischer Untersuchungsausschüsse ist der Mordfall Yozgat nicht aufgeklärt – trotz intensiver Bemühungen und sekunden- und detailgenauer Rekonstruktionen durch die ermittelnden Behörden.

Brisanz erhielt die Affäre um Temme, als seine rechte Einstellung bekannt wurde. Prekär ist zudem, dass mehrere Kollegen Temmes mit ihm nach der Tat Telefonate führten, um mit ihm den Vorfall zu besprechen und ihm Verhaltensweisen zu empfehlen. Zudem legt dieser Fall eine neue Dimension in Sachen NSU offen. Denn Temme war über seine Frau (dem Vernehmen nach) mit dem Chef eines hessischen Hells-Angels-Chapters befreundet. Kritisches Nachdenken könnte hier zu dem Schluss führen, dass die Česká-Mordserie mit einer Schnittmenge von Neonazis, OK und Staatsdienern zusammenhängt. Durch diese Melange könnte erklärt werden, weshalb sogar nach dem Gerichtsverfahren und nach den parlamentarischen Untersuchungsausschüssen die Wahrheitsfindung überaus schwierig ist.

2015 wurde der Mitschnitt eines 2006 geführten Telefonats zwischen Temme und dem damaligen LfV-Geheimschutzbeauftragten bekannt. Das Telefonat barg eine Bombe, denn demnach war Temme vermutlich sogar vorab über den Kassler Mord informiert. Dann hätte Temme Kenntnisse von der geplanten Tat, der Tatzeit, dem Opfer und den Tätern besessen. Aber zumindest hinsichtlich des Opfers dürfen Zweifel angemeldet werden, da nur ein Zufall Yozgats Vater rettete. Der Geheimschutz-Beauftragte habe Temme zudem gescholten, dass es nicht professionell sei, sich bei seinem Kenntnisstand in Tatortnähe aufzuhalten. Die geheimdienstliche Brisanz dieses Falls wurde ersichtlich, als der damalige hessische Innenminister Volker Bouffier eine Befragung von Temmes V-Leuten nicht nur ablehnte, sondern auch deren Akten für 120 Jahre unter Verschluss stellte. Die Fakten werden noch brisanter, wenn man weiß, dass Temme am Tattag mit einem rechten V-Mann lange Telefonate führte.

Nach der Tat schossen sich die Ermittler wie gewohnt auf südländische Täter ein. Ein Mann südländischen Typs soll zur Tatzeit zügig vom Internetcafé quer über die vielbefahrene Holländische Straße gelaufen sein. Erneut wurden Verbindungen zwischen den neun Mordopfern untersucht und es wurde in Richtung Waffen- und Drogenhandel ermittelt. Als keine Indizien gefunden wurden, konzentrierten sich die Ermittlungen auf Spiel- oder Wettschulden. Noch einmal wurden Verbindungen von Yozgat mit türkischen Drogenhändlern aus den Niederlanden geprüft – jedoch ohne Erfolg. Allerdings wurde jetzt von dem Profiler Alexander Horn eine Operative Fallanalyse (OFA) erstellt, die das Denken der Ermittler in eine neue Richtung hätte lenken sollen. Die Analyse ging davon aus, dass das Motiv der Česká-Mordserie im Hass auf Türken zu suchen sei. Allerdings konnte sich diese Sicht nicht durchsetzen. Vorgänge nach dem Ende des NSU beweisen das, da eine Nebenklage-Anwältin des Münchener Prozesses nachweislich von hessischen Polizisten mit dem Leben bedroht wurde und die Beamten die Drohung mit „NSU 2.0" signierten. In Hessen wurde zudem Regierungspräsident Walter Lübcke (CDU) vor seinem Haus exekutiert – auch hier gab es in der Presse ein Geraune über den NSU 2.0. Vernetzungen der mutmaßlichen Täter mit NSU-Protagonisten liegen im Bereich des Möglichen und teilweise wurde in der Presse von einer Neuauflage des NSU geredet.

9.10 Fazit

Es wird eines der vielen Geheimnisse der NSU-Česká-Mordserie bleiben, warum Böhnhardt und Mundlos die Morde ohne erkennbaren Rhythmus und ohne identifizierbares örtliches Strukturmuster begingen. Es hat den Anschein, als ob Böhnhardt und Mundlos jenseits von räumlichen und zeitlichen Parametern agierten. Dies betrifft die Morde selbst, die z. T. langen Pausen zwischen den Morden und die Tatsache, dass die Mordserie nach den Schüssen von Heilbronn stoppte. Welche Rationalität hat die Täter, denen in vielerlei Hinsicht hochprofessionelles Verhalten attestiert werden kann, geleitet? Ebenso ist es möglich, dass den Morden, den Tatzeitpunkten und Tatorten keine erkennbare Systematik zugrunde lag und dass es dieses Merkmal den Tätern lange ermöglichte, nicht gefasst zu werden.

Für die Kleinzellen-Struktur, für Morde und Bombenanschläge gibt es in der rechten Szene Anschauungsmaterial. Es ist daher davon auszugehen, dass Böhnhardt und Mundlos sich mit der Literatur ebenso auseinandersetzten wie mit „Anleitungen", wie das Leben im Untergrund zu organisieren sei. Insofern könnte die Schlussfolgerung gezogen werden, dass das NSU-Trio alles „richtig machte", da es über ein Jahrzehnt erfolgreich im Untergrund verbrachte.

Es gibt aber auch andere Erklärungsmöglichkeiten. Vielleicht war es nicht die taktische Finesse des NSU, welche die Untergrundorganisation schützte. Unter Umständen standen sie unter dem Schutz einer oder mehrerer staatlicher Geheimdienste. Das muss nicht zwingend (im Sinne einer Verschwörungstheorie) eine ganze Behörde oder die Spitzen eines deutschen Geheimdienstes betreffen. Meines Erachtens wäre es schon ausreichend, wenn sich ein oder mehrere Mitarbeiter von Geheimdiensten schützend vor das Trio stellte und dieses mit Informationen, Logistik-Leistungen und gegebenenfalls Auftragsvermittlungen versorgte.

Stellt man die Frage nach der nicht stringent verlaufenden Zeit- und Raumstruktur, dann gibt es unterschiedliche Erklärungsansätze. Im Internet sind Karten zu finden, auf denen die Verbindung der NSU-Tatorte wahlweise das NSU-Logo oder eine Art Hakenkreuz ergeben. Wahrscheinlicher ist jedoch, dass Böhnhardt und Mundlos die Ermittler vor den Kopf stoßen wollten. Die Ermittlungskommissionen, die sich im Laufe der Zeit mit den Česká-Morden beschäftigten, suchten nach Gemeinsamkeiten, strukturellen Ähnlichkeiten und Ortsmustern, die sie zu den Tätern führen konnten. Doch das half nicht weiter. Die einzige Konstante war, dass die Opfer alle türkische bzw. griechische Wurzeln hatten und als Selbstständige tätig waren und dass alle mit ein und derselben Pistole erschossen wurden. Die Auswahl der Opfer lässt verschiedene Schlüsse zu. Bestand bei den Uwes eine rassistisch-neonazistische Weltanschauung, die sie zu den Morden getrieben hat, dann könnte die Botschaft an die türkischen Mitbürger gelautet haben: Wir versetzen mit unseren Morden die türkische Community in Angst und Schrecken. Zudem gelingt es uns durch die mit dem Attentat verbundenen polizeilichen Ermittlungen, Panik in Stadtvierteln zu verbreiten, die überwiegend von ausländischen Mitbürgern bewohnt werden.

Die Morde bildeten meines Erachtens für all das den Initialpunkt. Die Ermittlungen, bei denen innerhalb der ausländischen Community ein Klima der Angst, des Misstrauens und der Ohnmacht evoziert wurde, zogen sich monatelang hin und die Familienangehörigen der Opfer standen im Fokus der polizeilichen Verdächtigungen, was nach und nach den Nachbarn usw. bekannt wurde. Insofern waren die Morde Taten, denen eine gesellschaftliche Stigmatisierung folgte. Sollte dem NSU das bewusst gewesen sein, dann hat er eine höchst perfide Strategie verfolgt. Nicht nur der Mord wäre die Tat der Vernichtung von Leben gewesen, sondern hätte als Folge auch die soziale Ausgrenzung von Familien bedeutet.

Bliebe abschließend das schwierig zu interpretierende Raum-Zeit-Strukturmuster der Morde: Vielleicht war dieses eine strategisch-taktische Variante, die es den Ermittlern unmöglich machte, ihnen auf die Spur zu kommen. Hätten die Täter verschiedene Waffen benutzt, wäre die Arbeit der Polizei noch schwerer gewesen, aber die kommunikative Botschaft an die Adressaten der Tat wäre dann nicht eindeutig gewesen. Die Morde sind von einem hohen Abstraktionsniveau her betrachtet kommunikative Botschaften, die von den Empfängern entschlüsselt werden sollen. Dies gelang den türkischen Mitbürgern auch schneller als der Polizei, wie die Demonstrationen in Kassel und Dortmund belegen.

Nun wäre denkbar, dass die Morde nicht ausschließlich aus politischen Motiven stattfanden. Ein anderer Erklärungsansatz (der den Fokus weg von der politischen Dimension hin zur OK verschiebt) könnte lauten, dass Böhnhardt und Mundlos ihre Opfer nicht selbst aussuchten, sondern dass sie den Auftrag einer kriminellen Organisation erhielten, sie zu liquidieren. Die Polizei ermittelte lange Zeit in Richtung OK, konnte aber nie Indizien oder Beweise finden, welche die Opfer mit kriminellen Machenschaften in Verbindung brachten. Aber um Dinge wie Drogenhandel, Schutzgeld, Geldwäsche, Kinderpornografie oder illegale Wetten müsste es sich gehandelt haben, wenn der NSU Aufträge zur Li-

quidierung von Personen erhalten hätte. Obwohl die Ermittlungsmethoden der Polizei äußerst einseitig verliefen, konnten sie kaum
Belastbares ans Tageslicht bringen. Außerdem bergen solche Kons-
trukte für mich im Kern rassistisches Gedankengut, da hier davon
ausgegangen wird, dass die Opfer wegen krimineller Handlungen
exekutiert wurden und nicht aufgrund rassistischer Einstellungen
der Täter. Dadurch läge ein Anschein der moralischen Mitschuld
auf den Opfern, wenn diese in kriminelle Machenschaften verwickelt gewesen wären. Dieser Erklärungsansatz böte ein gewisses
Maß an Plausibilität, warum bei den Morden keine Raum- und
Zeitsequenzierungen zu entdecken sind und wieso die Česká als
„Signaturwaffe" verwendet wurde.

Es zeichnete einen Teil der NSU-Mordserie aus, dass die Täter
von ihren Opfern Bilder machten, während diese im Sterben lagen.
Dieser Gedanke ist an Grausamkeit kaum zu überbieten. Diese
Bilder befinden sich auch auf der NSU-Bekenner-DVD. Läge den
Taten eine politische Motivation zugrunde, dann wären die Bilder
für propagandistische Zwecke angefertigt worden. Böhnhardt und
Mundlos ging es in dem Fall um Material für das Bekenner-Video,
um darin die Authentizität der proklamierten Taten zu unterstrei-
chen. Lenkt man den Blick zurück auf die Schiene der Auftrags-
morde, dann wären solche Bilder kein seltenes Medium, um dem
Auftraggeber einen Arbeitsnachweis liefern zu können.

Ebenso denkbar ist eine Mischung beider Varianten: Zwar beging der NSU Auftragsmorde, münzte sie aber später durch das
Anfertigen der Bekenner-DVD in politische Taten um. Vielleicht
war der politische Teil der Auftragsmorde auch von vornherein Bestandteil des Gesamtplans, um die Auftraggeber im Falle des Scheiterns zu schützen.

Verlassen wir den Bereich der Spekulation, der beim NSU beinahe unendlich ist. Es soll hier mitnichten Verschwörungstheorien das Wort geredet werden. Aber bei einer solch komplexen Materie scheint jede Variante denkbar. Fest steht, dass Böhnhardt und Mundlos überzeugte Nationalsozialisten waren und dass ihre Morde an türkischen Mitbürgern durch ihre neonazistische Weltanschauung ansatzweise erklärt werden können.

10 Taten statt Worte II: Angriff auf den Staat

Zu den zahlreichen Mysterien des NSU-Komplexes gehört der zehnte Mord. Nun waren nicht mehr selbstständige Männer mit Migrationshintergrund die Opfer, sondern Repräsentanten des deutschen Staats. Dabei handelte es sich um Polizisten. Damit (so hat es den Anschein) wollte der NSU den Kampf gegen die Ordnungsmacht aufnehmen, die den verhassten Staat schützt.

Ideologisch gesehen passt der Polizistenmord von Heilbronn damit zur rechten Ideologie. Die Polizei als Symbol der Staatsmacht ist bei Rechten Aushängeschild eines ausgewiesenen Feindbildes. Dies ist aus der politischen Sozialisation von Extremisten heraus verständlich. Denn fast jeder Rechtsextreme war schon einmal polizeilichen Ermittlungen ausgesetzt. Dass diese nicht immer glimpflich verlaufen, ist klar. Ein NPD-Funktionär (der sich als Revolutionär betrachtet) sagte zu mir in einem persönlichen Gespräch, dass die Polizeischikanen gegen rechts teilweise extrem waren. Dies ging so weit, dass Überlegungen im Raum standen, bei einer solchen „Schikane-Maßnahme" Polizisten zu erschießen. Konkret: „Wir waren mit dem Auto zu einer Veranstaltung unterwegs und wieder einmal hatten die Bullen alles abgeriegelt. Mein Nebensitzer drehte durch. Er schrie und fluchte, dass er den Polizeiterror nicht mehr aushalte. Dann öffnete er das Handschuhfach, zog eine scharfe Waffe heraus und schrie: ‚Tu doch was. Tu doch endlich was! Knall die verdammten Schweine ab!' Wie sich später herausstellte, handelte es sich bei meinem Kameraden, der mich zum Polizistenmord anstachelte, um einen V-Mann."

Dadurch wird die Gefährlichkeit des V-Mann-Wesens vor Augen geführt. Wenn V-Männer zum Polizistenmord animieren, liegt auf der Hand, dass die (V-Männer beaufsichtigenden) Dienste Monster gebären, die für großes Elend mitverantwortlich sind. Das ist einer Demokratie unwürdig.

Auch Zschäpe hat von Schlüsselerlebnissen wie z. B. Polizeiwillkür berichtet, die sie radikalisierten. Von Böhnhardt ist bekannt, dass er sogar schon vor seiner politischen Sozialisierung zum Rechtsextremisten einen immensen Hass gegen Polizisten hegte. Ebenso dürfte Böhnhardt die Polizei für die sexuellen Misshandlungen, die er im Gefängnis erlebte, mitverantwortlich gemacht haben. Kurzum, ein Polizistenmord scheint innerhalb der Logik der NSU-Weltanschauung durchaus Sinn zu machen. Hinzu kommt, dass Polizisten als Garanten der verhassten staatlichen Ordnung stehen. Damit hätte der Polizistenmord von Heilbronn eine neue Stufe des „bewaffneten NSU-Kampfs" bedeutet. Nachdem er in Deutschland lebende Ausländer durch Exekutionen und Bombenanschläge in Angst und Schrecken versetzte, griff er nun diejenigen an, die seiner Meinung nach dafür verantwortlich waren, dass Ausländer in Deutschland geschützt werden. Der Polizistenmord passt damit ideologisch gut zu dem zentralen Statement des NSU-Bekenner-Videos, das sich gegen Medien und die staatliche Ordnung richtet.

Ein kritischer Blick zeigt schnell, dass der Mord und der versuchte Mord von Heilbronn viele offene Fragen hinterlassen. Puzzle-Teile fehlen, welche die Tat als ein plausibles Ganzes hätten erscheinen lassen. Zudem wurde am Tatort Heilbronn eine Mischung von Akteuren verschiedener Provenienz erkennbar. Es geht um eine bedenkliche, schwer zu entwirrende Schnittmenge von Terroristen, V-Leuten, Geheimdienstleuten und Schwerkriminellen.

Betrachtet man die Änderung der Opferauswahl als terroristischen Paradigmenwechsel, dann passt dazu die Tatsache, dass dieser Mord nicht mit der Česká begangen wurde. Der Waffenwechsel wird häufig als Argument benutzt, um die NSU-Täterschaft in Heilbronn zu hinterfragen. Aber: Für eine neue Phase des Kampfs, für ein anderes Angriffsobjekt, scheint es nicht unlogisch, neue Waffen zu benutzen.

Gut ein Jahr nach dem Mord an Yozgat wurde die Polizeibeamtin Michèle Kiesewetter am 25. April 2007 auf der Theresienwiese in Heilbronn mit einem Kopfschuss getötet. Der neben ihr sitzende Kollege Martin Arnold erhielt ebenso einen Kopfschuss und wurde dadurch lebensgefährlich verletzt. Die Bereitschaftspolizisten hatten ihren Streifenwagen am Rande der Theresienwiese geparkt, um eine Pause zu machen, als Zeugen gegen 14.00 Uhr Schüsse hörten. Kurz darauf fanden Polizeibeamte die 22-jährige Kiesewetter tot auf, während Arnold schwer verletzt neben dem Polizeifahrzeug lag. Die Tatortanalyse ergab, dass sich zwei Täter von hinten dem Fahrzeug genähert hatten und dann Kopfschüsse abgaben. Eine intuitive Kopfdrehung kurz vor Abgabe des zweiten Schusses rettete Arnold das Leben. Kriminaltechnische Untersuchungen ergaben, dass es sich bei den Tatwaffen um eine Tokarew TT-33 und eine Radom VIS 35 handelte, die im Zusammenhang mit den bisherigen NSU-Morden keine Rolle gespielt hatten. Dieser Umstand verhinderte es, dass die Ermittler Bezüge zwischen den Česká-Morden und dem Mord in Heilbronn herstellten.

Bei den Česká-Morden wurde nie etwas entwendet. Böhnhardt und Mundlos ging es um den Akt des Tötens. Obwohl häufig Geld einfach greifbar vor Ort war, ließen die Täter dieses stets zurück. In Heilbronn hatten es Böhnhardt und Mundlos dagegen auf Trophäen abgesehen. Sie entwendeten die Dienstwaffen vom Typ Heckler & Koch 2000 und Handschellen. Zschäpe sagte aus, dass die Uwes die Polizeiwaffen in ihren Besitz bringen wollten, da ihre eigenen Waffen häufig Ladehemmungen hatten. Diese Argumentation scheint angesichts des umfassenden Waffenarsenals des NSU nicht sehr überzeugend – vielmehr ist daher (die Richtigkeit der Trophäen-These vorausgesetzt) von Allmachtsfantasien und einer Jagd nach Trophäen auszugehen.

Der schwer verletzte Arnold konnte sich später so gut an einen Täter erinnern, dass ein Phantombild angefertigt wurde. Aus unerfindlichen Gründen wurde dieses Phantombild von der Staatsanwaltschaft unter Verschluss gehalten. Es gibt aber Hinweise darauf, dass es weder Böhnhardt noch Mundlos ähnelte. Dies stellt die Täterschaft der beiden Uwes in Zweifel. Aus juristischer Sicht herrschen keine Zweifel an der Täterschaft des NSU. Rechtsanwalt Klemke (einer der Verteidiger von Wohlleben) äußerte sich auf meine Nachfrage dazu so: „Die DNA von Michèle Kiesewetter befand sich an einer Mundlos zuzuordnenden Trainingshose. Die Beutewaffen der Tat von Heilbronn wurden im Wohnmobil gefunden, die Tatwaffen und weitere Tatbeute in der Frühlingsstraße. Ich habe deshalb keine Zweifel an der Täterschaft von Mundlos und Böhnhardt." Demnach würden also objektiv belastbare Indizien für die Täterschaft von Mundlos und Böhnhardt existieren.

Schwieriger gestaltet sich das Szenario, wenn es um das Motiv geht. Zwar habe ich bereits Andeutungen gemacht, dass die Motivlage im ideologischen Bereich als Aufnahme des Kampfs gegen die Staatsgewalt gewertet werden kann und dass es um eine Art

Trophäen-Jagd ging. Bei den Česká-Morden waren die Bilder (die der NSU von den sterbenden Mordopfern machte) die Trophäen – bei den Polizisten ging es um ihre Waffen. Hier ist sich Rechtsanwalt Klemke (dem teilweise eine rechtsgerichtete Weltanschauung nachgesagt wird) sicher, dass er kein Tatmotiv sieht: „Ein nachvollziehbares Tatmotiv für die Ermordung der Polizistin Michèle Kiesewetter habe ich nicht erkennen können."

Die Ermittlungen im Mordfall Kiesewetter gestalteten sich anders als bei den Česká-Morden. Zwar wurde im Umfeld der Getöteten ermittelt, doch schnell richtete sich der Blick (ironischerweise wie bei den vorigen Morden auch) auf die OK. Es gab Hinweise, dass am Tatort Schwerkriminelle am Tatort anwesend waren, die sich bei einem Waffen- und bzw. oder Drogendeal von den Polizisten gefährdet sahen und sie deshalb eliminierten. Ebenso gibt es Stimmen, die behaupten, dass es am Tatort von Geheimagenten, rechtsextremen V-Leuten und islamistischen Terroristen geradezu „wimmelte". Der sonst vorsichtig argumentierende Klemke erklärte: „Tatsächlich gibt es hier meines Erachtens Indizien für die mögliche Anwesenheit von FBI-Agenten in Tatortnähe." Es ist aber schwierig diese Akteure im Sinne eines Kausalnexus mit der Ermordung Kiesewetters in Verbindung zu bringen. Am Tattag befand sich zudem Mevlüt Kar, ein islamistischer V-Mann verschiedener Geheimdienste, der die dem radikalen Islam zugehörige „Sauerlandgruppe" (die schwere und staatsgefährdende Straftaten geplant hatte) den Behörden auslieferte, bevor diese zuschlagen konnte. Eine Korrelation zu dem Mord und dem Mordversuch an den deutschen Polizisten gibt es nicht.

Ein direkter Vorgesetzter Kiesewetters war Mitglied des rechtsorientierten Ku-Klux-Klans. Dass deutsche Beamte (insbesondere solche aus Polizei- und Sicherheitskreisen) eine Affinität zu rechten Theorien besitzen können, ist bekannt. Eine Mitgliedschaft in dem deutschen Ableger des rassistisch geprägten US-amerikanischen Klans hingegen erscheint wie ein signifikantes Alarmsignal. Noch irritierender wird das Ganze, da sich im Tatortumfeld V-Männer befanden, die NSU-Bezüge aufwiesen. Einige NSU-Autoren versuchen daraus eine Spur zu basteln, welche diese in Bezug zum Mordanschlag setzen. Allerdings dürften diese Versuche als gescheitert gelten.

Erschwerend kam eine Ermittlungspanne hinzu, denn durch verunreinigte Wattebäusche wurde Jagd auf ein Phantom gemacht. Knapp zwei Jahre nach dem Mord wurde bekannt, dass die gefundene DNA aus der Verunreinigung der für die Spurensicherung verwendeten Wattestäbchen herrührte. Federführend bei den Ermittlungen waren die Soko „Parkplatz" der Kripo Heilbronn und das LKA Baden-Württemberg.

Umfangreiche Zeugenbefragungen brachten kein Licht in die Tatrekonstruktion. Bis zu sechs Personen könnten an der Tat beteiligt gewesen sein, was entweder gegen eine alleinige Täterschaft der beiden Uwes spricht oder aber ein Indiz für die NSU-Netzwerk-Theorie (bzw. für die Lesart einer Vermischung der Akteurs-Bereiche Neonazis, OK, Geheimdienste und Polizei) spricht. Personen der genannten Bereiche wurden im direkten Tatumfeld wenige Minuten nach der Tat von Zeugen gesehen. Alle in diesem Zusammenhang angefertigten Phantombilder weisen keine oder eine nur geringe Ähnlichkeit mit NSU-Mitgliedern auf.

Auch in diesem Fall könnte unter Umständen von institutionalisiertem Rassismus der Polizei gesprochen werden. Denn lange Zeit galten Landfahrer (abfällig als Sinti und Roma tituliert) als

Tatverdächtige, da sie sich zum Tatzeitpunkt in Tatortnähe aufhielten. Doch diese Spur konnte nicht erhärtet werden.

Es gab auch einen Hinweis darauf, dass die Täter aus dem rechtsextremen Spektrum stammten. Ein V-Mann aus der rechtsextremen Szene erhielt Hinweise auf rechte Gewalttäter und leitete diese an das LKA Baden-Württemberg weiter. Demnach war es Rechtsextremisten wichtig, etwas über den Gesundheitszustand des verletzten Polizisten Arnold herauszufinden. Als sie durch eine ihnen wohlgesonnene Krankenschwester erfuhren, dass es unwahrscheinlich war, dass Arnold sich an Tat und Täter würde erinnern können, seien sie beruhigt gewesen.

10.2 Fazit

Der Mord an Kiesewetter ist der letzte Mord, der dem NSU zugeschrieben wird. Es handelt sich um den ersten NSU-Mord in Baden-Württemberg. Nach neun Morden an Männern mit Migrationshintergrund war das Opfer zum ersten Mal eine deutsche Frau. Dass ihr Kollege schwer verletzt überlebte, dürfte der Unzulänglichkeit des Schützen bzw. dem Reflex Arnolds zuzuschreiben sein.

Diese „politische Sinnfüllung", dass der Mord und Mordversuch als Attentate gegen Repräsentanten des Staats gesehen werden können, gehen in einschlägiger Literatur mit Fragezeichen einher. So wurde z. B. versucht, einen direkten Bezug des NSU zu Kiesewetter herzustellen. Demnach war sie kein Zufallsopfer. Das behauptete ihr Onkel nach der Tat, indem er einen dubiosen Kausalzusammenhang von Tatmerkmalen zu den Česká-Morden zog. Aber die Verwendung desselben Kalibers aus anderen Waffen und das Verwenden von Fahrrädern kann keine hinreichende Erklärung sein. Zudem stammte Kiesewetter aus Thüringen und es gibt Erklärungsansätze, die den Mord in Zusammenhang mit dem THS und dem NSU bringen. Ein NPD-Funktionär erzählte mir, dass eine von ihm geplante Veranstaltung von der Polizei verboten wurde, dann aber in einer Gaststätte stattfand, die von einem Verwandten Kiesewetters betrieben wurde.

Auch weitere Bezüge Kiesewetters zum Rechtsextremismus wurden bekannt. Aber keine dieser Verbindungen führt zu einem nachvollziehbaren Motiv für die Bluttat von Heilbronn. Seltsam ist, warum im Zuge der Ermittlungen im Mordfall Kiesewetter die „braune Spur" nach Thüringen erst nach dem Auffliegen des NSU verfolgt wurde.

Auch hier spielte der Zufall wieder eine Rolle. Eigentlich hatte Kiesewetter am Tag ihres Todes frei. Angeblich hatte sie bei einem kurz davor stattfindenden Heimaturlaub in Thüringen kundgetan, dass sie in der kommenden Woche Extra-Schichten schieben würde. Aber auch dieses Wissen hätte es den Tätern nicht ermöglicht vorherzusehen wann und wo genau Kiesewetter an diesem Tag Pause machen würde. Natürlich kann gemutmaßt werden, dass der NSU den Polizeifunk abhörte. Aber diese Möglichkeit muss leider (wie so vieles in der Causa NSU) ins Reich der Spekulation verschoben werden.

11   Die Bombenanschläge

Die schrecklichen Morde waren nicht die einzigen Ausdrucksformen des bewaffneten politischen Widerstands, die dem NSU zugeschrieben wurden. Vielmehr verübte er auch Bombenanschläge. Hierbei gibt es aus Sicht der Rechten gute Ansatzpunkte, die diese politischen Aktionsformen rechtfertigen sollen. Insgesamt werden dem NSU drei Bombenanschläge zugeschrieben.

11.1   Wehrmachtsausstellung Saarbrücken

Bisher erfuhr meines Erachtens ein Punkt in der NSU-Historie kaum Beachtung, obwohl gerade dieses Bombenattentat ausgezeichnet zur politisch-ideologischen sowie strategisch-taktischen Ausrichtung des NSU passt. Bereits im Vorfeld wurde die Ausstellung „Vernichtungskrieg. Verbrechen der Wehrmacht 1941 bis 1944" in den medialen Echokammern diskutiert. Abgesehen von Ernst Nolte gab es zu der Zeit keine Anzeichen einer geschichtsrevisionistischen Betrachtung der beiden Weltkriege. Aus Sicht der Rechten versuchte die Ausstellung das „Sieger-Narrativ" zu verstärken. Anstatt wie bisher SS-Truppen, Polizeibataillone und ganz wenige, irregeleitete Teile der Wehrmacht für Kriegsverbrechen im Zweiten Weltkrieg verantwortlich zu machen, beabsichtigten die Ausstellungsmacher aufzuzeigen, dass große Teile der Wehrmacht in systematische Kriegsverbrechen involviert waren. Dies widersprach dem in Deutschland und von den Mainstream-Medien getragenen Narrativ der „sauberen Wehrmacht". Es liegt auf der Hand, dass diese neue Sichtweise die Rechten provozierte. Folgerichtig entspann sich nicht nur in den Feuilleton- und Politikteilen der überregionalen Zeitungen ein vehementer Diskurs über die Ausstellung. Dass es nicht nur bei Worten bleiben würde, war nicht abzusehen. Dabei hätten die Ermittlungsbehörden gewarnt sein können, denn Zschäpe, Böhnhardt und Mundlos hatten noch vor ihrem Schritt in die Illegalität gegen die Ausstellung demonstriert. Einer meiner rechtsextremen Informanten erzählte mir: „Bei dieser Demonstration habe ich die Drei das letzte Mal gesehen, bevor sie abtauchten. Das war wenige Tage vorher. Ich ahnte damals schon, dass die was vorhatten."

Zur Vorgeschichte: Die Wehrmachtsausstellung des Hamburger Instituts für Sozialforschung war vor Saarbrücken bereits in 30 Städten gezeigt worden – begleitet von rechten Protestaktionen. Fast 750.000 Menschen hatten die Ausstellung besucht. In Saarbrücken gab es sogar Zusammenstöße zwischen rechten Demonstranten, Gegendemonstranten und Polizei im Vorfeld der Ausstellung. Sogar der CDU Saarbrücken ging die Tendenz der Ausstellung zu weit, denn sie ließ verlauten, dass sie ihre Väter nicht als Mörder und Verbrecher diffamieren lassen wolle.

Am 9. März 1999 wurde im Volkshochschulzentrum (VHS) Saarbrücken, (dem Ausstellungsort) eine Bombe gezündet, die in den frühen Morgenstunden gegen 4.40 Uhr an der Rückseite des Gebäudekomplexes detonierte. Das VHS- und benachbarte Gebäude wurden beschädigt. Die Ausstellung selbst kam glimpflich davon, da wenige Exponate von umherfliegenden Splittern beschädigt wurden. Verletzt wurde niemand. Insofern kann von einem Anschlag gegen Sachen ausgegangen werden, bei dem bewusst eine Gefährdung weitgehend ausgeschlossen werden sollte.

Hier lagen die Ermittler richtig, denn sie gingen von einem rechtsextremistischen Motiv aus. Die Täter konnten nicht dingfest gemacht werden. Das LKA Saarland schätzte den Anschlag als professionell ein, bevor es die Ermittlungen ergebnislos einstellte. Um es ganz klar zu sagen: dieses Kapitel ist spekulativ. Aber paradoxerweise ist es die hochprofessionelle Ausführung des Anschlags, die heftige Fragezeichen an der alleinigen Urheberschaft des NSU aufwirft. Denn wieso sollte dem NSU (sollte er tatsächlich beteiligt gewesen sein) ein „großer" Anschlag in diesem Ausmaß gelingen, wogegen es bei kleineren Bombenanschlägen bei der Umsetzung haperte? Dies würde dafür sprechen, dass der NSU nicht der alleinige Urheber dieses Anschlags war, sondern dass er Unterstützung von militärisch geschulten Rechtsextremen hatte, die Erfahrungen im Umgang mit Sprengstoff besaßen. Auch nachdem 2011 die Ermittler Hinweise ernst nahmen, dass der NSU den Anschlag begangen habe, wurde die Frage der Mittäter kaum verfolgt.

Allerdings fanden Ermittler heraus, dass ein Journalist nach der Explosion eine Frau und zwei Männer beobachtet hatte, die ihm verdächtig vorkamen. Eine dieser Personen soll zugegeben haben, dass sie das gewesen wären, was nicht für ein professionelles Terror-Verhalten des NSU spricht, da der NSU zu dem Zeitpunkt bereits im Untergrund lebte und polizeilich gesucht wurde. Insofern sind hier Zweifel angebracht.

Die saarländische Generalstaatsanwaltschaft leitete Ermittlungen wegen einer Serie von zehn Brandstiftungen ein, die gegebenenfalls mit dem NSU zusammenhängen, da sie sich gegen Gebäude richteten, die von türkischstämmigen Einwanderern, aber auch von Arabern und Schwarzafrikanern bewohnt wurden. Dieser Kausalzusammenhang wurde hergestellt, da eine türkische

Moschee in Völklingen die zwölfte DVD erhielt, die Zschäpe am 4. November 2011 verschickte. Aber gesichert ist bei all den geschilderten Sachverhalten bislang nichts.

11.2 Nürnberg

Der erste sicher dem NSU zuzuschreibende Sprengstoffanschlag fand vor dem ersten NSU-Mord statt. Das bedeutet, dass die geheime Gruppe im Untergrund noch auf der Suche nach dem „richtigen" Weg des bewaffneten Kampfs war. Bereits vor dem Abtauchen in den Untergrund hatten Böhnhardt, Zschäpe und Mundlos mehrfach mit Sprengstoff hantiert. Der Fund von über einem Kilogramm TNT in einer dem Trio zugerechneten Garage bestätigte, dass der NSU den bewaffneten politischen Kampf mit Bomben aufnehmen wollte. Denn scharfe Waffen (abgesehen von Armbrüsten, Wurfsternen und Schreckschusspistolen) wurden bei dem Trio vor dem Abtauchen nicht gefunden. Mehrfach hatten Zschäpe und Co. mit Bombenanschlägen gedroht, als sie mit Hakenkreuzen versehene Bombenattrappen beim Theater in Jena und im Fußballstadion in Jena platzierten.

Nachdem das Trio den Raubüberfall auf den Edeka-Supermarkt in Chemnitz begangen hatte, versuchten sie aus dem Untergrund heraus zur ersten politisch-militärischen Aktion zu schreiten. Am 23. Juni 1999 platzierte vermutlich Böhnhardt eine zur Rohrbombe umgebaute (mit Sprengstoff gefüllte) Taschenlampe auf der Herrentoilette einer Gastwirtschaft. Das Lokal wurde von einem türkischstämmigen Mann betrieben, der es drei Monate vorher übernommen hatte. Nach der Übernahme hatte sich die Wirtschaft zu einem Treffpunkt für türkischstämmige Personen entwickelt. Dies legt den Schluss einer erstaunlichen Ortskundigkeit der Täter nahe – oder sie hatten vor Ort logistische Unterstützung. Denkbar ist zudem, dass Kameraden in Nürnberg dem NSU Unterschlupf boten.

Der Pächter fand die Taschenlampe auf dem WC, schaltete sie an und löste dadurch die Explosion aus. Dabei wurde er nur leicht verletzt, da die Bombe eine Fehlkonstruktion war. Erneut verdächtigten die Beamten den Pächter und sein Umfeld. Die Ermittlungen wurden nach mehreren Monaten eingestellt – einmal mehr, ohne ein ausländerfeindliches Motiv in Betracht zu ziehen. Außerdem wurde dem Pächter der Gaststätte nachgesagt, dass er sich den Behörden gegenüber nicht kooperativ verhalte, obwohl er die Aussage machte, dass sich am Vorabend der Explosion zum zweiten Mal ein Deutscher unter den Gästen befand, was sonst nie der Fall war.

Da das Attentat (vermutlich wegen des Scheiterns) nicht im NSU-Bekenner-Video auftaucht, stellten die Beamten direkt nach Auffliegen des NSU keinen Zusammenhang zu den Rechtsterroristen her. Erst der BAW-Kronzeuge Schultze brachte die Ermittler auf die richtige Spur. Er sagte 2013 aus, dass das NSU-Männer-Duo ihm gegenüber erwähnt hatte, dass sie eine Taschenlampe in einem Laden abgestellt hatten, aber dass das Vorhaben nicht geklappt habe. Pikant ist, dass Zschäpe bei diesem Anschlag aktive Hilfe geleistet haben könnte. Denn der Pächter erkannte angeblich 2013 bei Vorlage eines Fotos in Zschäpe eine mutmaßliche Beteiligte. Durch die Aussage des Kronzeugen kam die BAW zu dem Ergebnis, dass der NSU seinen ersten Bombenanschlag als rassistisch motivierte Tat durchgeführt hatte.

11.3 Köln I

Die Stadt Köln nimmt im NSU-Narrativ eine besondere Stellung ein. Es dürfte außer Frage stehen, dass die Metropole multikulturell geprägt ist und dass Menschen verschiedenster Nationen hier zu Hause sind. Allerdings beging der NSU in Köln keine Morde. Das wirft Fragen auf. Denn Köln bietet mindestens ebenso wie Nürnberg, Hamburg, München, Dortmund und Kassel zahlreiche potenzielle Ziele: Es gibt viele türkischstämmige Gewerbetreibende, die in das politische Beuteschema des NSU passten. Deshalb bleibt die Frage, wieso hier kein Gewerbetreibender mit Migrationshintergrund exekutiert wurde. Wieso bildete Köln in Sachen strategisch-bewaffneter Kampf ein Novum, da hier zwar zwei Sprengstoffanschläge verübt, aber keine Exekutionen begangen wurden? Obwohl es beinahe unmöglich ist, diese Frage aus der Retrospektive zu beantworten, werde ich es versuchen. Die Inspiration dazu erhielt ich von einem rechtsradikalen Kader, der Zschäpe, Böhnhardt und Mundlos noch zu Zeiten des THS kannte, und der auch danach noch den Kontakt aufrecht erhielt. Im Gespräch versuchte ich die weltanschauliche Rechtfertigung für die zehn dem NSU angelasteten Morde zu erfahren. Zu meiner Überraschung erklärte mein Gesprächspartner, dass es diese bei den zehn Hinrichtungen nicht gäbe. Danach sprachen wir über die NSU-Bombenanschläge. Hier hielt er eine politisch motivierte Urheberschaft des NSU nicht nur für plausibel, sondern für äußerst wahrscheinlich. Der Bombenanschlag gegen die Wehrmachtsausstellung in Saarbrücken rechtfertigt sich aus rechtsextremistischer Sicht per se. Auch die Bombenanschläge in Köln (insbesondere der Nagelbombenanschlag) lassen sich ideologisch rechtfertigen. O-Ton: „Diese Anschläge machen aus einer modernen rechten Weltanschauung heraus Sinn und sie sind ideologisch vertretbar. Die Funktion dieser Bombenanschläge ist, dass in den Ausländer-Ghettos Angst und Schrecken verbreitet werden sollen. Das führt dazu, dass die dort lebenden Ausländer sich in ihren Enklaven nicht mehr so sicher fühlen. Das sind von Außen gesetzte Zeichen, die sie zum Nachdenken bewegen sollen, ob sie sich über dem deutschen Gesetz und abseits der deutschen Kultur stehend betrachten oder nicht lieber wieder in die Heimat zurückkehren möchten."

Gemäß dieser Logik ist von Terrorismus die Rede, denn Terrorismus verbreitet Angst. Da die Bombenanschläge gegen ausländische Mitbürger verübt wurden, liegt die Botschaft auf der Hand. Im Gegensatz zu Schusswaffen-Exekutionen vermitteln Bombenanschläge die Botschaft, dass jeder in der Nähe Befindliche zum Opfer werden kann. Mein Kontaktmann dazu: „Natürlich sind die Bombenanschläge angesichts der in Deutschland lebenden Millionen von Ausländern Symbolpolitik. Im Gegensatz zu den Hinrichtungen sind sie aber in der Lage, breite Bevölkerungsschichten zu verunsichern und Verhaltensänderungen herbeizuführen."

Insofern wird der NSU als potenzieller Katalysator zur Vertreibung der in Deutschland lebenden Ausländer betrachtet.

Am 19. Januar 2001 explodierte in einem kleinen Kölner Lebensmittelgeschäft eine mit Schwarzpulver gefüllte und Zünder präparierte Metalldose. Der dritte NSU-Anschlag via Bombe passierte nach dem ersten Mord. Der NSU schien zu Beginn seiner Zeit im Untergrund Bombenanschläge für das probate Mittel der Wahl zu halten, was ja laut meinem rechten Gewährsmann militärisch-strategisch besser zu rechtfertigen ist, als Einzelexekutionen. Ein als Deutscher beschriebener Kunde hatte die Weihnachtsdose unter das Warensortiment des Ladens gemischt. Als die deutsch-iranische Tochter des Ladeninhabers die Dose untersuchte, löste sie die Explosion aus und wurde schwer verletzt. Die Entwicklung des NSU lässt den Schluss zu, dass zumindest das NSU-Männer-Duo den Anschlag als ein Fanal für Größeres betrachtete. Die Bombe hatte funktioniert – was sollte sie davon abhalten, nun einen großen Bombenanschlag zu begehen? Ich glaube, der spätere Nagelbombenanschlag in der Keupstraße war die logische Folge dieses „erfolgreichen" Anschlags.

Wieder einmal ermittelte die Polizei fünf Monate ergebnislos, nicht zuletzt, da sie nach dem immer gleichen Schema verfuhr. Sie durchforstete das Familienumfeld, hörte Telefone ab und überwachte die Geschäfte und Finanzen der Opfer. Ausnahmsweise ging die Polizei diesmal einer politischen Spur nach, denn sie verdächtigte den iranischen Geheimdienst, den Anschlag begangen zu haben – ohne Ergebnis.

2012 geriet aufgrund eines Phantombilds ein V-Mann des LfVs Nordrhein-Westfalen in den Verdacht der Tatbeteiligung, was die These einer NSU-Unterstützung vor Ort trefflich untermauert. Ein Informant, der aus Angst um sein Leben anonym bleiben will, hat mir den Hinweis zukommen lassen, dass es sich dabei wohl um Johann Helfer, einen ausgebildeten Scharfschützen und V-Mann des Verfassungsschutzes handelt. Mir liegen sowohl Bild als auch Phantombild vor und den Bildern zufolge kann kaum ein vernünftiger Zweifel daran bestehen, dass es sich bei dem Mann um den besagten V-Mann handelt. Wieso der Generalbundesanwalt (GBA) die Verfolgung dieser Spur einstellte, erschließt sich nicht und verstärkt den Eindruck, dass es möglich sein könnte, dass die staatliche Beteiligung unter den Teppich gekehrt werden sollte. Die

NSU-Täterschaft des Anschlags steht für die BAW außer Zweifel, da Zschäpe hierzu aussagte und das Bekenntnis zum Anschlag auch im NSU-Bekenner-Video auftaucht.

11.4 Köln II

Der zweite NSU-Bombenanschlag in Köln ist als Nagelbombenanschlag bekannt, da der Sprengsatz mit Zimmermannsnägeln gefüllt war. Es handelt sich um den letzten bekannten NSU-Bombenanschlag. Der zweite Anschlag in Köln ist derjenige, der mit Abstand den meisten Schaden verursachte. Er verletzte 22 Menschen – vier davon schwer.

Am 9. Juni 2004 explodierte in der Köln-Mühlheimer Keupstraße (auch Klein-Istanbul genannt) eine ferngezündete Nagelbombe. Die Keupstraße ist als ein regionales Zentrum türkischen Geschäftslebens bekannt. Dadurch könnte der NSU seine Weltanschauung gegen die „Ausländer-Ghettoisierung" in der Rhein-Metropole in bewaffnete Kampfformen transformiert haben. Der Vorwurf der Rechten lautet, dass in den Ausländer-Ghettos rechtsfreie Räume entstehen und Deutsche ins Abseits gedrängt werden. Der Staat hätte vor diesen Enklaven kapituliert und würde nichts gegen die zunehmende Ausländerkriminalität unternehmen. Zudem wäre es eine Schande, dass sich die deutsche Bevölkerung in diese Viertel nicht mehr hineinwage.

Die Bombenkonstruktion bestand aus einer 26 Zentimeter hohen Butan-Gasflasche mit einem Durchmesser von 20 Zentimetern. Diese Flasche war mit ca. 5,5 Kilogramm Schwarzpulver und knapp 1000 Zimmermannsnägeln gefüllt. Die Zimmermannsnägel hatten eine Länge von zehn Zentimetern und verwandelten sich durch die Wucht der Explosion in hocheffektive Waffen.

Die etwa 18 Kilogramm schwere Bombe war zusammen mit einem Satz Batterien in einem Hartschalenkoffer platziert, der mit Watte ausgestopft war. Der Koffer wiederum war auf dem Gepäckträger eines Fahrrads montiert. Die Benutzung eines Fahrrads bei einem Bombenanschlag stellt in dieser Form ein NSU-Novum dar und bildet einen Link zu den NSU-Exekutionen mit Handfeuerwaffen. Außerdem spielten Fahrräder bei den Raub- und Banküberfällen auch eine entscheidende Rolle. In diesem Fall diente das Fahrrad dazu, die Bombe zum Ziel zu transportieren und sie am Zielort zu deponieren.

Das Fahrrad mit der Bombe wurde vor einem Friseursalon abgestellt. Es kann vermutet werden, dass die Platzierung gewählt wurde, damit möglichst viele Menschen von der Bombe getroffen wurden, da der Friseursalon ein wichtiges soziales Begegnungszentrum darstellte und seine Umgebung sehr belebt war.

Vier Minuten vor 16 Uhr wurde die Bombe per Funksteuerung (eines Flugzeugmodellbausatzes) gezündet. Die Fernzündung garantierte das Überleben der Täter, da sich diese somit nicht am Tatort aufhalten und Gefahr laufen mussten, selbst verletzt oder getötet zu werden. Die Täter befanden sich gleichwohl im Umfeld des Tatorts, da die Bomben-Fernsteuerung sonst nicht funktioniert hätte. Als die Bombe zündete, gingen gerade zwei südländische Männer an dem Fahrrad vorbei – sicherlich hatten die NSU-Attentäter gehofft, sie durch die Explosion zu töten.

Die Bombe richtete immensen Personen- und Sachschaden an. Der Friseurladen wurde von der Wucht der Explosion und dem anschließenden Feuer verwüstet. In der Nähe befindliche Läden und

Autos wurden durch die Sprengkraft der Bombe und die Zimmermannsnägel zerstört.

Politik, Polizei und Medien blieben im Dreiklang stumm. Es ertönten weder Aufschreie, dass es sich um einen rassistischen Anschlag handelte oder dass die Täter im rechten Spektrum zu suchen seien. Dies könnte einmal ein mehr Beleg für die Blindheit der deutschen Behörden auf dem rechten Auge sein. Frei nach dem Motto: was nicht sein darf, kann auch nicht sein.

Dieser zweite Bombenanschlag von Köln bildet ein Novum, da hier einer, vielleicht sogar beide Täter von einer Überwachungskamera aufgezeichnet wurde. Dies hängt damit zusammen, dass sich der Tatort in der Nähe des TV-Senders VIVA befand. Die VIVA-Überwachungskamera filmte zudem möglicherweise einen dritten Mann, der kurz vor dem Zeitpunkt des Anschlags mit einem Fahrrad vorbeilief. Auch hierzu liegt mir Bildmaterial des Informanten vor. Weitere Bilder zeigen vermutlich diese Person als Zivilpolizisten oder Geheimdienstmitarbeiter nach dem Anschlag in der Keupstraße, wie er sich in Zivil und bewaffnet am Tatort aufhält. Diese Bilder könnten beinahe den Verdacht nahelegen, dass die bewaffnete Person auch diejenige gewesen sein könnte, die das Fahrrad zum Anschlagort schob. Damit würden Böhnhardt und Mundlos eventuell als alleinige Bombentransporteure ausscheiden, wobei wieder andere Kameraeinstellungen größere Ähnlichkeiten mit dem NSU-Duo zeigen. Das Ganze wirkt wie ein weiterer Hinweis auf ein Konglomerat aus OK, Teilen der Sicherheitsbehörden und NSU. Beweisen lässt sich das aber nicht. Die genannten Bilder und weitere Hinweise ließen die Behörden unter den Tisch fallen, was für eine Vertuschung der staatlicher Beteiligung (in Sachen NSU) sprechen könnte.

Innenminister Otto Schily (SPD) versuchte die Bevölkerung zu beruhigen, indem er erklärte, dass es keine Hinweise auf einen rechtsextremistisch motivierten Bombenanschlag gibt: „Die Erkenntnisse, die unsere Sicherheitsbehörden bisher gewonnen haben, deuten nicht auf einen terroristischen Hintergrund, sondern auf ein kriminelles Milieu hin. Aber die Ermittlungen sind noch nicht abgeschlossen, sodass ich eine abschließende Beurteilung dieser Ereignisse jetzt nicht vornehmen kann."

Rhetorisch hat Schily seine Botschaften geschickt verpackt. Einerseits lenkte er den Blick auf eine Tat, die der OK zuzurechnen ist, relativiert dies dann aber durch seinen begrenzten Kenntnisstand. Transparenz sieht anders aus, zumal von einem Mann, der die deutsche Justiz und die deutsche Polizei in RAF-Verfahren in die Nähe faschistischer Vorgängerorganisationen aus dem Dritten Reich rückte.

Die Ermittler fuhren wieder die klischeebehaftete Palette an Aktivitäten gegen die sogenannte Ausländerkriminalität auf. So wurden Racheakte und Motive im Bereich der OK vermutet. Drogen- und Rotlichtmilieu-Streitereien wurden ebenso in Betracht gezogen wie Schutzgeld-Erpressungen – gegebenenfalls mit politischem Hintergrund durch die kurdische PKK. Zwar gab es im BfV Überlegungen, die Gemeinsamkeiten des Bombenanschlags mit den Bombenanschlägen von Combat 18 in London 1999 zu fokussieren, aber diese Spur wurde nicht weiter verfolgt. Islamistisch motivierte Anschläge wurden ausgeschlossen. Die Ermittlungsarbeit wurde gezielt in Richtung OK gelenkt.

Anders verhielt es sich bei den Anwohnern der Keupstraße, die hinter der Tat Rechtsextremisten vermuteten. Diese Stimmen wurden nicht ernst genommen. In diesem Zusammenhang hat

mir ein Nebenklage-Anwalt im Gespräch die fragwürdigen Ermittlungsmethoden der Polizei geschildert: „Auch als schon fest-
stand, dass die Täterspur eindeutig nach rechts zeigt, hat die Polizei weiter türkische Männer, die mit der Polizei kooperierten, in
das Keupstraßen-Umfeld eingeschleust. Diese Männer, die sich als
türkische Detektive oder Versicherungsvertreter ausgaben, haben
gezielt in der türkischen Community den Samen für Verdächtigungen gesät. Da wurde behauptet, dass der und der bis zum Hals
in kriminelle Machenschaften verstrickt sei. Bei anderen wurden
Affären und Liebschaften unterstellt – ohne realen Hintergrund.
Der Zweck war, die türkische Gemeinschaft gegeneinander aufzu-
hetzen und für ein Klima des gegenseitigen Misstrauens zu sorgen.
So verdächtigten sich viele und es wurden soziale Beziehungen und
Geschäftsexistenzen auf diese Art und Weise zerstört."

Mit dem Bombenanschlag hörte das Leid der Opfer also nicht
auf, sondern es wurde erneut durch die von der Polizei lancierten
Vorwürfe, Behauptungen und Gerüchte potenziert. Der Nebenklage-Anwalt schränkte zwar ein, dass z. B. in dem Friseursalon tatsächlich u. a. Zuhälter, Dealer usw. verkehrten, wies aber auch darauf hin, dass bei beinahe jeder Ansammlung von Menschen (z. B.
auch an einem deutschen Lehrstuhl für Strafrecht) immer Personen anwesend seien, die es mit dem Gesetz nicht so genau nähmen.
Das Verhalten der Polizei könnte hier meines Erachtens im besten
Fall als nicht professionell und im schlimmsten Fall sogar als polizeilicher Rassismus zu bewerten sein.

Nach dem Auffliegen des NSU wurde 2011 deutlich, dass
der NSU das Attentat begangen hatte. Die NSU-Bekenner-DVD
nimmt ausführlich Bezug auf den Anschlag. Brisant ist die Information, dass Temme (der sich beim Mord an Yozgat in Kassel am

Tatort aufhielt) am Attentatstag in Köln war – angeblich zur Fortbildung. Das mag Zufall sein, aber wer Temmes Gesamtposition im NSU-Komplex berücksichtigt, dem wird dies aufstoßen und den Verdacht einer Verflechtung von deutschen Behördenakteuren, Neonazis und OK verfestigen.

Doch damit nicht genug. Der CDU-Obmann des ersten Bundestags-NSU-Untersuchungsausschusses fand es dann auch skandalös, dass zwei Zivilpolizisten, die sich zum Tatzeitpunkt in unmittelbarer Anschlagnähe befunden hatten, erst neun Jahre später (zwei Jahre nach dem Auffliegen des NSU) vernommen wurden.

Durch engagierte Recherchen eines Nebenklage-Anwalts gelang die Auswertung des vorliegenden Videomaterials. Nach stundenlangem Sichten im BKA hat der Anwalt alle in Tatortnähe aufgezeichneten Videoaufnahmen ausgewertet. Laut seinen Angaben zeigen die Aufnahmen Böhnhardt und Mundlos, wie sie mit Fahrrädern in Tatortnähe hantieren. Demnach ist auf den Videos nicht nur Mundlos identifizierbar, der das Damenrad mit der Kofferbombe schiebt, sondern auch Böhnhardt, der (kurz bevor Mundlos die tödliche Fracht vor dem Friseursalon deponiert) zwei Mountainbikes schiebt, die dann zur Flucht genutzt wurden. Um 15.50 Uhr zeigt eine Kameraeinstellung, wie das NSU-Duo auf den Mountainbikes zügig den Tatort verlässt. Sechs Minuten später detonierte die Bombe. Nach der Detonation ist einer der Täter erneut zu sehen, er passiert den Eingang des TV-Senders VIVA und fährt schnell weg.

Nach der Enttarnung des NSU wurde der Kölner Nagelbombenanschlag in der Keupstraße einer kriminalistischen Lösung zugeführt, da in der NSU-Bekenner-DVD ein umfassendes „Bekenntnis" zum Keupstraßen-Attentat vorhanden ist. Das eindeutige Motiv: Ausländerfeindlichkeit. Die Ermittler hatten zuvor jahrelang im Dunklen getappt und im Umfeld der Opfer nach Verbindungen zur OK gesucht.

Im November 2011 übernahm der GBA die Ermittlungen und beauftragte das BKA mit der Lösung des Falls. Im Münchener Prozess war der Anschlag Teil der Verhandlung gegen Zschäpe, die im Juli 2018 als Mittäterin verurteilt wurde. Viele der 22 Anschlagopfer agierten als Nebenkläger. Sie waren vom Prozessurteil enttäuscht. Dabei ging es nicht unbedingt um das gegen Zschäpe verhängte Strafmaß, sondern darum, dass das Gericht nicht genügend Anstrengungen unternahm, um festzustellen, ob und welche Unterstützer der NSU bei diesem Anschlag hatte. Wieder steht der Verdacht im Raum, dass der NSU in Sachen Tatvorbereitung Unterstützer hatte – und es sich beim NSU also eher um ein Netzwerk als um ein Trio gehandelt habe.

Dies alles war nicht Kern der Sache, wie mir ein Nebenklage-Anwalt des Keupstraßen-Attentats versicherte: „Die Opfer des Anschlags fühlen sich von der deutschen Polizei und Justiz verraten. Nicht nur, dass der Anschlag ihrem Leben galt. Sondern die einseitigen, beinahe als rassistisch zu bezeichnenden polizeilichen Ermittlungen haben das Leben viele Opfer zerstört. Da standen schlimme Verdächtigungen im Raum, welche die Opfer diskreditierten. Dies hatte gravierende Auswirkungen auf ihr Leben. Teilweise wurde ihr soziales Leben bewusst zerstört. Und dass dann die Prozessführung kein Interesse daran zeigte, das Verbrechen in seiner Gänze aufzuklären, war ein erneuter Schlag ins Gesicht der Opfer."

Vermutlich erkannte der NSU nach den ersten Morden, dass die deutsche Polizei nicht nach rechts fahndete, sondern die Opfer mit anderen Verdachtsmomenten überschüttete. Gut denkbar, dass dies das NSU-Trio weiter motivierte, weil sie hierin eine zweifache Terrorstrategie erkannten. Dabei hat die deutsche Polizei ihnen einen Bärendienst erwiesen. Manche der Betroffenen, mit denen ich im Zuge meiner Recherchen redete, halten die Eliminierung des sozialen Lebens der Opfer für beinahe genauso gravierend wie die Anschläge selber, auch wenn hierbei kein physischer Schaden entstand. Aber es wurde ein Klima der Angst, der Verdächtigungen und des Misstrauens geschaffen, das ebenso wie die Taten verdeutlichte: Ihr seid in Deutschland nicht erwünscht.

12   Rechtsextremismus

Um den Rechtsextremismus des NSU besser zu verstehen, ist es nötig, zumindest einen kurzen Blick auf die Entwicklung desselben in der BRD und der DDR zu werfen. Welche rechtsextremistischen Strömungen gab es zwischen 1954 und 1990 in den beiden deutschen Teilstaaten? Wie können diese Vorgängerorganisationen theoretisch und durch die Taten, in den Kontext NSU eingebettet werden? Der NSU beging ja seine Taten, ohne diese zu rechtfertigen. Damit steht er in einer rechtsextremistischen Tradition Nachkriegsdeutschlands. Im NSU-Kontext heißt die Prämisse: Taten statt Worte. Selbstverständlich bedeutet das nicht, dass der NSU ganz ohne theoretisches Rüstzeug in den Kampf gezogen ist. Denn Zschäpe, Böhnhardt und Mundlos waren politisch durchideologisiert und gefestigt.

Wie konnten Zschäpe, Böhnhardt und Mundlos ihr mörderisches Treiben vor sich, ihren Gesinnungskameraden und der Welt rechtfertigen? Welche weltanschaulichen Aspekte wurden ins Feld geführt, um neun Morde an Menschen mit Migrationshintergrund und einer deutschen Polizeibeamtin zu rechtfertigen?

Das „Paulchen Panther-Video" gibt zwar ansatzweise Aufklärung, bleibt aber aufgrund seiner Einfachheit und seines sehr eingeschränkten Theorie-Radius recht mangelhaft. Zudem stellt sich die Frage, wieso der NSU die Rechtfertigung seiner politischen Taten in Form eines Zeichentrickfilms für Kinder vornahm? Waren die NSU-Mitglieder zu keiner höherentwickelten Theoriebildungsstufe in der Lage? Wollten sie geistig minderbemittelten Anhängern die Chance geben, ihre ideologische Rechtfertigung nachzuvollziehen?

Im ersten Schritt wird in diesem Buch die rechtsextremistische Theoriebildung in der BRD und DDR bis zur Wende rekonstruiert. Danach wird ein Blick auf die ideologischen Parameter geworfen, die den NSU in seiner politischen Sozialisation prägten. Erst dann erfolgt die Analyse des Bekenner-Videos.

12.1 Geschichte des Rechtsextremismus nach 1945

Nach der bedingungslosen Kapitulation Nazideutschlands am 8. Mai 1945 schien das Problem des Rechtsextremismus besiegt zu sein. Doch auch nach 1945 gab es Versuche, den Rechtsextremismus politisch wieder hoffähig zu machen. Die BRD wies (trotz massiver Versuche der Alliierten dies zu unterbinden) immer wieder Schlupflöcher für ehemalige Nationalsozialisten auf, die es in verantwortungsvolle gesellschaftliche Positionen schafften. Teilweise geschah dies auf Willen der Siegermächte, denn Personal aus der NS-Zeit wurde (unabhängig von derer weltanschaulichen Einstellung) für den Kampf gegen den Kommunismus benötigt. So scheint es zwangsläufig, dass das Theoriegut des Nationalsozialismus im westlichen Nachkriegsdeutschland eine Fortschreibung erlebte.

Bis ca. 1960 ergaben sich tiefgreifende wirtschaftliche, soziale, politische und gesamtgesellschaftliche Probleme, die auch mit der Vertreibung von Millionen von Deutschen aus den ehemaligen Ostgebieten zusammenhingen, welche schlagartig im Rumpfstaat Westdeutschland integriert werden mussten.

Parteipolitisch versuchte die Sozialistische Reichspartei (SRP), die Nachfolgepartei der NSDAP, die gesellschaftlichen Umstrukturierungsprozesse nach 1945 auszunutzen – mit mäßigem Erfolg (bis zu ihrem Verbot 1952). Dieser Vorstoß von Rechts wurde durch das Wirtschaftswunder, das mit dem Erfolg des politischen, aber insbesondere wirtschaftlichen Systems Deutschlands zusammenhing, gebremst.

Knapp 20 Jahre nach dem verlorenen Zweiten Weltkrieg versuchte die Rechte erneut ihre Kräfte zu bündeln. Dies führte 1964 zur Gründung der Nationaldemokratischen Partei Deutschlands (NPD), die etliche Bezugspunkte zum NSU aufweist, da dort viele Unterstützer der rechtsextremistischen Terrorgruppe zu verzeichnen waren. Der NPD gelang zwischen 1966 und 1968 der Einzug in sieben Landesparlamente, während 1969 der Einzug in den Bundestag mit 4,3 % knapp scheiterte.

Da in der Folge die Sozialdemokraten (SPD) den Regierungschef mit einer auf Versöhnung ausgerichteten Ostpolitik stellten, erstarkte der rechte Flügel der Christdemokraten (CDU), wodurch die Rechtsextremisten an gesellschaftspolitischer Bedeutung verloren.

Dies führte zur Spaltung der sich einen legalen Anschein gebenden NPD. Theoriegeschichtlich bildete sich ein für unseren Zusammenhang eher unwichtiger „linker, intellektueller" Flügel heraus, der die geistigen Grundlagen des Rechtsextremismus neu eruieren wollte. Diese Gruppierungen gingen teilweise in den Ökologiebewegungen Mitte der 70er Jahre auf. Die national-konservativen Strömungen in der NPD strebten eine Kooperation mit dem rechten Flügel der Christdemokraten an, um die Reformpolitik der sozialliberalen Koalition zu beenden. Eine Splittergruppe hiervon war die später in der Bedeutungslosigkeit versinkende Deutsche Volksunion (DVU). Es bildete sich zudem ein für uns interessanter nationalistischer Flügel heraus, der illegale Methoden zur Bekämpfung des Systems befürwortete. Dies mündete Mitte der 70er Jahre in die Gründung neonazistischer Kampfgruppen, die vor Terror nicht haltmachten. Die bekannteste davon ist die „Wehrsportgruppe Hoffmann", aber es gab auch weitere Splittergruppen. Trotz der gestiegenen Militanz-Bereitschaft dieser Gruppen war die gewaltbereite rechte Szene stark fragmentiert.

Zu Beginn der 80er Jahre setzte ein gesellschaftspolitischer Umbruch ein, der dem Rechtsextremismus eine starke Wirkkraft verlieh. Die soziopolitische Reorganisation der Gesellschaftsparameter galt für ganz Europa, sodass der damalige deutsche Rechtsextremismus als europäisches, nationenübergreifendes Phänomen zu verstehen ist. Diesbezügliche Stichworte des gesellschaftlichen Wandels sind: Umgestaltung der Sozialsysteme, technologische Modernisierung, Verlangsamung des Wirtschaftswachstums, hohe Massenarbeitslosigkeit sowie gravierende soziale Umwälzungen in Osteuropa. Aus der historischen Retrospektive kann behauptet werden, dass der Ost-West-Gegensatz zugunsten einer globalpolitischen Perspektive erweitert wurde. Zudem begannen massive Migrationsbewegungen und Deutschlands Asylpolitik stellte das Land vor eine politisch-ökonomische Belastungsprobe.

Außerdem setzte die Globalisierung in einem bis dato unbekannten Ausmaß ein, das viele Bürger ängstigte. Die deutsch-deutschen Verhältnisse wurden unter christdemokratischer Schirmherrschaft vorangetrieben, da die christliberale Regierungskoalition das DDR-Regime mit einem Milliardenkredit unterstützte – ein Vorgang, der rechtsextremistische Kreise dazu brachte, die Partei der Republikaner (Reps) zu gründen. Dieser Partei gelang es mehrfach die 5%-Hürde zu überspringen, bevor auch sie als Fußnote in der Geschichte rechter deutscher Parteien verschwand.

12.2 Entwicklung des Rechtsextremismus nach 1990

Die Entwicklung des Rechtsextremismus in der DDR zu betrachten ist wenig lohnenswert. Denn die DDR verordnete stärker als die BRD einen staatlichen Antifaschismus, der jegliche Form des Rechtsextremismus negierte. Natürlich gab es in der DDR Privatpersonen, in denen NS-Gedankengut weiterlebte. Sie besaßen aber in der Öffentlichkeit und in der öffentlichen Wahrnehmung einen geringen Stellenwert. Erst gegen Ende des DDR-Regimes zeigten sich Skinheads, die im Umfeld von Fußballspielen agierten. Auseinandersetzungen ideologisierter Rechter mit Punkern, die in der DDR ebenso wie die Rechten die Abgrenzung zum staatlich verordneten Realsozialismus suchten, nahmen zu. Dabei ging es vor allem um die Bildung subkultureller Milieus.

Folglich ist im NSU-Kontext die Geschichte des Rechtsextremismus nach der Wiedervereinigung ab etwa 1990 von Interesse. Dieser erfuhr nicht zuletzt durch neue Anhänger in der DDR einen ungeahnten Aufschub. Neonazistische Kader aus Westdeutschland ergriffen die Gunst der Stunde, da sie in der DDR neues Potenzial sahen und vor Ort neonazistische Strukturen mit Kadern aufzubauen versuchten. Diese Aktionsform der Rechten korrelierte mit einem gesamtdeutschen Anschwellen der rassistischen Gewalt, die sich gegen Asylantenheime, Familien mit Migrationshintergrund und politische Gegner richtete. Insbesondere die Rechten der neuen Bundesländer zeichneten sich durch ein hohes Maß an Brutalität aus. Bis heute finden die pogromartigen Ausschreitungen von Rostock gegen die vietnamesischen Vertragsarbeiter begeisterten Zuspruch bei rechten Kadern. Dazu ein O-Ton aus der rechtsextremistischen Szene: „Diese Aktionen in Rostock-Lichtenhagen/

Hoyerswerda finden sehr viele gut. Dabei wurde niemand verletzt, es entstand nur Sachschaden. Die Bevölkerung zeigte Sympathien für das Handeln der Kader und unterstützte sie sogar. Die Polizei als staatlicher Ordnungsgarant musste sich zurückziehen." Nicht zuletzt in dieser Tradition hätte sich die „Kameradschaft Jena" gebildet, die für den NSU ideologisch-politische Heimat war.

Trotz der Erfolge blieb der parteipolitisch-institutionalisierte Durchbruch aus – auch wenn es für die Rechten erfolgreiche Wahlergebnisse gab. Die NPD blieb eine der wichtigsten rechtsextremen Parteien und organisierte einen straffen Kaderaufbau. Der NPD gelang die Vernetzung mit neonazistischen Kameradschaften, worunter sich auch der THS befand. Insofern kann von einem ideologischen Einfluss der NPD auf den NSU ausgegangen werden. Der Erfolg der NPD lag nicht zuletzt darin begründet, dass etliche rechtsextreme Organisationen verboten blieben, während die NPD den immer engeren Schulterschluss mit losen rechtsextremistischen Gruppierungen suchte, diese teilweise unter dem Dach der NPD inkorporierte oder aber logistisch-ideologisch unterstützte. An einer solchen informellen Schnittstelle befand sich auch der THS.

Ich habe einen hochrangigen rechtsextremistischen Kader nach seiner heutigen Feind-Priorisierung befragt:
- Die politisch-ökonomisch Hauptverantwortlichen, welche die Völkerwanderung auslösen.
- Die Zionisten in Form des Finanzkapitals (eine metaphorische Umschreibung, die geschichtlich bewanderten Lesern klar sein dürfte)
- Archaische Moslems
- Nordafrikaner
- Presse und
- NGOs.

Zu diesen Feindbildern der rechtsextremistischen Szene fügte Heise korrigierend hinzu (da er die oben stehenden Feindes-Priorisierung für zu pauschal hält): „Durchideologisierte Nationalisten haben an sich nichts gegen den Araber und andere Ausländer, die vom internationalen Kapital hier angespült wurden. Wir sagen nur, dass sie hier falsch sind. Zu Hause werden sie vermisst und hier sind sie überflüssig."

12.3   Schnittstellen THS und NSU

Für die Herausbildung der rechtsextremistischen Terrorzelle NSU war der THS von Bedeutung, da Zschäpe, Böhnhardt und Mundlos hier ihre politische Heimat gefunden hatten. Zunächst galt der THS seit seiner Gründung um den Jahreswechsel 1996/97 als Zusammenschluss „Freier Kameraden". Insofern fungierte er als Sammelbecken nationaler Sozialisten aus Thüringen, wobei später auch Verbindungen zu überregionalen Gruppen hergestellt wurden.

Analytisch gesehen stellte der THS das Bindeglied zwischen der militanten, gewaltbereiten Neonaziszene, der NPD und ihrer Jugendorganisation (Junge Nationalisten/JN) dar. An dieser Stelle ist die enge Verquickung von NPD, THS und späterem NSU herauszustellen. Zwei Unterstützer des NSU, Kapke und Wohlleben, waren NPD-Funktionäre.

Die Ideologie des THS war recht einfach gestrickt. Es ging darum, Deutschland vor Überfremdung zu retten, obwohl in den neuen Bundesländern der Ausländeranteil sehr gering war. Was damals mit der Metapher „Volkstod" umschrieben wurde, gilt heute als „Umvolkungsprozess". Insofern waren Ausländer ein relevantes Feindbild des THS. In rechtsextremistischen Liedern ist vom Feindbild des Türken, der Araber und Nordafrikaner die Rede. Künstlerisch überspitzt ist die Rede davon, dass Ausländer bekämpft werden sollten. Dass dies als alleinige Inspiration für den NSU diente, in den alten Bundesländern integrierte und gewerbetreibende ausländische Männer zu ermorden, darf bezweifelt werden. Dennoch wird dies häufig in der NSU-Literatur getan. Hier wurden unzusammenhängende Theorieelemente unterschiedlicher Herkunft vermischt und dann dem NSU als ideologische Basis zugeschrieben. Dies ist einerseits verständlich, denn der NSU als Organisation hat im Gegensatz zur RAF keinen Papierwust hinterlassen. Letztlich reduziert sich der NSU-Theorie-Output auf die Bekenner-DVD, die im Nachhinein eine Begründung der Taten anbietet – allerdings auf theoretisch dünnem Eis und im Rahmen eines Kinder-Zeichentrickfilms.

Weitere Feindbilder des THS waren die Linken, politisch Andersdenkende, weitere Menschen, die aus der Norm völkisch-rassischen Denkens fallen wie Homosexuelle, „Schmarotzer/Parasiten", Menschen mit ausländischem Aussehen, aber auch Juden. Durch diese „Feindpalette" wird eine deutliche Rückbesinnung auf den Nationalsozialismus im Dritten Reich deutlich. So zeigten auch erste Aktionsformen des THS/NSU diese Stoßrichtung. Es wurden symbolische Aktionen gegen Juden und politisch Andersdenkende forciert. Zudem geriet der Staat als Repräsentant der verhassten demokratischen Ordnung ins Feindvisier. Denn der Staat ermöglichte (nach THS/NSU-Logik) erst die Zuwanderung, er schützt das jüdische Leben und er begehrt nicht gegen die alliierten Besatzungsmächte auf, welche Deutschland angeblich daran hindern, ein souveräner Staat zu sein. Auch die Polizei und die Ordnungssäulen des Staats waren im THS/NSU-Weltbild erbitterte Feinde, was beim Mord an Kiesewetter bedeutsam wird.

Als letzter (in diesem Zusammenhang relevanter) Theoriebaustein (der den sich herausbildenden NSU und die ihn umgebenden Strukturen stützte) ist der Kampf gegen die Wehrmachtsausstellung zu nennen. Die Ausstellung wollte den Mythos der „sauberen Wehrmacht" gegenüber dem Bild der „verbrecherischen SS" dekonstruieren. Sie dokumentierte Verbrechen, die im Zweiten Weltkrieg von Wehrmachtssoldaten begangen wurden. Nicht nur Rechtsradikale empfanden, dass diese Ausstellung zu weit ging. Allerdings liegt es auf der Hand, dass Zschäpe, Böhnhardt und Mundlos davon ausgingen, dass diese Geschichtsdeutung von den alliierten Siegermächten aufgezwungen sei. Ein früher Vertrauter des NSU-Trios sagte zur Urheberschaft des Anschlags auf die Wehrmachtsausstellung mit verschmitztem Lächeln: „Es ist klar, dass wir die politische Stoßrichtung der Wehrmachtsausstellung nicht guthießen. Hier liegt eine exzellente ideologische Begründung für den Anschlag auf dem Tisch." Beweise gibt es keine, aber ein ausgezeichnetes Motiv.

12.4 Ideologische Schnittmengen und Internationalisierung der Nationalisten

Bei den Recherchen zu diesem Buch zeichnete sich früh ein Problem ab, das mich als Autor nicht kalt ließ. Es ist mein Anliegen, alle politischen Ideologien (und seien sie vor dem Hintergrund der FDGO noch so sehr zu verurteilen) ohne Vorurteile rational zu rekonstruieren, um diese möglichst passend in Relation zu den Taten zu setzen. Diese Art der empirischen Relativbildung mag nicht unumstritten sein und hat bei meinen Büchern über die linksextremistische RAF z. T. für Kritik gesorgt, da mir vorgeworfen wurde, dass ich (im Windschatten der RAF-Ideologie) Verständnis für die Täter entwickeln würde. Es geht mir aber ausschließlich darum, durch die Theorie-Rekonstruktion einen Versuch zu unternehmen, sich in die Weltanschauung der Täter hineinzuversetzen. Dass ich extremistisch motivierte Gewalttaten jedweder Art verurteile, ist selbstverständlich.

War die Quellenlage bei der RAF befriedigend, da die RAF nicht nur jedes ihrer Attentate theoretisch umfangreich „rechtfertigte", sondern auch grundsätzliche Ideologie-, Strategie- und Taktikpapiere publizierte, so ist die Quellenlage beim NSU sehr dünn gesät. Dass die Ideologie beim NSU nachrangig zur Tat betrachtet wurde, ergibt sich bereits aus dem paradigmatischen Motto „Taten statt Worte".

So war es eines meiner dringendsten Anliegen, theoretische Ansätze zu finden, welche die Taten des NSU in eine Weltanschauung betten. Dafür war mir kein Weg zu weit und kein Gesprächspartner zu radikal. Doch zu meinem Erstaunen konnten mir Personen, die als die „Extremen" und „Häuptlinge" der rechten Szene gelten, nicht weiterhelfen. Bei der Frage nach Grundlagenliteratur und Literatur in Fanzines, welche den NSU-Ideologierahmen gebildet haben könnten, herrschte das sprichwörtliche Schweigen im Walde. So führte auch meine Korrespondenz mit Heise in eine Sackgasse. Es scheint, als ob es diesen theoretischen Rahmen gar nicht gäbe. Heise negierte auf meine Nachfrage den ideologisch-weltanschaulichen Gehalt von rechten „Szene-Blättchen" per Email: „Diese Magazine (meist in schlechter Qualität, drucktechnisch wie geistig) habe ich nur in wenigen Exemplaren sporadisch bekommen. Ich halte die ehr (sic!) für ‚Fanzines‘, die nur wenig, bis gar keine Weltanschauung vermittelt haben können ... ‚Grundlagenliteratur‘ möchte ich das ehr (sic!) nicht nennen."

Die Antwort, die auf den ersten Blick ehrlich erscheint, könnte dazu dienen, die dem Mainstream der Gesellschaft schwer vermittelbaren weltanschaulichen Inhalte der Fanzines zu immunisieren, indem behauptet wird, dass es sich hierbei mitnichten um Theorien handelt. Allerdings deckt sich Heises Behauptung mit meinen eigenen Erfahrungen. In der Tat werden z. T. auf geistig erschreckend schwachem Niveau Rechtfertigungen zum Aktionismus gegen Ausländer, politische Gegner usw. präsentiert, die im Gegensatz zur RAF-Ideologie nicht in der Lage sind, ein geschlossen-zusammenhängendes Theorieganzes abzubilden. Dies führte zu meiner Frage nach „Grundlagenliteratur". Heise fragte, wozu Grundlagenliteratur überhaupt nötig sei. Es scheint in der rechten Szene ganz allgemein die Ansicht zu herrschen, dass rechtsextremistisch-rassistische Taten keiner weiteren ideologischen Rechtfertigung bedürfen. Als eine Art „Grundlagenliteratur" nannte mir Heise schließlich „Die Grundlagen des neunzehnten Jahrhunderts" von Houston Stewart Chamberlain und „Der Mythus des 20. Jahrhunderts" von Alfred Rosenberg. Dass zumindest der Rosenberg-Titel für eine rechtsextremistische Weltanschauung wichtig ist, trifft zu. Aber das wäre in etwa so, als hätte die RAF ihre Taten ausschließlich mit Marx und Lenin gerechtfertigt. So bleibt an dieser Stelle festzuhalten, dass es in Sachen NSU ein großes Theoriedefizit gibt. Die weltanschaulich-ideologischen Gründe, weshalb es gerechtfertigt sein könnte, neun Menschen mit Migrationshintergrund hinzurichten, scheinen für die rechte Szene auf der Hand zu liegen und keiner expliziten Begründung zu bedürfen. Es bedarf nicht einmal einer neuen Interpretation der alten NS-Ideologien, da (aufgrund einer rassischen Überlegenheit) vom Unwert anderer Rassen und Völker ausgegangen wird. Dies besitzt für die Rechten den Status eines Naturgesetzes. Dazu passt, was mir ein rechter Kader mit NSU-Bezug im persönlichen Gespräch sagte: „Alle anderen haben Ideologien. Wir haben eine Weltanschauung, weil sie die einzige richtige ist. Denn sie basiert auf naturwissenschaftlichen Gesetzen."

Die Aussage war ernst gemeint. Wenn NS-Phrenologie und NS-Rassengesetze zur Naturwissenschaft erkoren werden, ist klar, dass sie keiner weiteren theoretischen Einbettung bedürfen.

Trotz der Theoriearmut muss an dieser Stelle versucht werden, Theorie- und Gedankeninterpretationen vorzunehmen. Nur so kann verstanden werden, was die geistigen Triebfedern für die Terrortaten des NSU waren. Welche ideologischen Vorbilder standen für den NSU Pate? Woher nahm der NSU die Inspiration für seine militärische Strategie? Anhand welcher Vorbilder legte er sein taktisches Agieren fest?

Um diese Fragen zu beantworten, bedarf es einer fundamentalen Feststellung. Während die Nationalsozialisten des Dritten Reichs von der Überlegenheit der arischen Rasse überzeugt waren, gehen moderne Nazis davon aus, dass es nun ums Überleben der weißen Rasse geht. Bei diesem Gedankengut handelt es sich um eine Ableitung aus dem nationalsozialistischen Theoriekonstrukt, das von arischen Brüdervölkern (wie den Engländern) sprach. Insofern überrascht es nicht, dass der NSU als Teil eines internationalen Netzwerks gesehen wird, das Verbindungen nach Großbritannien und in die USA aufweist. In diesem Zusammenhang ist ein Name stets präsent. Es handelt sich um den US-Amerikaner William Luther Pierce, der nach 1945 zum Protagonisten rassistischen Denkens wurde. Seine Forderung (welcher der NSU nachzukommen gedachte) lautete, dass sich weiße „Herrenmenschen" aller Nationen zusammenschließen müssen, um das Überleben der weißen Rasse zu gewährleisten. Einige Neonazis betonen dieses Argument im Zusammenhang mit der SS, denn es gab zahlreiche internationale SS-Einheiten, die für den Sieg der arischen Rasse und gegen den „Weltbolschewismus" kämpften.

Pierce erlangte für seinen Roman „The Turner Diaries" Ruhm, in dem er einen gewaltsamen Umsturz beschreibt, der durch rechte Terroranschläge ausgelöst wird. Der NSU und nachfolgende (heute die Demokratie bedrohenden) rechtsextremistischen Terrorbewegungen oder „einsame Wölfe" verfolgen diese Strategie. Danach soll Deutschland durch eine Reihe von Anschlägen in bürgerkriegsähnliche Zustände geführt werden. Allerdings ist diese Strategie im Zusammenhang mit dem NSU fraglich, da der NSU seine terroristischen Taten erst im Nachhinein als solche kennzeichnete. Insofern bestand die paradoxe Situation, dass die Anschläge in der Öffentlichkeit unter dem Label „Döner-Killer" usw. als Verbrechen der Ausländerkriminalität betrachtet wurden.

Die White Supremacy-Bewegung forderte auf der strategisch-taktischen und militärischen Ebene einen führerlosen Widerstand einzelner autonomer Zellen und „einsamer Wölfe". Diese Widerstandsvorstellungen fielen in Deutschland auf fruchtbaren Boden. Auch der NSU hat sich dieser Strategie bedient, denn es ist bis dato niemand bekannt, der den NSU anführte – von Theorien abgesehen, die behaupten, dass Zschäpe, Böhnhardt und Mundlos von Geheimdienstleuten „geführt" wurden. Ein Nebenklage-Anwalt

139

brachte dies meines Erachtens treffend auf den Punkt, als er behauptete, dass die Ungeheuerlichkeit der NSU-Morde darin zu sehen sei, dass sie ganz ohne verschwörungstheoretische Elemente in Deutschland passieren konnten.

Praktische Hinweise und Tipps zum führerlosen Widerstand und Terrorismus für „Jedermann" gab das der deutschen Blood and Honour-Sektion zugehörige Szene-Magazin in einer Ausgabe von 1996. Diese Vorstellungen wurden durch Hinweise der US-amerikanischen Terrorgruppe „The Order" ergänzt. Zudem gab es strategisch-taktische Hinweise für Terror-Kleinstgruppen im „Feldhandbuch" des Blood & Honour-Netzwerks.

Für den NSU bedeutet das, dass seine militärische Strategie im Gegensatz zur Theorie- und Ideologiebildung ausgefeilt war. Die Tatorte lagen weit auseinander und die Tatvorbereitungen kosteten vermutlich viel Zeit und Energie, was (wie beschrieben) teilweise Fragezeichen aufwirft und zudem eine Unterstützung des NSU voraussetzt. Zudem erschuf sich der NSU eine komplexe Infrastruktur: Waffen, Identitäten, Wohnungen, Fahrzeuge und so weiter. Im Gegensatz zu zahllosen spontanen rechtsextremistisch-rassistischen Taten (bei denen aus einer aggressiven Stimmung heraus mit Schlag- und/oder Stichwaffen das Töten von Andersartigen eher billigend in Kauf genommen als direkt intendiert wurde) ging es beim NSU um die Gestaltung einer Untergrundorganisation. Der NSU verstand sich als Elite, die kaltblütige Hinrichtungsarten benutzte. Der Unterschied liegt auf der Hand: Während bei spontan-impulsiven Taten rechtsextremistische Täter häufig geschnappt werden, ist dies beim NSU nicht der Fall gewesen.

Die Bombenattentate stellen eine Besonderheit beim militärischen Vorgehen des NSU dar. Zwar begann der NSU (insbesondere Böhnhardt) früh mit dem Experimentieren mit Sprengstoffen. Dennoch verliefen „frühe" Attentate in Nürnberg und Köln nicht wunschgemäß. Das bedeutet, dass sich der NSU im Umgang mit dieser Kampfform schwertat. Umso mehr überrascht es, dass das erste mögliche (aber nicht bewiesene) NSU-Bombenattentat gegen die „Wehrmachtsausstellung" reibungslos verlief. Dies legt den Verdacht nahe, dass der NSU professionelle Hilfe hatte, die dann in Nürnberg und Köln (I) wegbrach, weshalb diese Anschläge als Fehlversuche eingestuft werden, auch wenn die Tochter eines Lebensmittelhändlers schwere Verletzungen davontrug. Militärisch (im Sinne einer großen Explosion) hatte sich der NSU sicherlich mehr versprochen.

Es steht zu vermuten, dass der britische Rechtsterrorist David Copeland ein Vorbild für den NSU in Sachen Bombenattentate darstellte. Präziser: 1999 verübte Copeland in London drei Nagelbombenanschläge, die sich gegen Menschen mit Migrationshintergrund und gleichgeschlechtlich orientierte Menschen richteten. Diese Anschläge hatten sowohl physisch als auch psychologisch verheerende Auswirkungen. Die durch die Attentate adressierten Gruppen verstanden Copelands Botschaft, obwohl er kein Bekenntnis zu den Taten ablegte.

Die NSU-Taten richteten sich zunächst ausschließlich gegen Migranten. Das spricht dafür, dass die NSU-Taten aus rassistischen Motiven begangen wurden. Die Opferauswahl scheint beliebig. Es handelte sich um Männer, die beruflich in ihrer neuen Heimat integriert waren. Damit stand der NSU im Gegensatz zu großen Teilen des rechtsextremistischen „Fußvolks", das nach wie vor Asylanten angriff. Brennende Asylantenheime begleiten die deutsche Geschichte nach der Wiedervereinigung. Diesen roten Faden im braunen Umfeld haben Zschäpe, Böhnhardt und Mundlos nicht aufgenommen. Vielmehr wendete sich ihr Kampf gegen im deutschen Gesellschaftsleben etablierte ausländische Personen. Deshalb kann behauptet werden, dass der NSU das Selbstverständnis Deutschlands als politisch Verfolgten Asyl gewährende Nation angriff. Denn die Fremdarbeiter wurden nach dem Zweiten Weltkrieg von der deutschen Regierung angeworben, um Personalengpässe in der Produktion usw. zu überbrücken. Dies bildete (theoretisch-abstrakt vereinfacht) eine dialektische Gegenbewegung zur gestiegenen Akzeptanz von Zuwanderung, die sich in den späten 90er Jahren in Deutschland durchsetzte. Damit standen die späten 90er Jahre des 20. Jahrhunderts im Gegensatz zu den Jahren nach der Wiedervereinigung, als sich die Fremdenfeindlichkeit in breiten Teilen der Gesellschaft äußerte und die Politik das ihre dazu beitrug, dass das fremdenfeindliche Klima noch gesteigert wurde – allen ökonomischen Befürchtungen zum Trotz.

Insofern können es theoretische Überlegungen des NSU gewesen sein, die zu dem Versuch führten, den Kampf gegen das „Fremde" in Deutschland auf eine neue Stufe zu heben. Dieser sollte sich nicht nur gegen die offensichtlich ohnehin schwachen (in Lagern zusammengepferchten) Neuankömmlinge in Deutschland richten, sondern die bereits gesellschaftlich und ökonomisch integrierte Schicht von Migranten treffen, die sich in der Mitte der deutschen Gesellschaft angesiedelt hatte. Insofern verstand sich der NSU als revolutionär, da er als Speerspitze der nationalsozialistischen Revolution in Deutschland das Ausländer-Establishment und nicht ungeschützte Asylanten angriff. Deshalb ist auch die frühere Aussage zu relativieren, dass der NSU ausschließlich gegen „ganz unten" trat. Für den Vergleich mit der RAF trifft dies zwar zu, im Vergleich

zu braunen Kameraden, welche die noch schwächeren Asylantenheime angriffen, aber nicht.

Ideologisch-theoretisch stellt die rechtsextremistische Ausrichtung des NSU kein Novum dar. „Taten statt Worte" richtete sich
ursprünglich an die Kameraden innerhalb der Bewegung. Das Ziel
war es, Rechtsextreme, die lieber Party machten und große Reden
schwangen (anstatt aktiv zu werden), zum Handeln zu animieren.
Es ist bekanntlich eine Handschrift des rechtsextremistischen Terrorismus, dass er sich nicht zu den von ihm begangenen Taten bekennt, damit er nicht Gefahr läuft, den Ermittlern ins Netz zu gehen. Dennoch wollten Zschäpe, Böhnhardt und Mundlos es nicht
bei Taten alleine belassen, sondern Worte sollten schon folgen –
aber erst zu einem bestimmten Zeitpunkt. Ihnen war das Bekenntnis zu Taten wichtig, auch wenn dies erst nach dem NSU-Ende
erfolgen sollte. Zudem wurde das strategisch-taktische Vorgehen
durch Hinweise des britischen Combat 18-Buchs gebilligt, denn
hier wurde gefordert, bei Attentaten weder Spuren, Hinweise oder
Bekenntnisse zur Urheberschaft zu hinterlassen. Diese Vorgaben
hat der NSU lange erfüllt und damit die deutsche Polizei jahrelang
an der Nase herumgeführt.

Dennoch muss davon ausgegangen werden, dass es ein wichtiges Ziel des NSU war, seine politischen Botschaften der Nachwelt
zu hinterlassen, um dadurch den politischen Aktionen Sinn zu
verleihen. Ein Nebenklage-Anwalt des NSU-Prozesses erklärte mir
die Strategie der Terroristen, als ich nach Zschäpes Rolle fragte: „Es
kann sein, dass sich Zschäpe bei dem einen oder anderen Anschlag
in der Nähe des Geschehens aufhielt. Aber es ist gemäß BAW be-
wiesen, dass sie sich bei den meisten Anschlägen in der heimat-
lichen Wohnung aufhielt. Diese Arbeitsteilung hatte den Grund,

dass sie im Fall des Scheiterns oder Auffliegens des NSU den Auftrag hatte, die Bekenner-Videos zu verschicken. Es steht fest, dass die Drei folgendes vereinbart hatten: Die beiden Uwes bringen sich im Fall des Scheiterns einer ‚Mission' um. Zschäpe sollte dann die DVDs verschicken und sich danach auch selbst richten. Dazu war sie anscheinend nicht in der Lage. Auf jeden Fall ist es ihr aber gelungen, die Welt von der Existenz des NSU in Kenntnis zu setzen."

Die als Schlussakkord intendierte Selbstentlarvung der NSU-Terroristen sollte die migrantische Bevölkerung in Deutschland in Angst und Schrecken versetzen. Doch die Community verstand die Botschaft des NSU bereits vorher, wie die angesprochenen Demonstrationen zeigten. Nach der Selbstenttarnung des NSU erfuhr nicht nur der kleine Kreis der Opferfamilien von den rechtsextremistischen Terroristen, sondern alle in Deutschland lebenden Ausländer hatten die Botschaft klar und deutlich vernommen.

Die Selbstenttarnung vermittelte Botschaften auf verschiedenen Ebenen und an unterschiedliche Adressaten. Während der NSU-Taten war die Hoffnung, Schrecken unter den Migranten zu verbreiten und durch die einseitigen Ermittlungsmethoden der Behörden ein fremdenfeindlich-rassistisches Klima zu schaffen, das durch das „gefällige Agieren" einzelner Akteure der Polizei noch gesteigert wurde. Gesamtgesellschaftlich und an die deutschen Behörden gerichtet lautete die NSU-Botschaft, dass der NSU in der Lage war, das staatliche Gewaltmonopol zu unterlaufen. Diese Botschaften wurden ab 2011 erkannt. Die Systemkomponente (dass der bewaffnete Kampf der politischen Ordnung Deutschlands galt) wurde mit der Hinrichtung Kiesewetters offensichtlich.

Wird die Struktur des NSU betrachtet, so ist dies mit Vorsicht zu tun. Das offizielle BAW-Narrativ geht von einer Trio-Konstellation mit (ganz) wenigen Unterstützern aus. Denkbar wäre auch, Zschäpe nicht als vollwertiges NSU-Mitglied zu betrachten, aber dann hätte die juristische Konstruktion einer terroristischen Vereinigung (die nach § 129 a StGB mindestens drei Personen umfassen muss) nicht gegriffen. Der NSU als nicht terroristische Gruppe zweier Einzelpersonen hätte niemals den gewünschten medialen Abschreckungs- und Schockeffekt auf die Bevölkerung besessen. Ein NSU-Netzwerk mit vielen Unterstützern anzunehmen hätte hingegen zumindest verfahrensökonomisch katastrophale Auswirkungen für die BAW besessen und zudem Angst und Schrecken in der Bevölkerung vor manifesten rechtsextremistischen Strukturen und Gefahren gesteigert.

Juristisch entsprach die NSU-Kerntrio-Konstruktion den Merkmalen einer terroristischen Vereinigung. Es handelte sich um eine kleine, konspirative Gruppe, die begrenzten Kontakt mit der Außenwelt hatte, um eine Enttarnung zu vermeiden. Der NSU griff eine erklärte Feindgruppe (gesellschaftlich etablierte Migranten) an. Die direkte Konfrontation mit dem Staat wurde zunächst vermieden und fand erst durch das Attentat gegen die Polizisten in Heilbronn ihren Ausdruck. Dieses letzte NSU-Attentat besitzt somit eine Scharnierfunktion, denn dadurch wurde der Staat nicht nur Adressat der Terrorbotschaften, sondern er wurde (repräsentiert durch zwei Polizisten) auch direkt angegriffen. Dadurch stellte der NSU das staatliche Gewaltmonopol in Frage und ging zum offenen Angriff auf den Staat über. Fraglich ist, warum diese Ebene des Kampfs nicht fortgesetzt wurde. Zwischen dem Attentat in Heilbronn und der Selbstenttarnung des NSU liegen über vier Jahre. Deshalb ist die entscheidende Frage gerechtfertigt, wieso der NSU diesen Faden der neuen Kampfebene nicht weiterspann.

Verließ ihn der Mut? Waren Attentate gegen schutzlose Migranten „sicherer", als Angriffe auf Polizisten? Weigerte sich der NSU nach dem Angriff von Heilbronn, den Kampf auf eine „untere" Stufe zurückzuschrauben? Diese und weitere Fragen könnten vermutlich von Zschäpe und wenigen Menschen aus dem engeren NSU-Umfeld geklärt werden. Da bisher geschwiegen wurde und da niemand ein Interesse daran besitzt, diese Dinge wieder hochkochen zu lassen, steht zu vermuten, dass sie niemals beantwortet werden.

Die in Literatur über den NSU häufig anzutreffende Aussage, dass Worte, die in Liedern, Kleidungen und auf Demonstrationen hinsichtlich des Vernichtungswillens geäußert werden, beim Agieren des NSU auch in die Tat umgesetzt wurden, muss kritisch betrachtet werden. Denn hier findet meines Erachtens eine unzulässige Vermischung der politisch-radikalen und subkulturellen Ebene statt. Denn nicht jeder, der ein T-Shirt mit fremdenfeindlichen oder NS-verherrlichenden Parolen trägt, ist auch ein zur Tat schreitender politischer Aktivist. Hätte diese Ebene (der Taten vorbereitenden Worte) genügt, hätte es der NSU nicht für nötig erachtet, das NSU-Bekenner-Video zu erstellen.

12.5 Die NSU-Artikel (Mundlos)

Da der NSU in Sachen weltanschauliche Theoriebildung dürftig aufgestellt ist und die NSU-Bekenner-DVD ein niedriges intellektuelles Niveau aufweist, wird nun auf Schriften zurückgegriffen, die Mundlos (vor dem Untertauchen des Trios in den Untergrund) in Szene-Zeitschriften veröffentlicht haben soll (was beinahe als gesichert gilt). Die Artikel offerieren einen rudimentären Einblick in die theoretische Gedankenwelt der angehenden Terrororganisation NSU. Die Artikel wurden allerdings anonym publiziert, aber gewisse Indizien weisen auf eine Urheberschaft von Mundlos hin.

Einer der Artikel weist auf die Kluft hin, die in der rechtsextremistischen Bewegung steckte. Denn: „Wie viele Kameraden kennst Du, die nicht das Geld für Spenden und den Kampf haben, aber für Konzerte und den Suff?", fragte der Autor Mundlos und wollte damit auf die politische Selbstinszenierung von Akteuren, ohne politische Wirkungsentfaltung für die nationale Bewegung zu entfalten, hinweisen. Äußere Merkmale wie szenetypische Kleidung und dazu passendes Aussehen würden nicht reichen, zumal viele dieser Personen ohnehin nur das Ziel hätten, mit Kameraden um die Wette zu saufen und Schlägereien zu suchen. Diese politische Einstellung geißelte Mundlos als falsch und forderte stattdessen die straffe Organisation von Demonstrationen und Parteiarbeit. Der Text mit dem vielsagenden, aber schwammigen Titel „Gedanken zur Szene" stellt eine kritische Nabelschau der rechtsextremen Szene in Deutschland dar. Dass Mundlos seine Kameraden einerseits in die Pflicht zu nehmen versucht, andererseits aber (den eigenen) elitären Geist hervorhebt, liegt auf der Hand.

Mundlos machte sich in dem Aufsatz Gedanken über die strategisch-taktische Ausrichtung der rechten Szene, denn jeder solle „sich … im Klaren sein, dass mit Konzerten allein keine Schlacht zu gewinnen ist". Damit die politische Bewegung nicht in Bewegungsarmut versande, forderte er von den Kameraden die aktive Beteiligung am Kampf der Bewegung, um das damals in der Bundeshauptstadt Bonn ansässige politische Establishment in die Bredouille zu bringen.

In dieser Hinsicht offeriert der politische Essay Einblicke in die Gedankenwelt des „NSU-Gehirns" vor dem Gang in die Illegalität. Vielleicht hat Mundlos den Artikel als Vorwegnahme dessen geschrieben, was alsbald Realität werden sollte: Denn Zschäpe, Böhnhardt und er waren entschlossen, gemäß dem Motto „Taten statt Worte" zu agieren und sich von dem politisch nutzlosen Schaulaufen als Skinhead zu verabschieden. Dass Mundlos ein Fanzine zur Artikulation seiner Kritik an den Kameraden und der Präsentation seiner politischen Vorstellungen nutzte, war ein strategisch geschickter Schachzug, da diese Art von Fanzine in den 90er Jahren ein wichtiges Sprachrohr der rechtsextremistischen Kultur darstellte. Die Herausgeber (in welcher der Brief publiziert wurde) waren Kader der sächsischen Blood & Honour-Division. Erstaunlicherweise finden sich darunter auch zahlreiche V-Leute verschiedener Geheimdienste und Polizeiorgane: (Jan) Werner, Starke und Richter, die alle im NSU-Zusammenhang eine wichtige Rolle spielten und auch im Münchner Prozess als Zeugen geladen waren. Beinahe drängt sich hier der Eindruck auf, als ob das Fanzine insofern im Reagenzglas diverser Verfassungsschutzabteilungen entstanden sei – wie so vieles in der Causa NSU.

Nebenklage-Anwälte wie Alexander Hoffmann haben (so ist zu lesen) vor Gericht klargemacht, dass sie den Text als eine Art vorgeschobenes Bekennerschreiben betrachten. Dieser Gedanke ist schwer zu teilen, denn der Artikel kündigte weder konkrete politische Gewalttaten an, noch kann er als eine grundsätzliche Rechtfertigung zur Ausübung politischer Gewaltverbrechen gelesen werden. Aber Mundlos forderte tatsächlich mehr politischen Aktionismus der rechten Szene. Es ging ihm weniger darum, seine politische Gewandtheit unter Beweis zu stellen, als darum, andere aus ihrer Passivität wachzurütteln und zu einem Stück politischer Basisarbeit wie Demonstrationen etc. zu ermutigen.

Um ein gemeinsames Verständnis herzustellen, identifizierte der Autor einen Grundkonsens, der den Kitt der rechten Szene darstellt: „Das einzige was alle verbindet (sic!) ist die Liebe zu ihrem Volk und ihrem Land sowie der Wunsch nach einer besseren Zeit in Freiheit und Selbstbestimmung." Offensichtlich betonte Mundlos den Patriotismus und strebte zugleich (als eine Art des goldenen Zeitalters) ein Dasein für alle Nationalsozialisten an, in denen sie das politische Heft wieder in der Hand haben. Um dieses Ziel zu erreichen, sei ein Ringen mit dem verhassten politischen System unabdingbar. Mundlos konstatierte auch die Uneinigkeit über einschlägige Kampfformen: „Die Auffassungen über die Art und Weise des Kampfes gehen dabei weit auseinander." Erneut prangerte er Kameraden an, deren politischer Inhalt eine Entpolitisierung der rechten Szene bedeute, indem sie auf Spaß, Konzerte und Saufen aus seien. Um diesen gordischen Knoten zu lösen, machte Mundlos einen Vorschlag, der auf einem deutschen Sprichwort basiert: „‚Arbeit bleibt Arbeit und Schnaps bleibt Schnaps!' Leider muss man immer wieder feststellen, daß die Grenze, welche dazwischen liegt, von vielen nicht erkannt wird". Damit redete Mundlos einer strikten Trennung von politischer Arbeit und weltanschaulich inspirierten Freizeitvergnügungen das Wort. Zwar dienten letztere dem Gruppenzusammenhalt und der Stärkung der Ideologie, „doch sollte sich jeder im klaren sein, daß mit Konzerten alleine keine Schlacht zu gewinnen ist." Demnach handele es sich bei Konzerten lediglich um eine Motivation, den politischen Kampf aufzunehmen.

Dieser Mechanismus (so analysierte Mundlos) würde bei den meisten in der Szene nicht verfangen, denn: „Leider sieht es in der

Realität anders aus, denn viele Kameraden machen sich nicht den Kampf zum Lebensinhalt, sondern das Vergnügen." Damit redete Mundlos einem sich irgendwie ergänzenden Antagonismus von Vergnügen und Kampf das Wort, der durch die Zurückstellung des Vergnügens und das Hervorheben des Kampfs gelöst werden kann.

Mundlos stellte rhetorische Fragen, welche die Richtigkeit seiner Annahmen belegen sollten. Dadurch wies er auf den Egozentrismus von Kameraden hin, die Eigennutz über politische Ideale stellen. Mundlos nahm damit einen Aufschrei der Betroffenheit vorweg, den sein Artikel hervorrufen sollte und versicherte, dass er niemanden persönlich meine. Er appellierte, die nationalen politischen Parteien durch Arbeit zu unterstützen, auch wenn die politische Schnittmenge zur subkulturellen rechtsextremistischen Szene überschaubar sei. Dennoch hielt er es für besser, trotz aller Differenzen aktiv zu werden, anstatt in Lethargie zu verharren.

Im Folgenden sollen zwei weitere Artikel, die Mundlos zugeschrieben werden, analysiert werden. Einer der Artikel trägt den Namen „Die Farbe des Rassismus". Seine Argumentation ist hier eher theoretischer Natur. Er versuchte nachzuweisen, dass die weiße Rasse Opfer des Rassismus sei. Ebenso prangerte er an, dass nationale Bewegungen überall auf der Welt diskriminiert würden. Als empirische Beispiele führte er auf, wie weiße Farmer in Simbabwe von der „schwarzen Bevölkerung" drangsaliert würden. Im Gegensatz zum Rassismus durch Weiße würden von der internationalen Staatengemeinschaft keine Sanktionen beschlossen: „Die Gewaltwelle wird Simbabwe in weitere wirtschaftliche Abhängigkeit führen, denn das Land steht kurz vor der Tabakernte. Natürlich stört dies keineswegs die Regierung von Simbabwe, denn die Welt wird schon zu Hilfe eilen und siehe da, England überlegt schon über finanzielle Unterstützung … Simbabwes Rassismus wird aber mit Hilfe und Nichteinmischung letztlich belohnt." Mundlos bemühte sich, seine theoretische Behauptung empirisch zu unterfüttern. Das ist im Gegensatz zu platten Behauptungen von Vulgär-Nationalsozialisten ein entscheidendes Unterscheidungskriterium.

Dabei blieb Mundlos aber nicht stehen. Er zog auch das französische Lille heran, in dem es zu gewaltsamen Unruhen kam, als Polizisten einen jungen Mann mit Migrationshintergrund erschossen. Anstatt in den Unruhen einen triftigen Grund zu sehen, der sich mit seiner eigenen Erfahrungswelt deckt (da Mundlos als überzeugter Nationalsozialist zahlreichen Polizeischikanen ausgesetzt war) folgerte er aus der empirischen Relativbildung: „Solche Krawalle sind in Frankreich schon längst nichts neues, denn verstehen sich die Einwanderer mißverstanden gehen sie auf die Barrikaden, schließlich haben sie ja eine andere Mentalität und Kultur. Anpassung kennen sie nicht." (sic!) Damit überspannte Mundlos den Bogen, da er von einer Theorie zu einem belegten Beispiel und von diesem wieder zur Verallgemeinerung zurückkehrte. Das ist wissenschaftlich unzulänglich. Zudem wird die krass rassistische Tendenz offensichtlich, denn er konstatierte der nordafrikanischen „Rasse" die Unfähigkeit zur Assimilierung.

Sympathisierte Mundlos hier mit der ihm ansonsten verhassten Ordnungsmacht der (französischen) Polizei, so tat er dies auch beim Beispiel Los Angeles, wo Polizisten den Afroamerikaner Rodney Kind verprügelten. Der Initialpunkt der „Rassenunruhen" war der Rassismus von Polizisten, der seinerseits einen „farbigen Rassismus" hervorrief: „Im April 1992 erlebt Los Angeles die schwersten Rassenunruhen seit den sechziger Jahren. Sie brechen nach den Freisprüchen von 4 Polizisten aus, welche den Schwarzen, Rodney King, mißhandelt haben. Die Unruhen fordern 58 Tote und über 2300 Verletzte. Während der Unruhen werden Weiße wie Vieh gejagd." (sic!)

Damit verdrehte Mundlos die kausalen Ursächlichkeiten, da der Rassismus ursprünglich von der Polizei ausging. Im historischen Vergleich bemühte er Malcolm X von der Black Panther-Bewegung, dem er ebenso Rassismus vorwarf.

Im Anschluss zäumte Mundlos das Pferd von hinten auf, denn er zählte Beispiele auf, in denen sich die weiße Bevölkerung gegen andersfarbige Bevölkerungsteile wehrte (wie bei den pogromartigen Ausschreitungen von Hoyerswerda), was zum Rassismus-Vorwurf gegen Weiße führe. Deshalb sah Mundlos eine Asymmetrie hinsichtlich des „weißen" und „andersartigen" Rassismus, der zuungunsten und ungerechtfertigterweise gegen die weiße Bevölkerung erhoben werde. Insofern stellte Mundlos jegliche Rassismen auf ein und dieselbe Stufe und verlangte deren gleichwertige Beurteilung.

Dann benutzte Mundlos einen rhetorisch-argumentativen Kniff, der anhand statistischer Fakten die Ungleichheit der Rassismen (nämlich zuungunsten der weißen Rasse) belegen soll: „Während die weiße Bevölkerung weltweit immer mehr abnimmt (durch geförderte Multikultur und Mischehen), hat sie nicht das Recht, sich (sic!) öffentlich auf die Erhaltung ihrer Art aufmerksam zu machen". Die Hinweise auf das Verschwinden der weißen Rasse (die Mundlos durch wissenschaftliche Erkenntnisse bestätigt sah) erkannte er als ein Ziel der Herrschenden. Zugleich wies er darauf hin, dass er (durch den Hinweis auf diese Fakten) als Rassist gebrandmarkt werde. Soweit scheint die argumentative Behauptung nicht unschlüssig, und sie verweist auf ein gewisses intellektuelles Niveau des Verfassers. Offensichtlich wird die hinter der Argumentation stehende rechtsextremistische Gesinnung durch die biologistisch-deterministische Interpretation von Rassen und die Annahme, dass eine Rasse einen anderen Wert als andere Rassen besäße, offenbar. Es versteht sich, dass Mundlos von einer Überlegenheit der weißen Rasse ausging. Ordnungspolitisch ist der Begriff der Herrschenden interessant, denen Mundlos die Berechtigung zu herrschen abspricht. Er meinte damit die herrschende politische Klasse der BRD, die den eigentlichen Herrschern (den Vertretern der weißen Rasse, also den „weißen Herrenmenschen") repräsentiert werden, diametral entgegensteht.

Später kam er in seinem Artikel indirekt auf die Herrschenden zurück, die der Erhaltung der weißen Rasse entgegenstehen würden: „Natürlich gibt es noch eine Gruppe, welche Multikultur und Vermischung fordert, dies aber von der eigenen Gruppe fernhält. Ich nenn diese Gruppe nicht, um nicht rassistisch zu sein. Sie kennt ja sowieso jeder."

Damit identifizierte Mundlos Juden als Teil der Herrschenden – auch in Deutschland. Er machte zwar die relativierende Einschränkung, dass es sein könne, dass die Juden nicht die offiziellen Herrscher Deutschlands sind – sie würden aber die Geschicke des Landes zuungunsten der weißen, deutschen Bevölkerung lenken. Dies ist nach wie vor Bestandteil einer rechtsextremistischen Weltsicht, die davon ausgeht, dass es eine zionistische Weltverschwörung gibt. Diese theoretischen Überlegungen korrelieren mit Mundlos politischer Arbeit vor dem Untertauchen, z. B. als er mit Böhnhardt eine Puppe mit einem gelben Judenstern von einer Autobahnbrücke herunter aufhängte.

Da Juden von Mundlos als Initiatoren des demografischen Aussterbens der Deutschen identifiziert sind, wandte er sich den Gruppen zu, die für den konkreten Vorgang des Aussterbens der weißen

Rasse verantwortlich sind: „Wenn man ein aufmerksamer Beobachter ist, erkennt man sehr schnell, daß überall wo sich Ausländer niederlassen, es nicht lange dauert, bis sie ihre Kultur und Religion ausbreiten. Später kommen Familienangehörige nach und langsam sind sie in der Überzahl." Das theoretische Gedankengut wird mit metaphorischen Begriffen wie „Volkstod" oder „Umvolkung" beschrieben. Offenbar bleibt das Kerngedankengut identisch und hat sich seit Mundlos Zeilen kaum weiterentwickelt. Die hinter dieser Gedankenfigur zu erkennende Angst liegt auf der Hand: Es ist die Furcht der „Biodeutschen", den Status der Mehrheit und der Privilegien Genießenden an eine andere Bevölkerungsgruppe (die neu hinzu gereist kam) abtreten zu müssen. Diese Verlustängste führen zum feindlichen Verhalten, das gegenüber den Neuen an den Tag gelegt wird.

Dass dieses Verhalten eben nicht (wie von den Herrschenden und den Migranten behauptet) Rassismus, sondern „Notwehr" sei, schien für Mundlos auf der Hand zu liegen. Dabei endete der Gedankengang nicht, denn so entzog der Autor jedem „Rassismus-Vorwurf" jegliche Berechtigung, da er als instrumentell angewandter Begriff verwendet wurde, um den Prozess der Auslöschung der Deutschen politisch zu rechtfertigen.

Scheinbar gelang es Mundlos, das Verhalten von Migranten in Deutschland zu diskreditieren, indem er darauf verwies, wie sich deutsche Migranten im Ausland zu benehmen hätten: „Wandert der Weiße aus, hat er sich anzupassen und muss auf Rechte, Pflichten Bräuche und Sitten seines Wirtes achten." Auch hier schlug er eine höhere Volte, wenn er behauptet, dass die Migranten eine ökonomisch motivierte Einwanderung nach Deutschland betrieben, anstatt im eigenen Land für ein prosperierendes Land zu sorgen. In Deutschland würde sich so ein Bild der migrantischen

Mitbestimmung und kulturellen Vielfalt ergeben. Dies mündet in der rhetorischen Frage, ob die Farbe des Rassismus weiß sei, wodurch Mundlos inhaltlich-argumentativ an den Ausgangspunkt des Essays anknüpfte. Auf seine vorige Argumentation gestützt gestattete Mundlos dem Leser zu schlussfolgern, dass Rassismus als anti-weiße Begriffs- und Kampfformel benutzt wird.

Aus dieser von Mundlos identifizierten politischen Schieflage entwickelte sich ein Szenario, das nicht nur eine ungerechte Behandlung der Deutschen impliziert, sondern die national gesinnten Kräfte sind einer konkreten Gefahr ausgesetzt. Linksextremisten würden gefährliche Anschläge auf national gesinnte Bürger unternehmen. Diese aber, so Mundlos, würden im öffentlichen Bewusstsein nicht wahrgenommen, da sie von den Medien totgeschwiegen würden. Im Gegensatz dazu folgerte er, dass ein Anschlag von nationalen Kräften auf Ausländer in den Medien überpräsent vertreten wäre und dass dann die Moralkeule gegen weißen Rassismus geschwungen werden würde.

Dadurch entsteht ein Ungleichgewicht und eine ungleiche Wertung, die (gemäß Mundlos) System hat und für welche die Politik verantwortlich ist. Zugleich bedauerte der Autor, dass es von nationaler Seite keine gebündelte Gegenwehr gegen diese asymmetrischen Gesellschaftszustände gebe, denn wahrhaftigem Terror hätten die Rechten nichts entgegenzusetzen: „Wissen diese Schreiberlinge denn überhaupt was Terrorismus ist? Ausübung von Terror, Gewaltherrschaft, wo aber bitte ist dies auf der Nationalen Seite Anwendbar? Überhaupt nicht." (sic!)

Es folgen Beispiele, die Mundlos für wahren Terror hielt: RAF, ETA und IRA lesen sich vorzüglich zur Bestätigung seiner Aussage. Auch die linken Autonomen würden durch Anschläge gegen Dinge und Infrastrukturen Terror ausüben, die Nationalen hingegen nicht: „Von den Meisten Anschlägen liest man höchsten mal was im Verfassungsschutzbericht." (sic!) Damit verstärkte er den Eindruck, dass es auf rechter Seite keine terrorähnlichen Aktivitäten gebe, dass aber die linken Anschläge bestenfalls in Berichten der Geheimdienstbehörden auftauchen.

Die Gewalttätigkeiten, in die Rechtsextremisten verwickelt sind, reduzieren sich im Wesentlichen auf Schlägereien „zwischen deutschen Jugendlichen und Ausländern der Bevölkerung". Dies würde der Bevölkerung „als eine neue Art von rechten Terror verkauft … Jedem, der nur einigermaßen sein Gehirn benutzt, soweit es nicht mit der ewigen Schuld verbarrikadiert ist, fällt dies auch auf, aber die große Mehrheit schweigt dazu." (sic!)

Damit bezog sich der Autor auf die (auf dem deutschen Volk lastende) Kriegsschuld, die durch die alliierte politische Umerziehung in den Gehirnen der Deutschen Einzug erhalten habe. Die Gemengelage verleitete ihn dazu, die nationalen Kräfte als Opfer zu deklarieren: „In einer Zeit der massiven Hetze gegen alles was sich zur Nationalen Sache zugehörig fühlt, wird es nie Lichterketten, für Opfer von Ausländergewalt geben und Opfer gibt es ständig, nach Überfällen, Vergewaltigungen oder purer Langeweile von irgendwelchen Streetgangs. Als nationaler Mensch ist man zum Freiwild geworden, dem man versucht seinen Lebensraum immer weiter einzugrenzen." (sic!)

Damit setzte der Autor Angriffe gegen Asylantenheime (Lichterketten) und nationale Opfer ausländischer Gewalt auf eine Stufe. Das Perfide an dieser Argumentation ist, dass demnach lediglich die Opfer der rechtsextremistischen Gewalt (also die Fremden) Schutz erhalten und die nationalen Gewalttäter verfolgt werden.

Diese Behauptung stützte er argumentativ ab: „Versammlungs-verbote, Keine Meinungsfreiheit, Selbstschutzverbot, Musikverbot …, Konten werden von den Banken gekündigt, vor Gericht ist man schon von vornherein schuldig, usw." (sic!)

Diese justizielle und exekutive Voreingenommenheit und Un-gleichheit würden dem systemischen Charakter des politischen Systems der BRD widersprechen. Insofern versuchte er argumenta-tiv-rhetorisch den vermeintlichen systemischen Ungerechtigkeiten gegen nationale Personen argumentativ zu belegen. Zu guter Letzt bemühte er sich um empirische Relative: „Wie kann es sein, daß ein nationaler Bürger ein Gewaltopfer wird? Das gibt es nicht, jeden-falls wird es so dargestellt und läßt sich so eine Meldung nicht ver-hindern, dann wurde die Person eben zum Täter, wo sich das Opfer nur verteidigen mußte. So einfach ist es in der heutigen Zeit, viele Täter gingen da schon straffrei aus (z. B. Mord an Rainer Sonntag), während Opfer noch verurteilt wurden." (sic!)

Damit redete Mundlos von einem Sieg des demokratischen Diskurses und einer damit verquickten systemischen Ungerech-tigkeit gegen nationale Bürger. Mundlos nahm zwei Kampfebenen des NSU vorweg, die sich gegen Bürger mit Migrationshintergrund und gegen den Staat (der diese parteiisch unterstütze) richtete.

Die mutmaßlich von Mundlos verfassten Artikel in „White Sup-remacy" signalisierten zusätzlich, dass er es wohl war, der als ideo-logisches Gehirn des NSU betrachtet werden kann. Dadurch, dass er Ungerechtigkeiten gegen und Asymmetrien zuungunsten der na-tionalen Kräfte an der demokratischen Systemrationalität festmach-te, gab er sich den Anschein, das System argumentativ mit seinen eigenen Mitteln zu schlagen. Zugleich wird offensichtlich, dass sein Feindbild die Fremden sind und dass sein verbales Handeln vom

Rassenhass geprägt war. Rassenkämpfe werden zur sinnstiftenden Metapher, welche die Logik rechten Denkens und Handelns bestimmen. Dass es dem NSU durch seine Morde gelang, seinen Rassismus durch Ermittlungsbehörden ein zweites Mal gegen die Opfer zu wenden, zeigt, wie durchdacht und strukturiert diese Morde waren. Dafür hatte Mundlos in seinen Artikeln die geistige Nahrung geliefert. Das in der Literatur über den NSU leider meistens anzutreffende Narrativ von zwei völlig irren Killern, die wahllos durch die Gegend fuhren und Ausländer abknallten, kann somit in die Schublade einer zu einfachen (und nach vorgefertigten Denkmustern verlaufenden) Rationalität geschoben werden.

12.6 Das NSU-Bekenner-Video

So problematisch die Quellenlage in Sachen Selbstzeugnissen, Erklärungen, Bekennerbriefen, Ideologie-, Strategie- und Taktikerläuterungen beim NSU ist – dennoch finden sich wenige Spuren, die helfen, das NSU-Selbstverständnis zu skizzieren. War bei der Rekonstruktion der Mundlos zugeschriebenen Briefe gegebenenfalls problematisch, dass diese vor dem Gang in die Illegalität geschrieben wurden und deshalb nicht im Nachhinein als echte (dem NSU-Selbstverständnis zugeschriebene) Selbstartikulation bewertet werden dürfen, so löst sich dieses Vorher- und Nachher-Problem bei der Analyse des NSU-Bekenner-Videos. Hier muss davon ausgegangen werden (die Authentizität des Videos vorausgesetzt), dass der NSU das Video benutzte, um politische Kernbotschaften zu transportieren. Zunächst bleibt die Frage, ob das NSU-Bekenner-Video echt ist. Daran gab es wiederholt Zweifel.

Ein hochrangiger Neonazi hegte im persönlichen Gespräch keinen Zweifel an der Authentizität des Videos, obwohl er davon ausgeht, dass die von Böhnhardt und Mundlos begangenen Morde Auftragsmorde für die OK waren – ein Gegensatz, der (ihm gemäß) durchaus mit rationaler Logik aufgelöst werden kann: „Die Bekenner-DVD ist authentisch, da Mundlos, der ein sehr heller Kopf war, vor der Nachwelt nicht als einfacher krimineller Killer dastehen wollte. Deshalb hat er nach den ersten Morden einen Weg gesucht, diesen einen politisch-weltanschaulichen Sinn zu verleihen. Das dürfte ihm durch das Paulchen Panther-Video gelungen sein."

Der NSU trifft meines Erachtens im Video ideologische, weltanschauliche, militärische, strategische und taktische Aussagen. Diese Aussagen sind vermutlich zunächst an die eigenen Unterstützer gerichtet. Jede Botschaft (so eine unbestrittene wissenschaftliche, anthropologisch-linguistische Grundeinsicht) beinhaltet eine sinnvoll zu entschlüsselnde Interpretation.

Es wäre verfehlt anzunehmen, dass der NSU das Video nur für die eigene Anhängerschaft angefertigt hat. Vielmehr richtete sich die DVD an mindestens vier Adressaten:

1. Die Opfer der NSU-Taten, da diese inhaltlich neben der Ideologievermittlung den meisten Raum im Video einnehmen. Insofern sind die Toten doppelte Zielscheiben des NSU, denn zuerst wurden sie Opfer der entsprechenden NSU-Handlungen und dann auch ideologisch-verbale Zielscheiben des zynischen Bekenner-Videos.

2. Das gesellschaftspolitische System Deutschlands – insbesondere deren politisch-administrative Funktionsträger. Ebenso ist an die (im Video einen prominenten Stellenwert besitzende) Polizei zu denken, die mehrfach verhöhnt wird. So zeigt die als offizielle

Version geltende Version des Videos, dass der NSU die Ordnungsmacht Polizei als Feindbild auserkor, da (im Nachrichtenausschnitt
über ein NSU-Attentat) ein Polizist von der Trickfigur Paulchen
Panther mit einer Schusswaffe bedroht wird, was sich schließlich
bei Kiesewetter und Arnold bestätigte, sodass der NSU einmal
mehr sein Motto „Taten statt Worte" umsetzte.

3. Die deutsche Bevölkerung ohne Migrationshintergrund. Das
Bekenner-Video ist (wie die hierfür benutzte Kinder-Zeichentrick-
film-Serie) so aufgebaut, dass er seine einfachen Botschaften in
Reimform transportiert. Diese richten sich auch an die deutsche
Bevölkerung, denn hier wollte der NSU zweifellos einen Denkpro-
zess anstoßen und im Idealfall eine durch den Reflexionsprozess
einsetzende Einstellungsänderung und Sympathie für die Ziele des
NSU hervorrufen.

4. Die politischen Erzfeinde des NSU, denn im Film wird auch auf
die RAF Bezug genommen, was sich an der Cartoon-Figur zeigt,
die nach der Entblößung des Oberkörpers das RAF-Emblem auf
dem Bauch trägt. Hierdurch könnte das politisch-revolutionäre
Selbstverständnis des NSU abgebildet sein, oder aber es handelt
sich um eine kurze Referenz, die den NSU aufwerten sollte (indem
er sich auf eine Stufe mit der RAF stellte).

Nachdem Zschäpe die Wohnung in Zwickau angeblich zur
Vernichtung von Beweisen in Brand steckte und dabei Explosio-
nen hervorrief, wurden von den Ermittlern im Schutt der NSU-
Wohnung über 35 DVDs gefunden. Die Inhalte der DVDs waren
brisant, da sich hierauf ein 15-minütiger Film fand, in dem sich
der NSU zu den begangenen Anschlägen bekannte. Hier sei die
Frage erlaubt: Welchen Sinn machte es, die Wohnung zur Spuren-
beseitigung in Brand zu stecken, zugleich aber Bekenner-DVDs

zu verschicken? Ohne dieses Selbstbekenntnis wäre der NSU schließlich nie als rechtsextremistische Organisation bekannt geworden.

So dürftig der DVD-Inhalt sein mag, umso höher ist anzuerkennen, dass es sich bei dem Film um eine neue Form terroristischer Bekenner-Videos handelt. Hantierte die RAF mit Worten, so setzt sich dies bei linksextremistischen Organisationen bis heute fort. Dies mag in einer Welt, die durch Digitalisierung geprägt ist, unzeitgemäß erscheinen. Dass der NSU das Medium Film zum Transport seiner weltanschaulichen Botschaften benutzte, ist insofern modern.

Sicherlich hat der NSU sich hierbei (so paradox das klingen mag) von islamistischen Terrororganisationen inspirieren lassen. Spätestens seit der Hochzeit von Osama bin Laden und Al-Qaida ist es im islamistischen Lager durchaus Gang und Gäbe, religiöse Bekenntnisse zu Terrortaten per Film in die Welt zu tragen. Ursprünglich standen Funktionsträger Al-Qaidas im Mittelpunkt, die (martialisch mit Kalaschnikows posierend) vernichtende Botschaften für ihre Gegner formulierten. Das wurde später durch filmische Treuebekenntnisse von Attentätern zum Kalifat des Islamischen Staats (IS) ergänzt. In diesen Filmen bekannte sich der angehende Attentäter zum Kalifen und der IS-Ideologie. Dieser Schritt war unabdingbar, damit der IS das Attentat für sich reklamieren konnte. In einem weiteren Schritt entwickelte der IS religiös-ideologische Videos, in denen Bilder von Attentätern und Attentaten mit moderner Musik und Propagandabotschaften kombiniert wurden. Allerdings war der IS zur Zeit des NSU noch nicht existent – Al-Qaida kann hingegen durchaus als Inspirationsquelle identifiziert werden. Die Modernisierung von terroristischen Bekenner-Botschaften schockierte die Welt, da brutale Bilder in den Äther geschickt wurden, die in der Lage waren, Angst und Schrecken zu verbreiten.

Trotz der ständigen Evolution moderner terroristischer Tatbekenntnisse gelang es dem NSU, hier anzuknüpfen, innovative Neuakzentuierungen zu setzen und das Ganze weiterzuentwickeln. Der NSU war in der Lage eine Unterart von Bekenner-Videos zu kreieren und etwas zu erschaffen, was es bisher so noch nicht gab. Der Innovationsgehalt des NSU-Videos liegt nicht darin, dass Nachrichten über NSU-Taten oder von den Tätern an den Tatorten selbst geschossene Bilder integriert wurden. Es sind weder Authentizität noch die Grausamkeit der Bilder, welche die NSU-DVD einzigartig machen, da die IS-Filme über Verbrennungen, Schächtungen und Ertränkungen oder Al-Qaida-Aufnahmen von Selbstmordattentaten genauso schlimm oder sogar noch schrecklicher sind, als die Fotos von tödlich getroffenen NSU-Opfern. Vielmehr liegt die Neuakzentuierung des NSU-Videos darin, dass eine bekannte Zeichentrickfigur durch das Video führt. Dabei findet nicht nur die Zeichentrickfigur Verwendung, sondern die Bilder werden von der Original-Filmmusik begleitet. Das Narrativ der NSU-DVD ist an die Erzählweise der Original-Paulchen-Panther-Filme angelegt. Ein Erzähler aus dem Off spricht in einfachen Reimversen den Text zu den Bildern.

Unter Ermittlern, Analysten und Kennern des Videos herrscht weitgehend Einigkeit, dass der Film mit hohem technischen Sachverstand und immensem zeitlichen Aufwand hergestellt wurde. Das Erstellungsdatum wird auf die Zeitspanne zwischen 2006 und 2008 datiert, was aus diversen Vorläuferversionen zu erschließen war, die auf einer externen Festplatte in den Ruinenresten der Zwickauer Wohnung gefunden wurden. Alle Filmdateien hießen „Ali", was eine herabsetzende Pauschalisierung der Opfer bedeutet. Bei den in München mitangeklagten Eminger und Gerlach wurden undatierte Dateien von Paulchen Panther gefunden, was auf ihre Beteiligung an der Herstellung des Films schließen lässt. Zudem fanden Ermittler handschriftliche Notizen bezüglich der Filmsequenzfolge, die Böhnhardt und Mundlos zugeschrieben werden. Und Zschäpes Fingerabdrücke wurden auf Zeitungsartikeln über NSU-Verbrechen gefunden. Die Belastbarkeit von Zschäpes Fingerabdrücken auf Zeitungsartikeln hinsichtlich einer Tatbeteiligung oder Mitwirkung am Film sieht ein Opferanwalt kritisch: „Dass Frau Zschäpe die Zeitungsartikel in der Hand gehabt hat, ist kein zwingendes Indiz dafür, dass sie an etwas beteiligt war. Klar liegt die Vermutung nahe, aber es kann auch sein, dass die Artikel in der Zwickauer Wohnung herumlagen und von ihr an einen anderen Platz geräumt wurden."

Zschäpes Verteidiger Stahl sieht keine Anzeichen dafür, dass seiner Mandantin eine vollwertige Gleichberechtigung innerhalb des sogenannten NSU-Trios zugesprochen werden kann. Nach dem Verständnis der BAW reiche es aber aus, dass sie in die Tötungsdelikte eingeweiht gewesen sein soll.

Der NSU hielt etwa 50 Exemplare der DVD versandbereit. Dies spricht für den Willen der Gruppe, nach ihrem Auffliegen die Welt von ihrer Existenz in Kenntnis zu setzen, was durch die Versendung an 15 Adressaten nach dem 4. November 2011 auch geschah. Zschäpe räumte den Versand der DVDs ein, aber es fanden sich lediglich auf zwei Exemplaren ihre Fingerabdrücke. Mysteriös bleibt, dass ein unfrankiertes Exemplar in Nürnberg eingeworfen wurde. Nicht nur im Zwickauer NSU-Domizil wurden

Versionen des Films sichergestellt, sondern auch im ausgebrannten Wohnmobil. Die Filmversionen, drei USB-Sticks und sechs
DVDs wurden dort erst am 1. Dezember 2011 gefunden, was für
Verschwörungstheoretiker Anlass für umfangreiche Spekulationen bietet. Prominente Vertreter der Nebenklage gehen nach Tat-
ortbesichtigungen davon aus, dass sich die Uwes im Camper selbst
töteten. Ein anonymer Hinweisgeber, der aus dem Umkreis der
deutschen Sicherheitsbehörden stammt, schrieb mir hingegen:
„Ich gehe sogar so weit, dass ich der Meinung bin, dass sie evtl.
NICHT im Wohnmobil den Tod fanden. Ich habe Bilder des Tat-
ortes, die sprechen Bände."

Es geht hier nicht darum, die „eine Wahrheit" zu präsentieren,
aber darauf aufmerksam zu machen, dass die Interpretation ein
und desselben Tatorts durch zwei kriminalistisch geschulte Personen zu diametralen Einschätzungen führen kann.

Auf einem der Datenträger fand sich eine Liste mit 88 Namen
und Adressen. Ob die Anzahl der Namen zufällig ist, oder ob es
sich dabei um eine bewusste Zahl zur Abkürzung von „Heil Hitler" handelt (da H der 8. Buchstabe im Alphabet ist und diese Zahl
von Neonazis zur Umschreibung des Hitlergrußes benutzt wird)
ist nicht klar. Offensichtlicher ist, dass etliche Personen als NSU-
Ziele gelten dürften, da darunter zwei Bundestagsabgeordnete und
Repräsentanten türkischer und islamischer Organisationen waren.
Ergänzt wurde dies durch Adressen auf einem anderen Stick. In
Kombination mit dem Video liegt der Verdacht nahe, dass es sich
um NSU-Ziele handelte.

Dass sich die Arbeiten am Paulchen Panther-Film jahrelang
hinzogen, belegen Festplattenfunde in der NSU-Wohnung in
Zwickau. Hier fanden sich Versionen des Videos, die bereits 2001

erstellt wurden. Wie erinnerlich war der NSU zu dieser Zeit aktiv und hatte (je nach genauem Erstellungsdatum) bereits zwischen zwei und vier Menschen erschossen. In einem der Videos vom März 2001 wird die Ermordung Şimşeks (dem ersten NSU-Opfer) thematisiert. Darauf findet sich Musik der rechtsradikalen Band „Noie Werte". An einer programmatische Stelle eines der Lieder heißt es: „Alle, die sich unsere Feinde nennen, die werden wir ewig hassen, und kämpfen werden wir gegen sie, bis sie unser Land verlassen." Damit stellte der NSU den „Wert" seiner Arbeit heraus, denn durch die Morde (so die Interpretation des Musikstücks durch die NSU-Protagonisten) könnten Menschen mit Migrationshintergrund durch den Kampf des NSU dazu gezwungen werden, Deutschland zu verlassen.

Eine andere Version des Videos vom Oktober 2001 bezieht die Morde an Özüdoğru, Taşköprü und Kılıç ein. Bei einer weiteren Variante werden 14 umrandete Felder gezeigt, von denen fünf ausgefüllt sind – mit den Daten der bis dahin geschehenen vier Morde und dem ersten Kölner Bombenattentat.

Politisch-weltanschauliche Analyse der Paulchen Panther-Filme

Das wenige vorhandene NSU-Material benötigt eine eingehende Analyse, um das Selbstverständnis der Terroristen zu rekonstruieren. Hier wird auf die filmisch-künstlerische Interpretation des NSU-Films eingegangen, damit idealerweise Rückschlüsse auf die im Film transportierten Botschaften möglich sind.

Die Bewertung der Cartoon-Vorlage im Sinne einer weltanschaulichen Parallelität zu den Vorstellungen des NSU fällt widersprüchlich aus. Einerseits gibt es im Nationalsozialismus die Tradition, dass auf moderne Propagandainstrumente zurückgegriffen wird. Der Propagandaminister des Dritten Reichs, Joseph Goebbels, war ebenso wie Adolf Hitler ein glühender Vertreter des Einsatzes moderner Medien, um die deutsche Bevölkerung weltanschaulich zu beeinflussen. Hierfür verwendete er das damals moderne Medium Film ebenso wie den Rundfunk und ansatzweise sogar das Fernsehen. Hierin finden sich Entsprechungen zwischen NSU und den geistesgeschichtlichen Vorläufern. Ideologisch problematisch ist aber andererseits an dem Paulchen-Panther-Film, dass dieser aus den USA stammt.

Um was für ein Format handelt es sich bei der Trickfilmserie Pink Panther, dass Neonazis sie instrumentalisierten, um damit ihr Bekenner-Video zu gestalten? „Der rosarote Panther" ist 1963 unter der Regie von Blake Edwards in die Kinos gekommen und war eine Kriminalkomödie, der weitere Pink Panther-Filme folgten. Hieraus entwickelte sich die gleichnamige Zeichentrickserie, die 1969 in den USA startete. Dabei wurde auf für den Kinofilm produzierte Cartoons zurückgegriffen. Für das Kino wurden Pink Panther-Cartoons gefertigt, die als Überleitung zwischen Filmen fungierten, was sich als unrentabel herausstellte.

In Deutschland wurde die Serie erstmals 1973 im ZDF unter dem Titel „Der rosarote Panther – zu Gast bei Paulchens Trickverwandten" ausgestrahlt. Die in Deutschland benutzte Verkleinerungsform des Protagonisten-Vornamens sollte dem Zeichentrickformat entsprechen. Für die deutsche Ausstrahlung wurde der Film durch gereimte Kommentare aus dem Off ergänzt. Diese Feststellung ist im NSU-Kontext von Bedeutung. Die (Kinder) Verse stellen eine deutsche Spezifizierung der US-amerikanischen Vorlage dar und wurden hierzulande zum Markenzeichen der Serie.

Der NSU wählte zwar eine US-Trickfilm-Vorlage für sein Bekenner-Video, entschied sich aber bewusst für dessen deutsche Spezifizierung. Im Zeichentrick- und im NSU-Film erweitern die Reimkommentare das Gesehene und transportieren zentrale Informationen. Die Reime entwickeln im NSU-Video die Rahmenhandlung und nehmen lokale Einordnungen vor, was aus dem Bildmaterial alleine nicht zu leisten gewesen wäre. Zudem leiten im NSU-Video die Verse Situationen ineinander über und kommentieren Ausschnitte, die sonst absurd anmuten würden.

Wie in der deutschen Pink Panther-Version bemüht das NSU-Bekenner-Video plastische Vergleiche in Reimform. Auch wichtig ist beim NSU-Film das von Fred Strittmatter komponierte Lied „Wer hat an der Uhr gedreht?". Ich würde behaupten, dass die Musik im NSU-Video eine wichtige Bedeutung besitzt, da es offensichtlich ist, dass große Mühe darauf verwendet wurde, dass die Musik vom Takt her dem Bildmaterial entspricht. In der kulturwissenschaftlich inspirierten Literaturwissenschaft würde man in einem solchen Fall eine Form-Inhalt-Entsprechung feststellen.

Am Ende des NSU-Videos taucht der inzwischen bekannte Spruch „Heute ist nicht alle Tage; ich komme wieder, keine Frage" auf. Dies ist in seiner Wichtigkeit kaum zu überschätzen, zumal der Spruch bei Rechtsextremisten weit verbreitet ist. Der Spruch verweist meines Wissens auf die für die Rechten nicht zufriedenstellenden politischen Verhältnisse, impliziert aber das Versprechen, dass der Tag X der Machtübernahme kommen wird.

Die Figur Paulchen soll nicht nur für die Nationalsozialisten werben, sondern in erster Linie für Verständnis sorgen. Hierfür ist die Reimform gut geeignet. In Kombination mit der fröhlichen

Musik fällt es dem Zuschauer schwer, den todernsten Inhalt des Videos für bare Münze zu nehmen. Für die Morde und Bombenanschläge gegen Menschen mit Migrationshintergrund findet der Sprecher im Off lustige und beinahe einleuchtende Erklärungen auf Kinderniveau. Es bedarf eines „erwachsenen Blicks", um die Perfidität des Bekenner-Videos zu entlarven.

Der „offizielle" Paulchen-Panther-Film

Im Folgenden wird auf die „offizielle" (über 15 Minuten lange) Version des NSU-Bekenner-Videos Bezug genommen.

Die Besonderheit des Films liegt darin, dass er eine neue Art des terroristischen Bekenner-Videos darstellt. Als Vorspann wird eine schwarze Tafel mit der Erklärung eingeblendet: „Der Nationalsozialistische Untergrund ist ein Netzwerk von Kameraden mit dem Grundsatz „Taten statt Worte". Solange sich keine grundlegenden Änderungen in der Politik, Presse, Polizei und Meinungsfreiheit vollziehen, werden die Aktivitäten weitergeführt."

Der Name Nationalsozialistischer Untergrund bedarf der Erklärung. Nach dem zweiten Weltkrieg wurde die Nationalsozialistische Partei Deutschlands (NSDAP) verboten. Es gab Versuche, sie unter einem neuen Label oder als Aufbauorganisation (AO) ins Leben zu rufen. Nationalsozialistischer Untergrund ist an die NSDAP angelehnt. Damit schreibt sich der NSU das Werwolf-Konzept von Himmler und Goebbels auf die Fahnen, wonach nach Kriegsende im besetzten Deutschland Untergrundeinheiten durch Sabotageakte, Zerstörung der Infrastruktur und Angriffe auf die Besatzer tätig werden sollten. Da jede Form des Nationalsozialismus unter Strafe steht, wird der verbotene Namen im Untergrund geführt und die Straftaten des NSU wurden aus dem Untergrund heraus verübt. Auf jeden Fall wollten Zschäpe, Böhnhardt und Mundlos durch die Namensgebung klar machen, in wessen Tradition sie sich sehen (was ihnen durchaus gelungen ist).

Beispielhaft springt die Aussage von einem Netzwerk von Kameraden ins Auge, was die BAW-Konstruktion der Trio-These erneut kräftig ins Wanken bringt – es sei denn, dass der NSU nicht wusste, was die wissenschaftliche Definition eines Netzwerks ist oder dass sie stärker erscheinen wollten, als sie tatsächlich waren. Wird der Begriff Netzwerk ernst und wissenschaftlich genommen, würde die BAW-Trio-These in sich zusammenkrachen wie ein Kartenhaus. Im Zuge meiner Recherchen habe ich mit Menschen unterschiedlichster politischer Richtungen gesprochen – von ganz links über die Mitte bis ganz rechts. Bezeichnenderweise glaubte keiner davon an die Trio-These. Alle sind sich sicher, dass mehr Personal hinter dem NSU-Konstrukt steckte, was mit der nachgewiesenen Unterstützung durch Kameraden wie Eminger, Wohlleben und andere begründet wurde.

Nach der Klärung des Wer auf der schwarzen Tafel zu Beginn des Bekenner-Videos wird das Anliegen des NSU in Form einer Negierung angekündigt, was an frühere RAF-Erklärungen erinnert, in denen immer geschrieben wurde, was überhaupt nicht geht, aber nie, wie sich die RAF eine positive Füllung des Negierten vorstellt. Beim NSU richtete sich die Negierung gegen das Bestehende: Politik, Presse, Polizei und Meinungsfreiheit. Damit negierte der NSU die Grundpfeiler und Werte der FDGO. Das politische System, die Meinungsfreiheit sowie die Exekutive wurden verneint und sollten beseitigt werden. Damit wollte der NSU – analog den Intentionen der RAF – das gesellschaftspolitische System Deutschlands zum Einsturz bringen.

Sollten keine Änderungen zum Tragen kommen, werden (so die Drohung) die Aktivitäten weitergeführt. Zu diesem Zeitpunkt kann der Betrachter des Films nicht wissen, wovon genau die Rede ist. Die Auflösung ist dem Fortgang des Films vorbehalten, denn hier wird klar, dass kaltblütige Exekutionen von Migranten und Bombenattentate auf Migrantenviertel gemeint sind.

Danach wird eine Zwischensequenz eingeblendet, die das stilisierte NSU-Logo, umrahmt von vier Paulchen Panther-Köpfen, zeigt. Das Logo ist im Sinne eines Branding beabsichtigt – hier dürfte der NSU von der RAF gelernt haben, deren Logo inzwischen weltberühmt ist. Das N, das S und das U gehen in geschwungenen Bögen und in rosafarbener Schrift ineinander über. Die stilisierten Buchstaben ähneln dem SA-Logo. Das Rosa des Schriftzugs und der Panther-Köpfe kontrastiert mit dem schwarzen Hintergrund. Anschließend wird in den Film übergeblendet. Nimmt man Hinweise ernst, wonach in Eisenach ein dritter Mann im NSU-Camper gewesen sein soll, machen die vier Paulchen Panther-Köpfe Sinn. Dann hätte der NSU-Kern aus vier Personen bestanden: Zschäpe, Böhnhardt, Mundlos und einem unbekannten Vierten. Ob derjenige der Mörder von Böhnhardt und Mundlos gewesen sein könnte, bleibt vorläufig dem Reich der Verschwörungstheorien überlassen, ebenso wie die Frage, ob es sich dabei um eine Person aus dem Umkreis der „Dienste" handelte.

Viele Interpretationen des Films sind meines Erachtens viel zu pauschal. So ist zu lesen, dass der Film weder konkrete Forderungen noch ideologische Rechtfertigungen enthalte. Dies trifft nicht zu, wie ich darlegen werde.

Nach dem beschriebenen Einblenden der politischen Forderungen des NSU und dem NSU-Logo mit Panther-Köpfen, wird im Hintergrund das bedrohliche Röhren eines Löwen deutlich, der an dasjenige des MGM-Löwen erinnert.

Die Zeichentrickfigur Paulchen läuft in deprimierter Haltung durch die Straßen, während der Kommentator aus dem Off die Szene kommentiert, dass Paulchen arbeitslos ist und sich fragt, was er tun solle. Dieses Setting könnte beinahe als autobiografische Aussage des NSU-Trios zu werten sein, da Zschäpe, Böhnhardt und Mundlos sich schwertaten, im Erwerbsleben dauerhaft Fuß zu fassen. Die ungünstige Situation wird durch die Einblendung eines weißen Schilds aufgelöst, auf dem in schwarzen und roten Buchstaben steht: „Steh zu deinem Volk – Steh zu deinem Land – Unterstütz den NSU". Bereits die Farbgebung des Schilds besitzt Symbolkraft, da die verwendeten Farben der Reichskriegsflagge des Kaiserreichs entsprechen, die von Neonazis bei Demonstrationen usw. verwendet wird. Die Aussage ist rechtsnational, denn zu Volk und Vaterland zu stehen, wird gefordert. Nur die Aufforderung zum NSU zu stehen, ist verwirrend, da der Betrachter des Videos über den NSU bisher ausschließlich weiß, dass es sich um ein Netzwerk von Kameraden handelt, das seine Taten weiter begehen wird, bis grundlegende Änderungen in der Gesellschaft eingetreten sind.

Der Kommentator erwähnt, dass das Schild neu ist, was auf die Existenz des NSU bezogen werden kann, da Zschäpe, Böhnhardt und Mundlos wussten, dass der NSU erst nach dem Scheitern ihrer Mission der Bevölkerung bekannt gemacht werden würde. Der Text aus dem Off verkündet, dass ein Soldat für die Forderungen wirbt. Dies ist als beispielhafte Aussage über das Selbstverständnis des NSU zu lesen. Es dürfte kaum ein Zweifel daran bestehen, dass das Trio ihre in der Nachfolge der NSDAP und SA stehende Organisation als soldatischen Zusammenschluss verstanden hat, der Krieg führt, was durch Waffeneinsatz, Tote und Verletzte bestätigt wird. Panther erkennt laut Kommentator die Richtigkeit der Aussage, wobei die musikalische Untermalung dieser Stelle von der Pink Panther-Melodie zu einer militärischen Trompeten-Fanfare wechselt. Die Begründung mutet wenig ideologisch an, denn Panther denkt, warum er keine Soldatenpflicht verrichten soll, wo er ohnehin nichts zu tun hat. Allerdings wird die Entideologisierung relativiert, da Panther vom Kommentator die Worte „Bürgerpflicht verrichten" in den Mund gelegt werden.

In der nächsten Szene wechselt die Fanfare zur Pink Panther-Melodie und Paulchen ist nachts mit Spaten unterwegs. Dabei werden über ihm zwei Denkblasen eingeblendet, die das NSU-Motto in Großbuchstaben variieren: „Keine Worte, sondern Taten". Damit wird im Film der aktionistische Charakter des NSU hervorgehoben. Kurz darauf folgt die zweite Blase mit: „NSU – Was sonst!". Damit könnte der Führungsanspruch der Gruppe in der rechtsextremistischen Szene untermauert werden.

Damit der Zuschauer nicht auf den Gedanken kommt, dass viel behauptet (was nicht gehalten) wird, erfolgt eine weitere Gedankenblase: „Das Bömbchen". Die folgenden Zeichentrickfilm-Sequenzen beschreiben in quasi-humoristischer Manier, wie Paulchen seine Vorsätze in Taten ummünzt.

Die Entstehung des Bömbchens erfolgt auf Umwegen. Denn Paulchen erkennt laut Kommentator, dass in der Nachbarschaft etwas nicht stimmt und er nimmt sich vor einer „Kriegserklärung" vor, das auf andere Art zu lösen. Doch der Alternativweg ist nicht friedlich, denn Paulchen gräbt unter einem Lebensmittelladen ein Loch, wobei dies in der üblichen Reimform kommentiert wird: „Nun geht es nicht mit Muskelkraft, mal sehen, ob es Dynamite schafft." Damit dürfte der NSU seinen rechtsextremistischen Kameraden eine Botschaft ins Stammbuch geschrieben haben. Denn anscheinend klappt der Befriedungsversuch nicht durch Muskeln – wie es viele Neonazis versuchen, indem sie Ausländer mit Fäusten und Baseballschlägern und anderen Kleinwaffen angreifen. Der NSU besitzt ein elitäres Selbstverständnis, da er zu „professionellen" Waffen wie Dynamit greift. Während Paul ein Loch neben dem Lebensmittelladen gräbt, ist ein Schild zu sehen: „Nationalist bei der Arbeit". Dies kann als Aufforderung an die Kameraden des NSU zu lesen sein, dass sie dem Vorbild folgen sollen. Der Erfolg wird sichtbar, denn Paulchen befindet sich schließlich im Lebensmittelladen. Dann ertönt eine Detonation und der Lebensmittelladen explodiert. Selbstironisierend fällt Paulchen nach der Explosion ein Gullideckel auf den Kopf, was auf einen möglichen Eigen-Kollateralschaden bei NSU-Aktionen hinweisen oder ein Gag des benutzten Rohmaterials gewesen sein könnte.

Danach wechselt der Zeichentrickfilm in reale TV-Aufnahmen, welche die Verwüstung der Bombe im Kölner Laden beim ersten dortigen Sprengstoffanschlag zeigen. Dabei mischen sich die Aufnahmen mit Zeichentrickfilm-Elementen, da Paulchen seine Arme in die realen Bilder mit einem Schild hineinstreckt, auf dem „Das kleine Bömbchen" steht. Der erneute Schwenk auf den realen Lebensmittelladen wird mit Untertitel-Kommentaren (wie sie auf Nachrichtensendern gängig sind) kommentiert: „Opfer liegt im künstlichen Koma". Der NSU möchte damit die Wirksamkeit seiner Taten glorifizieren. Am oberen Bildrand wird ein Zeichentrick-Krankenwagen eingeblendet, der zeigen soll, wie das Opfer ins Krankenhaus transportiert wurde. Als in den Nachrichtenberichten ein Polizist am Tatort erscheint, kommt von der linken

Seite Paulchens rechter Arm mit einem Revolver ins Bild, der auf den Kopf des Polizisten zielt, abdrückt und schießt. Ob damit bereits die Tat von Heilbronn angedeutet werden soll, mag vorerst dahingestellt bleiben. Es ist offensichtlich, dass der NSU die Polizei zum Feind erklärt – neben dem Opfer des Bombenanschlags. Interessant ist, dass es keine Hinweise gibt, dass das Opfer einen Migrationshintergrund besitzt, wobei die Einsicht durch das Schild „Nationalist bei der Arbeit" relativiert wird, da es zum Selbstverständnis der Nationalisten gehört, Ausländer zu bekämpfen. Die diese Sequenz beschließende Szene zeigt Paulchen, wie er aus sicherer Entfernung die Detonation des Bömbchens verfolgt. Dies kann als Hinweis des NSU verstanden werden, dass er bei Taten in Tatortnähe blieb, um das Ergebnis seiner Aktionen zu begutachten.

Danach folgt eine neue Einstellung, in dem Paulchen (begleitet von der Titelmusik) durch die Stadt läuft und in einem Modemagazin liest. Dabei tritt er versehentlich auf einen Faden. Am Faden wird wie von Geisterhand gezogen, wodurch Paulchen hinfliegt und ohnmächtig wird. Danach nimmt Paulchen das Fadenende auf und verfolgt es – um mehrere Hausecken herum. Dann erst wird ersichtlich, wo der Faden hinführt. Dort steht ein muskulöser Mann mit weißem T-Shirt, der mit einer braunen Schiebermütze und einer blauen Hose bekleidet ist. Als Paulchen die Figur beinahe erreicht hat, kommentiert die Stimme aus dem Off: „Ein jammervolles Dasein fristet der Eckensteher Knoll, er darf nicht an der Ecke stehen, er ist zu scheußlich anzusehen, nur ausnahmsweise wenn's gewittert, drum wirkt der Mann auch so verbittert". Als Paulchen weiter an dem weißen Faden zieht, beginnt sich das T-Shirt von Knoll aufzulösen, bis auf seinem Bauch das RAF-Logo (Stern, Kalaschnikow und Akronym) sichtbar wird. Weiter der

Reimtext: „Nun bringt ihn Paul noch um sein Hemd und Knoll ist zusätzlich verklemmt".

Die Interpretation dieses Ausschnitts bereitet aufgrund der Vieldeutigkeit Probleme. Der Beginn kann so verstanden werden, dass beim NSU Interesse an der RAF bestand, das sich aber (aufgrund der vorgeschobenen Hässlichkeit der Theorielastigkeit bei den Linken) verflüchtigte. Dass Knoll als Ecksteher bezeichnet wird, der nur bei Gewitter raus darf, könnte als metaphorische Umschreibung auf Anschlagplanungen und Attentatsdurchführungen der RAF gedeutet werden: Da die RAF abgeschottet in der Illegalität lebte, so die mögliche Interpretation des NSU, kommt sie nur bei Anschlägen, wofür die Metapher Gewitter benutzt wird, ans Tageslicht. Deutlich tritt hier zugleich die Rivalität zwischen NSU und RAF, wie auch die revolutionäre Verbundenheit im Geiste zutage. Der NSU obsiegt, denn Paulchen raubt Knoll das Hemd. Diese Anspielungen zeigen, dass der NSU die RAF als Referenz sah. Dies wird in der humorvoll-zynischen Paulchen Panther-Manier als Konkurrenzsituation dargestellt, wobei der NSU wohl gewinnt. Womöglich sollte angedeutet werden, dass es Kontakte zwischen RAF und NSU gab. Jedenfalls geht meines Erachtens aus dem Film hervor, dass der NSU den innerdeutschen Terroristenwettstreit aus seiner Sicht als Sieger verlässt. Allerdings sollte beachtet werden, dass es die RAF zum Zeitpunkt der Erstellung des Videos mindestens seit drei Jahren nicht mehr gab. Es sind Phasen in den Biografien der NSU-Mitglieder bekannt, in denen sie sich intensiv mit der RAF auseinandersetzten. Wieso die RAF-Szene ausgerechnet an dieser Stelle eingeflochten wurde und welche Bedeutung sie für das NSU-Trio besaß, kann nicht beurteilt werden, da der Film zu wenig Interpretationsmöglichkeiten hergibt.

In der nächsten Szene spielt der weiße Faden weiter eine Rolle, denn Paulchen folgt ihm. Dafür muss er bei einem Haus auf den Kamin steigen, wobei der Faden durch den Kamin ins Innere des Hauses führt. Durch ein Missgeschick wird Paulchen durch den Kamin nach unten gezogen und landet über dem offenen Kaminfeuer im Haus. Der Faden symbolisiert vermutlich, dies könnte durch die RAF-Szene deutlich geworden sein, die Suche Paulchens nach dem „richtigen" Terrorismus respektive dem tieferen Sinn des Lebens. Tatsächlich leitet die Szene unvermittelt in die nächste über, wobei Paulchen ein Schild mit der Deutschlandkarte präsentiert. Hierauf sind NSU-Tatorte zu sehen: München, Nürnberg, Kassel, Dortmund, Hamburg und Rostock. Die auf den Tatorten abgebildeten Sterne geben Aufschluss über die Anzahl der bereits begangenen NSU-Attentate. Da es sich um neun Sterne handelt und Kassel als Tatort verzeichnet ist, muss das Video nach dem Mord an Yozgat angefertigt worden sein.

Anschließend kommt Paulchen zu einer Stellwand, wobei er eine neue Tafel darauf stellt, nachdem er die alte entsorgt hat. Darauf ist ein Foto des Blumenhändlers Şimşek. Über der Deutschlandkarte prangt der Schriftzug „NSU Deutschlandtour" und über der Landkarte Deutschlands wird ein Zeitungsausschnitt eingeblendet, auf dem „Blumenhändler starb" zu lesen ist. Nach demselben Schema werden acht Opfer mit Migrationshintergrund in einem ähnlichen Arrangement im selben Setting gezeigt. Dadurch zeigen die Macher des Videos ihre Überlegenheit gegenüber den Opfern und verhöhnen sie, nachdem sie sie kaltblütig erschossen haben. Es ging den Machern des NSU-Videos darum, den NSU und seine Taten selbstherrlich zu feiern.

Tatsächlich ist die zehnte Karte, die Paulchen präsentiert, auf den NSU bezogen und sieht von Anspielungen auf die NSU-Opfer ab. Paulchen steht vielleicht ein wenig verlegen vor der weißen Karte mit rosafarbenen NSU-Sternchen. Auf dem Plakat finden sich drei Sterne, was vermutlich volle „Sternepunktzahl" (also das zu erreichende Optimum) darstellt oder aber auch ein Verweis auf die Kern-Mitgliederzahl des NSU sein könnte. Ebenso in rosa Schrift ist auf dem Plakat zu lesen: „Aktion Sternchen für den NSU". Erstaunlicherweise ist unter den Pfoten von Panther ein Stern, dieser ist aber grün. Ist dies ein Hinweis auf einen vierten NSU-Beteiligten? Signalisiert die grüne Farbe, dass er eine andere weltanschauliche Prägung hatte und gegebenenfalls bei den Geheimdiensten zu suchen ist?

Der grüne Stern entwickelt überraschend vor der Original-Titelmusik ein Eigenleben und bewegt sich zur Überraschung von Paulchen in Richtung Karte. Dort hüpft der grüne Stern auf das Plakat und klammert sich an dem U aus NSU fest. Zu erwähnen ist, dass der NSU-Schriftzug auf dem weißen Plakat nicht in der gewohnten SA-Manier stilisiert ist und dass die Buchstaben nicht ineinander übergehen. Dies lässt sich aus der Logik der Zeichentrickfilm-Sequenz heraus rechtfertigen, da das neu hinzugekommene Sternchen das U als Schaukel nimmt und im Takt der Musik zu wippen anfängt. Während des Schaukelns wechselt das Sternchen die Farbe. Aus Grün wird Rosa. Was könnte dadurch symbolisiert werden? Nimmt man die drei Sternchen als NSU-Mitglieder Zschäpe, Böhnhardt und Mundlos, dann könnte die Szene bedeuten, dass sich jemand anschließt. Deshalb der räumliche Wechsel des Sternchens weg von Paulchen hin auf das Plakat und der damit verbundene farbliche Wechsel. Im Prinzip wird (die Richtigkeit dieser Interpretation vorausgesetzt) aufgezeigt, dass sich ein neues NSU-Mitglied in ein gemachtes Bett legt. Andere Interpretationsmöglichkeiten sind denkbar, aber die Zahl der drei rosafarbenen Sternchen auf dem Schild mit der aussagekräftigen Überschrift „Aktion Sternchen für den NSU" und das vierte hinzukommende Sternchen legen eine solche Sicht der Dinge nahe. Die Zahlensymbolik liegt auf der Hand. Nach dem Mord an Yozgat oder der Bluttat von Heilbronn könnte der NSU bemüht gewesen sein, seinen Terrorkader zu erweitern. Vielleicht macht so eine Neubewertung des Mordes und versuchten Mordes an Polizisten in Heilbronn Sinn, denn es liegt im Bereich des Möglichen, dass dieser Mord eine Mutprobe für das neue NSU-Mitglied gewesen sein könnte. Dann bliebe die berechtigte Frage, wer die dritte Person in Heilbronn war und wieso sie nicht von den Ermittlungsbehörden identifiziert wurde. Aber gerade beim Mord von Heilbronn ist darauf hingewiesen worden, dass mehr als zwei Tatbeteiligte in Tatortnähe beobachtet wurden.

Insgesamt soll die Szene der NSU-Deutschlandtour die Ermittlungsbehörden lächerlich machen. Dies zeigt sich an der Einstellung von Şimşek, da hier der Sprecher aus dem Off wie folgt kommentiert: „Sherlock Holmes ist überhaupt ein Dreck dagegen – Geheimagent Paulchen Panther". Erst danach entblößt Paulchen (wie zur Bestätigung des Gesagten) die weiteren Mordtaten, was symbolisch so zu verstehen ist, dass er über das Wissen bezüglich der Česká-Mordserie verfügt, während die Ermittlungsbehörden im Dunklen tappen. Insofern dient die Sequenz neben der Verhöhnung der Opfer der Verächtlichmachung der deutschen Ermittlungsbehörden. Geheimagent Paulchen verfügt über umfängliches Wissen, das die Mordserie auf einen Schlag lösen kann.

Diese Interpretationsweise wirft aber Fragen auf. Wenn Zschäpe, Böhnhardt und Mundlos durch die drei Sterne und ein potenzieller Neuzugang durch einen weiteren Stern abgebildet sind, dann stellt sich die Frage nach der Bedeutung von Paulchen selbst. Dass dieser als Geheimagent bezeichnet wird, könnte einen unweigerlich in Richtung eines geheimdienstinitiierten oder geheimdienstinfiltrierten NSU zu denken geben. Solche Szenarien werden aber von Leitmedien und staatlich alimentierten „Terrorismus-Experten" in Bausch und Bogen als Verschwörungstheorien abgeschmettert, obwohl selbst für unbedarfte Analysten die Geheimdienstbeteiligung an der Causa NSU offensichtlich sein dürfte. Als Stichworte dürften V-Mann-Beteiligungen, Anwesenheit eines Agenten an einem der Tatorte (der lange als Mordverdächtiger behandelt wurde) sowie massive Aktenvernichtungsaktionen in deutschen Geheimdiensten ausreichen. An dieser Stelle wird keine Verschwörungstheorie bemüht, sondern auf eine Interpretationsmöglichkeit des NSU-Bekenner-Videos hingewiesen. Der erstaunte Blick von Paulchen, als sich der grüne Stern verselbstständigt und quasi Mitglied des NSU durch die Inbesitznahme des Us wird, kann auch so ausgelegt werden, dass der NSU zwar vom Geheimdienstmitarbeiter geführt wurde, sich in Sachen Personalrekrutierung und gegebenenfalls auch weiterer Vorgehensweise verselbstständigt hat und somit der Geheimdienstkontrolle entglitt.

Ein kräftiger Tusch, der zugleich Spannungsabfall und neuen Spannungsaufbau bedeutet, leitet in die nächste Szene über.

Paulchen befindet sich zu Hause. Dort macht Paulchen es sich im Ledersessel bequem und schaltet (mit Chips und Saft „gewappnet") den Fernseher ein. Der Kommentator bringt die thematische Medien-Dimension ins Spiel: „Und wie ein jeder weiß, gehört zum richtigen Rasten, das abendliche Hocken vor dem Flimmerkasten. Und ab und zu lohnt sich das Hocken schon, denn ab und zu kommt wirklich ne Information."

Hierdurch übt der Kommentator unverhohlen Kritik an deutschen Medien. Ihnen wird unterstellt, dass sie ausschließlich staatskonforme Informationen an die deutsche Bevölkerung verlautbaren. Diese Unterstellungen korrespondieren mit der in rechten Kreisen gängigen Vorstellung, dass die Medien einen entscheidenden Beitrag zur Unterdrückung des Volks leisten. Neudeutsch würde von System- oder Mainstream-Medien gesprochen oder im angelehnten Goebbels-Zitat von Lügenpresse (den meisten Deutschen ist nicht bekannt, dass der heute in rechtspopulistischen Kreisen verwendete Begriff vom ehemaligen Reichspropagandaminister stammt). Nachdem politische Gegner (RAF), Opfer der Rechten (ermordete Migranten) und die Ermittlungsbehörden Ziel des satirisch-zynischen Spotts waren, kommen jetzt also die Medien an die Reihe.

Die erwähnte Information bezieht sich auf die NSU-Morde, da im Folgenden Original-TV-Mitschnitte über NSU-Verbrechen eingeblendet werden. Die Mitschnitte (überwiegend aus Nachrichtensendungen) werden mit einer bass- und schlagzeuglastigen Version der Pink Panther-Melodie unterlegt, die Dynamik vermittelt. Spätestens mit der Einblendung von TV- und Zeitungsberichten über den 9. NSU-Mord wird die Titelmelodie durch schussähnliche Geräusche ergänzt, was die musikalische Dynamisierung potenziert und dem Video einen gefährlich-subversiven Touch verleiht. Hier verabschieden sich die Macher vom überwiegend zynisch-sarkastischen Erzählmodus.

Die Machart ist professionell, sodass der Eindruck entsteht, einer „echten" TV-Dokumentation beizuwohnen. Als ein Ausschnitt aus der „Bildzeitung" mit Phantombildern der vermeintlichen Verursacher des Kölner Nagelbombenattentats eingeblendet wird, erfolgt ein ungewöhnlich schnell vorgetragener Kommentar: „Der Bursche da, ein berüchtigter Bombenleger, wird steckbrieflich gesucht, da könnten Sie sich Lorbeeren verdienen, wenn Sie der Polizei das neueste Foto von ihm liefern würden". Trotz des schnellen Erzählens und der dynamischen Musik sitzt Paulchen abgespannt vor dem Fernseher – seine Augen sind rot geädert, vermutlich vom TV-Konsum. Gründe für die Ermattung werden ersichtlich, denn auf dem Fußboden stehen Alkoholika und Knabberkram wie Chips und Popcorn. Dadurch könnte der NSU (sollte Paulchen als Pars pro Toto für den deutschen Fernsehzuschauer stehen) Kritik am Medienkonsumverhalten der Deutschen üben. Sie sehen TV, das sinnlos ist und nebenbei trinken und essen sie Dinge, die weder der Klarheit des Geistes noch der Ertüchtigung des Körpers dienen. Insofern ist das Bild vom „erschlagen-matten" Panther schlüssig.

Dann kündigt der Kommentator eine neue Ära an, wobei zur Bestätigung des Gesagten ein mehrmaliges Klacken zu vernehmen ist, das die neue Nachricht akustisch ankündigt: „Ah, sie haben bereits einen neuen Plan, neulich hatte er auch gar nichts anderes von ihnen erwartet."

Der NSU thematisiert das Ergebnis der neun Migrantenmorde. Im Hintergrund ist Paulchens Wohnzimmer inklusive TV in der Bildmitte zu sehen. Im Fernsehen laufen Bilder aus Nachrichtensendungen: Aufnahmen von den von Opferangehörigen organisierten Demonstrationen mit dem Slogan „Kein 10. Opfer". Der Kommentar meint, dass kurz vor Mitternacht, Paulchen feststellt, dass im Fernehen nur noch „Mist" läuft. Bei dem Wort Mist hat die Kamera eine Opferangehörige fokussiert, die trauernd auf das Bild ihres (vom NSU liquidierten) Mannes schaut. Damit disqualifiziert der NSU seine Opfer und bezeichnet sie als Mist, mit dem eine Beschäftigung via Fernsehen nicht lohnt. Der Kommentar weiter: „Jedoch zum Glück erinnert er sich daran, dass man das Ding ja abstellen kann. Er ist so müde, lassen wir ihn gehen den Braven, nach überstandenem Fernsehen ist gut schlafen." Danach schleicht der gezeichnete Panther vom Fernsehsessel hinter einen Sichtschutz, wo er sich für die Nacht ankleidet. Im Pyjama geht er ins Bett, wo er liegend, aber mit offenen Augen, gezeigt wird. Mit bedrohlicher Musik wird Paulchen wach im Bett gezeigt. Verzweifelt versucht er die Augenlieder zu schließen.

Als Paulchen endlich Schlaf gefunden hat, beginnt er zu träumen, was durch Denk- und Gedankenblasen verdeutlicht wird. Der Inhalt des Traums ist Şimşek, das erste Mordopfer des NSU, wobei sich Trickfilm-Sequenzen mit realen Aufnahmen mischen. Paulchen sieht vor einem Zaun das Porträt des Toten und blickt darüber, wo er als reale Bilder den Wagen des Blumenhändlers sieht. Nun steigert sich die Musik durch Trommelwirbel. Dabei werden TV-Ausschnitte in Schwarzweiß gezeigt, in denen zwei Männer aus einer dunklen Limousine aussteigen. Die Musik wechselt unvermittelt in eine Melodie über, die einer Romanze entspringen könnte. Die reale Filmszene ist so geschnitten, dass es so wirkt, als ob die beiden Männer sich Şimşek nähern, der durch einen ihm ähnlich sehenden Schauspieler in Großaufnahme symbolisiert wird. Da erscheint Paulchen in der Realfilmsequenz als Trickfilmfigur und setzt sich Ohrenschützer auf. Der Sinn wird sofort klar, da die Montage zeigt, wie beide Männer Schüsse in den Laderaum von Şimşeks Transporter feuern. Die die Szene begleitenden Verse lauten, Şimşek habe nichts zu melden und „der sieht nach allem aus, nur nicht nach einem Helden." Wieder eine Großaufnahme des Schauspielers, der für Şimşek steht, woraufhin die Schüsse fallen. Paulchen setzt zufrieden die Kopfhörer ab: „Das scheint das Ei des Columbus zu sein, dem Paul fällt zum Glück doch immer was ein." Danach wechselt die Musik zurück zur Panther-Titelmelodie und die Täter flüchten mit dem Auto.

Die Traumsequenz geht weiter. Polizisten erscheinen am Tatort und einer von ihnen öffnet die Tür von Şimşeks Transporter. Danach erscheint eine von Böhnhardt und Mundlos angefertigte Fotografie, die den im Sterben liegenden Şimşek zeigt. Hierbei ist die Panther-Melodie als musikalische Untermalung federführend. Die Aufnahme, die den durch Schüsse verletzten Şimşek zeigt, ist mit dem Untertitel „Original" versehen. Damit eignet sich der NSU die Interpretationshoheit bezüglich seiner Morde an. Denn bei den Filmszenen davor handelt es sich wahrscheinlich um Ausschnitte aus einer „Aktenzeichen XY"-Sendung, in der der Fall von Şimşek gezeigt wurde. Der NSU möchte dadurch deutlich machen, dass die Darstellung des Mords in dieser Sendung falsch ist und der NSU alleine im Besitz der Wahrheit über den Şimşek-Mord ist.

Die Macher des NSU-Bekenner-Videos spielten bewusst mit mehreren Traum-, realen und Bewusstseinsebenen. So ist der Kommentar zu verstehen, der sich auf die Traumsequenz des den Ermordeten entdeckenden Polizisten bezieht: „Und dass da schon zwei Polizisten stehen, kann auch mit rechten Dingen nicht zugehen." Diese Aussage ist vor dem Hintergrund der Traumsequenz und der Vermischung von Real-, Nachrichten- und Zeichentrick-Anteilen ganz verschieden interpretierbar. Die Ermordung Şimşeks ist nicht anzweifelbar. Dass aber in Paulchens Traum die Polizei nach begangener Tat am Tatort ist, scheint dem Kommentator fragwürdig und könnte auf die Möglichkeit einer staatlichen Involvierung in die Causa NSU verweisen. Paulchens Reaktion ist eindeutig, denn er rennt weg: „Doch weil der Paul von Uniformen nicht viel hält, gibt er, ganz prophylaktisch, schon mal Fersengeld." Die Einstellung zeigt den über eine Brücke flüchtenden Panther. Danach wird auf Paulchen gezeigt, wie er in seinem Bett liegt.

Nur anhand der Traumblase erkennen die Zuschauer, dass sich Paul noch im Traum befindet. Der Bezug auf den zweiten NSU-Mord an Özüdoğru in Nürnberg wird offensichtlich, als die Comicfigur an einem Laden mit dem Schild „Türkische Schneiderei" vorbeiläuft. Der Kommentar erläutert, dass Paulchen sich überlegt, dass es nicht schaden könne, sich den Laden anzusehen. Dann nimmt er das Ladenschild ab und geht hinein. Obwohl Özüdoğru mit zwei Kopfschüssen exekutiert wurde, werden im NSU-Bekenner-Video drei Schüsse mit Knallgeräuschen und Blitze grafisch und akustisch dargestellt. Dann wird eine Originalaufnahme der vom Ermordeten betriebenen Schneiderei gezeigt, wobei links unten in weißer Schrift das Datum des Mords eingeblendet ist: 13. 6. 2001. Die Reime lauten: „Wenn auch nicht jede üble Tat für den, der sie beging, direkt üble Folgen hat, ist doch die Chance sehr gering, dass keine Strafe ihn ereilt." Bei den letzten Worten des Kommentars ist eine von Böhnhardt und Mundlos während des Mordes geschossene Aufnahme des Toten sichtbar. Zu dieser Aufnahme wird der Reim vollendet: „Hier hat die Strafe sich beeilt." Damit wird der Zuschauer in die Irre geführt, denn er geht zunächst davon aus, dass der Mörder der zu Bestrafende ist. Die Erwartungshaltung wird konterkariert, da der türkische Änderungsschneider offensichtlich derjenige ist, der etwas verbrochen hat und den die Strafe in Form einer Hinrichtung ereilte. Die Verkehrung des Strafprinzips deckt sich mit der weltanschaulich-rassistischen NSU-Einstellung. Özüdoğru ist der zu Bestrafende wegen seiner „Rassenzugehörigkeit", da er sich in Deutschland niedergelassen hat. Dafür möchten ihn die Täter „abstrafen" und exekutieren ihn.

Nach dem Ausblenden des toten Özüdoğru wird eine Pistole eingeblendet – in Paulchens Traumblase. Die Pistole, die in Schwarz-weiß-Bildern gehalten ist, feuert einen Schuss ab und als nächste Einstellung wird ein türkischer Gemüse- und Obst-Supermarkt gezeigt. Dass es sich um den Mord an Süleyman Taşköprü in Hamburg handelt, ist klar. Allerdings ist an dieser Stelle des Videos ein Fehler enthalten. Taşköprü wurde am 27. Juni 2001 in Hamburg mit Pistolenschüssen liquidiert. Das in der Traumblase unter den realen Bildern des Supermarkts eingeblendete Datum ist falsch, denn es lautet 28. Juni 2001. Hier entsteht die Frage, wie sich solch ein Fehler einschleichen konnte. Das Video wurde ja professionell und mit hohem Arbeitsaufwand erstellt. Zudem gibt es verschiedene Versionen des Videos. Vor diesem Hintergrund scheint die Frage berechtigt, wie der Fehler zustande kommen konnte.

Nach dem Ausblenden der Aufnahmen aus den Nachrichten von Taşköprüs Obst- und Gemüseladen wird erneut eine Pistole eingeblendet – in schwarz-weiß. Dieses Mal werden drei Schüsse abgegeben, was im Takt der Musik geschieht. In der Traumblase ist eine Patronenhülse eingeblendet, die von der Polizei mit Kreide umrandet wurde. Dann setzt unvermittelt die Stimme aus dem Off ein, passend zum Text von Jagdfanfaren: „Von jeher Leidenschaft erweckt die Jagd aufs lebende Objekt, ob Kamera oder ob Flinte". An dieser Stelle wird ein Blitzlicht eingebaut und danach folgt eine Einstellung, wie der Sarg des toten Taşköprü vom Tatort von vier Sargträgern entfernt wird.

Danach geht der Text weiter: „Wenn aus dem Eichhorn, schnell und flink, ein Scheusal wird, wie dieses Ding." Die Stelle ist an Perfidität kaum zu überbieten. Erneut wird ein Foto des NSU-Opfers eingeblendet, der tot und blutüberströmt hinter der Registerkasse in seinem Laden auf dem Boden liegt. Dann wird ein Totenschädel eingeblendet, der auf der Höhe der mittleren Stirn ein Einschussloch aufweist. Es ist fraglich, wieso das NSU-Bekenner-Video hier keine klare Zuordnung der Opfer vornahm. Kurze Zeit nach dem Mord an Taşköprü wurde der ebenfalls als Obst- und Gemüsehändler agierende Kılıç in München ermordet. Diese Ungenauigkeit verwundert vor dem Hintergrund, welch enormer Aufwand mit der Erstellung und künstlerischen Gestaltung des Videos betrieben wurde. Kombiniert mit dem falschen Datum könnte dies als Indiz einer Fremderstellung des Videos angesehen werden, wofür aber keine Belege vorliegen.

Damit ist die Traumsequenz beendet und der Film geht als „normaler" Trickfilm weiter. Paulchen liegt schnarchend im Bett, begleitet von einer beruhigenden Kindermusik. Nach den schrecklichen Träumen zuvor sieht Paulchen entspannt aus. Die Exekutionen raubten dem NSU-Duo Böhnhardt und Mundlos offensichtlich keinen Schlaf, da (so die einhergehende weltanschauliche Begründung) die Opfer einer untergeordneten Rasse angehörten, ihr Leben nicht lebenswert war und sie als legitime Opfer im Erhalt um die deutsche Rasse anzusehen seien. Diese Interpretationsweise wird durch die weltanschauliche Brille des Films suggeriert.

Die Einstellung wechselt und Paulchen liegt nicht schnarchend auf dem Rücken, sondern ruhig schlafend auf der Seite und hat dabei den Daumen im Mund. Die Kindermusik wird aus- und die Panther-Melodie eingeblendet.

Eine Zwischeneinstellung zeigt das Firmament und einen vollen, dunklen Mond, der Kreise zieht. Die Einstellung blendet über auf einen grünen Hügel, in dessen Mittelpunkt ein Haus steht. Das Haus ist von einem Holzzaun umgeben. Nach der Überblende wird klar, dass es sich um Paulchens Haus handelt, denn die Kamera zeigt das Innere, in dessen Mitte Paulchens Bett steht, der darin schläft. Die Kamera zoomt auf Paulchens Gesicht und auf einen Wecker, von dem ein bedrohliches Ticken ausgeht. Um Punkt sieben Uhr klingelt der Wecker. Was nun passiert, muss als Slapstick bezeichnet werden. Denn anstatt den Wecker auszumachen, greift Paulchen nach dem Telefonhörer. Der Gag ist alt, besitzt aber Charme. Die Pointe wird von Reimen begleitet: „Wenn morgens früh der Wecker scheppert und einer meint, es sei das Telefon und er dann denkt, er sei bedeppert, ein bisschen Wahres dran ist da ja schon, so denkt auch Paul, es nähm ihn einer auf die Schippe, und reißt am Apparat und futsch ist schon die Strippe." Hier ist die Text-Bildentsprechung vollkommen eins zu eins umgesetzt. Dass die Stelle als auflockerndes Zeichentrick-Slapstick-Element intendiert ist, wird verdeutlicht, als Paulchen zwar das Telefonkabel vor Wut kaputt macht, das Telefon aber weiter klingelt. Erneut scheinen die Macher mit unterschiedlichen Realitätsebenen zu spielen, um beim Zuschauer den Eindruck zu erwecken, dass das Gezeigte nicht schlimm ist und das Schreckliche nur in Paulchens Träumen stattfindet.

Anschließend wird ein Sprung zurück zur Szene zu Beginn des NSU-Bekenner-Videos getätigt. Der Rückbezug nimmt nicht nur sprichwörtlich den zu Beginn gesponnenen Faden auf, sondern Paulchen verfolgt bei Tageslicht in den Straßen der Stadt den weißen Faden, der ihn in der Eingangsszene zum Eckensteher Knoll mit dem RAF-Logo führte. Auf dem Faden steht jetzt keine Person, sondern eine kräftige Bulldogge sitzt darauf, sodass für den Zuschauer sofort ersichtlich ist, dass der Situation Konfliktpotenzial innewohnt. Der Kommentator über die Situation: „einfarbig und bunt sitzt auf dem weitergehenden Faden schnarchend und faul ein fetter Hund. Es zieht der Paul, es will der Hund nicht weichen, doch manches kann man mit Gewalt erreichen." Wie vom Text angekündigt zieht Paulchen kräftig am weißen Faden, wobei die Situationskomik gut inszeniert ist und von der bedrohlichen Situation ablenkt. Mit einem kräftigen Ruck gelingt es Paulchen, den Hund rabiat vom Faden runterzuwerfen. Dabei wird dieser durchs Bild katapultiert. Für einen Moment lang sieht es so aus, als ob dadurch das Problem beseitigt sei. Doch in der nächsten Einstellung kommt die bedrohliche Bulldogge angerannt und Paulchen kann sich durch einen Luftsprung retten, während die Bulldogge unter ihm hindurchläuft. Damit ist die Gefahr nicht ausgesessen, denn jetzt kommt der Hund von der anderen Seite angerannt. Paulchen gibt Fersengeld, indem er in die Richtung rennt, die weiter dem ursprünglichen Faden folgt. Während wütende Bellgeräusche zu hören sind und die musikalische Untermalung signalisiert, dass es sich um eine Verfolgungsjagd handelt, rennt Paulchen auf einen Gartenzaun zu, wobei der Zuschauer befürchtet, dass es zur folgenschweren Kollision von Paulchen und dem Zaun kommt. Die Situation wird in Zeichentrickfilm-Manier gelöst, denn Paulchen rennt auf ein Brett zu, das er touchiert und das wie von Zauberhand den Weg frei macht. Die Erwartungshaltung eines Konsumenten von Trickfilmen tendiert dahin, dass der Hund im Gegensatz zu Paulchen mit dem Zaun kollidiert. Die Erwartungshaltung wird nicht erfüllt, denn auch die Dogge passiert den Zaun, sodass sich das Brett zum zweiten Mal als nicht widerständig herausstellt.

Die Slapstick-Einlagen werden nun auf die Spitze getrieben. Paulchen kommt an einer weiter hinten gelegenen Stelle des Zauns auf die beschriebene Art zurück in den anderen Gartenteil, rennt schnell durchs Bild zur Stelle, an der er zum ersten Mal den Zaun durchbrochen hat und wiederholt den Vorgang. Die verwendete musikalische Untermalung ist in der Tradition von Zeichentrick-film-Verfolgungsjagden gehalten. Die Bulldogge war zu langsam und hat nichts von Paulchens neuer Flucht mitbekommen. So rennt die Bulldogge in die dem weißen Faden entgegensetzte Rich-tung und bleibt orientierungslos auf der Straße in der Stadt stehen, denn er schaut in alle Richtungen, kann aber Paulchen nirgendwo entdecken.

Es folgt ein Szenenwechsel. Paulchen befindet sich in einer Stadt, denn es sind Ladengeschäfte, Bürgersteige und Häuser identifizier-bar. An einer (für Fußgänger auf Rot stehenden) Ampel bleibt er stehen. Der Kommentator versucht, der Szene Sinn zu verleihen: „Bei diesem Anblick fragt man sich, was soll denn das bedeuten, ist das tatsächlich eine Stadt von kultivierten Leuten?" Während die Reime gesprochen werden, wechselt der Trick- in einen Realfilm, und es wird ein nichtssagender Kameraausschnitt auf eine Straße mit am Straßenrand parkenden Autos gezeigt.

Während die Kameraposition wechselt und die Straße aus einer anderen Perspektive gezeigt wird, treibt der Sprecher die Szenen-beschreibung voran: „Wahrscheinlich wirft hier jeder, was er nicht mehr braucht, ganz einfach auf die Straße." Nun erschließt sich dem Betrachter eine mögliche Intention der Szenen. Es wird eine ordnungspolitische Debatte über die Stadtreinhaltung angestoßen, wobei feststeht, dass aus der Sicht der Rechten die in Deutschland lebenden Ausländer oder Deutsche mit Migrationshintergrund für die urbane Vermüllung verantwortlich sind. Damit bediente der NSU nicht nur rechte Klischees, sondern er orientierte sich sogar an den Ordnungsvorstellungen der bürgerlichen Mittelschicht. Denn dort sind Ausländer-Ressentiments (was die Ordentlichkeit von Ausländern anbelangt) weit verbreitet. Dass die Szene nun einem Höhepunkt zustrebt, ist offensichtlich, denn der Sprechertext lautet: „Nicht immer landet so was Weggeworfenes dann auf eines Polizisten Nase." Hier lehnte sich der NSU vermutlich an die Vorstellungen der bürgerlichen Mitte an, denn dort werden u. a. Klagen über ein lasches Durchgreifen der Polizei bei durch Ausländer begangenen Ordnungswidrigkeiten vernehmbar.

Dadurch suggeriert der Film eine Erwartungshaltung, dass Paulchen etwas gegen die Missstände unternimmt, denn die Polizei wird durch den Vers des Sprechers disqualifiziert. Auf Trickfilm-Art wird Paulchen gezeigt, der an der Ampel steht und sich desorientiert (vermutlich wegen all dem Schmutz) umschaut, während der Kommentator erklärt: „Und weil nun Schluss sein soll mit dieser Ferkelei, muss Paulchen auf die Bürgermeisterei." Währenddessen werden Realfilmszenen eingeblendet, die vermutlich die Kölner Keupstraße zeigen: eine Einkaufsstraße, die überwiegend von Ausländern bewohnt wird. Ganz offensichtlich ist dies bei einer Frau, die im Eingangsbereich eines Ladengeschäfts steht, eine Zeitung in der Hand hat und eine auffällige Sonnenbrille zu ihrem Kopftuch trägt. Der Hinweis auf die Bürgermeisterei ist wahrscheinlich so zu verstehen, dass alles, was mit Müllentsorgung und städtischer Aufrechterhaltung der Ordnung zu tun hat, im Verantwortungsbereich der Kommunen liegt. Paulchen möchte seiner Bürgerpflicht nachkommen, aber der Kommentator negiert dies: „Dort wird ihm, eh er sich's gedacht, ein sehr kurzer Prozess gemacht." Beim letzten Halbsatz des Kommentars wird eine Ansammlung von südländisch aussehenden Männern gezeigt. Im Hintergrund sind zwei Schüsse zu hören, während die Stimme sagt: „Und nach dem rasch herbeigeführten Ende, drückt man ihm ein Besen in die Hände."

Hier prangerte der NSU realdeutsche Zustände an, in der Lesart, dass die Ausländer zwar Verursacher des Schmutzes sind, es aber der Deutsche ist, der den Schmutz beseitigen muss. Hier gilt also nicht das Verursacherprinzip, und Ausländer erscheinen als schuldig, da Deutsche für deren Verhalten haftbar gemacht werden. Dem Video zufolge handelt es sich um offizielle Vorgänge, denn die deutsche Behörde hat nichts gegen die Ausländer als Ursache der „Verschmutzung" unternommen, sondern der Deutsche wird dafür fälschlich zur Verantwortung gezogen. Die Botschaft ist klar: Das ist ungerecht. Das NSU-Video richtet sich mitnichten ausschließlich an die eigene Gefolgschaft. Vielmehr verfestigt sich der Eindruck, dass der NSU-Streifen darum bemüht ist, rechtskonservative Bürger von der Richtigkeit seines Tuns und seiner Analyse der ordnungspolitischen Verhältnisse und des asymmetrisch verlaufenden Beziehungsstatus zwischen Deutschen und Ausländern zu überzeugen, wobei der Knackpunkt ist, dass die deutschen Behörden die eigene Bevölkerung angeblich ungerecht behandeln und Ausländer bevorzugen. Zwar ist der Realitätsausschnitt auf ein aus NSU-Sicht „Ausländer-Ghetto" wie die Keupstraße beschränkt, aber das ändert nichts an der grundlegenden Ungerechtigkeit.

Paulchen geht auf ein blaues Gebäude zu, das ein langgezogenes Schild über dem Eingang mit dem Titel „Nationalsozialistischer Untergrund" trägt. Das NSU-Logo im SA-Stil steht links und rechts von dem ausgeschriebenen Namen und ist (wie an anderen Filmstellen) in Rosa gehalten. Insgesamt wurde im Bekenner-Video viel Wert auf eine in sich stimmige, den ganzen Film gleichsinnig durchziehende Farbgebung geachtet. Der Kommentator setzt nahtlos am Besen des letzten Zitats an: „So hofft man ihn am schnellsten zu belehren und lässt den eigenen und den fremden Dreck ihn kehren." Die verwendete Kameraeinstellung zeigt dabei ein menschenverachtendes Motiv. Denn in das Trickfilm-Setting wird ein Plakat mit dem Titel „Heute Aktion Dönerspieß" eingefügt, auf dem fünf südländische Männer zu sehen sind. In den Köpfen der Männer stecken Zimmermannsnägel. Dadurch leitet der NSU zum Kölner Nagelbombenattentat über.

Doch es bedarf noch einer vorbereitenden Szene. Anscheinend zufällig läuft Paulchen von der beschriebenen Ampel in Richtung Gebäude, das den Namen der Terrororganisation trägt. Die Türe steht offen, was symbolisch bedeuten könnte, dass der NSU alle Anhänger willkommen heißt. Paul betritt das Gebäude. Das Innere des Gebäudes mutet merkwürdig an. Panther sitzt auf einem Stuhl, von dem aus er auf eine Buchstabenreihe schaut. Ein weißer, kleiner Mann mit Schnauzbart schaut ihn an. Der Mann erweckt den Eindruck einer staatstragenden, offiziellen Person und erinnert an einen Behördenvertreter bzw. an einen Geheimdienstmitarbeiter – auch Temme trug bekanntlich einen Schnurrbart.

Anstatt die Sehfähigkeit von Paulchens Augen zu überprüfen, präsentiert der Mann auf Schautafeln einen Plan. Auf der Tafel ist ein seltsames Strichmännchen zu sehen, das eine festgebundene rote Rakete auf dem Rücken trägt. Die zweite Tafel zeigt, wie das Strichmännchen mit Hilfe der Rakete über die wenig befahrene Straße fliegt.

Die Wandbilder machen im Fortgang wenig Sinn. Denn Panther ist mit einer Rakete auf dem Rücken zu sehen, wie er an der zuvor beschriebenen Ampel steht und ein Streichholz an die Raketenlunte hält. Der weiße Aufkleber auf der roten Rakete trägt die vielsagende Aufschrift „Bombenstimmung für die Keupstraße".

Tatsächlich zündet Paulchen die Rakete in der Erwartung, dass diese ihn auf die andere Straßenseite transportiert. Doch weit gefehlt, denn die Bombe explodiert (grafisch grell dargestellt) und zieht Paulchen in Mitleidenschaft. Damit ist Plan A gescheitert. Es stellt sich die Frage, ob der NSU damit auf ein gescheitertes Attentat anspielt. Paulchen ist folgerichtig bestürzt. Das rosafarbene Fell ist versengt und die Augen sind stark geweitet.

Nach dem misslungenen Plan findet sich Paulchen wieder im Gebäude des NSU, wo der weiße Mann ihm ein Wandbild mit „Plan B" zeigt. Der Kommentator: „Oh nein, was für eine schlimme Welt, wo nichts mehr gilt, wenn einer Hilfe bellt, es denkt der Paul, das war nicht immer so, nein gelle, denkt doch an Scarlett Pimpernelle, den Helden aus dem Märchenbuch, der das verwegene Hütchen trug, mitsamt der roten Pelerine, so eine hatte Tante Line. Und Paul beschließt in diesem Augenblick, ich hol die gute alte Zeit zurück."

Während die Reimverse inhaltsleer scheinen, sprechen die Bilder eine andere Sprache. Es werden Ausschnitte aus der ZDF-Sendung „Aktenzeichen XY" gezeigt, die eine Rekonstruktion der in der Keupstraße verwendeten Bombe zeigen: Ein Hartschalenkoffer mit Butanflasche, die mit Zimmermannsnägeln und Bleikugeln gefüllt ist. Dann werden Bilder aus der VIVA-Überwachungskamera gezeigt, wie der mutmaßliche Attentäter ein Fahrrad zum Detonationsort schiebt. Der mutmaßliche Täter wird aus zwei Perspektiven gezeigt: von vorne und hinten. Als die Worte gesprochen werden, dass Paulchen die gute alte Zeit zurückholen möchte, wechselt der Film zurück in den Zeichentrick-Modus.

Auf dem mit Drei gekennzeichneten Bild ist Paul mit gelbem Bauarbeiterhelm zu sehen, wie er via Fernzünder dabei ist, eine Detonation auf den Weg zu bringen. Beim Wort „zurück" im Kommentar löst er die Explosion aus, die (durch optische und akustische Signale dargestellt) gelingt.

Jetzt wechseln Zeichentrick- und reale Nachrichtenbilder (n-tv) einander ab. Im linken, oberen Bildrand steht die Überschrift „Explosion in Köln" mit der Unterüberschrift „Mehrere Verletzte". Die Bilder führen das Schadensausmaß der Explosion vor Augen. Ladengeschäfte mit zerstörten Glasfronten sind zu sehen. Bei den Zuschauern erweckt die Berichterstattung den Eindruck, dass es sich um ein Bürgerkriegsgebiet handelt, was perfekt zur nicht verbalisierten NSU-Attentatsbotschaft passt, dass dieser die Deutschen mit den in Deutschland lebenden Ausländern im Kriegszustand sieht. Eine Großaufnahme zeigt durch die Explosion verkrümmte Zimmermannsnägel. Danach wechselt die Perspektive: zerstörte Straßenzüge, die einen furchterweckenden Eindruck hinterlassen. Dies wird durch Kameraaufnahmen der Keupstraßen-Bewohner abgelöst. Die Menschen sprechen aufgeregt in die Kamera, was durch die Begleitmusik und Kommentare ins Lächerliche gezogen wird.

Danach erfolgt der Schnitt auf einen Polizeihubschrauber, der nach Attentatern sucht. Die kundigen Video-Konsumenten wissen ja, dass die Fahndungsmaßnahmen ohne Erfolg blieben. Darin erschöpften sich folglich die polizeilichen Ermittlungsmethoden nicht. Es werden Auszüge aus der TV-Berichterstattung gezeigt, wie deutsche Beamte Plakate an die migrantische Bevölkerung verteilen. Obwohl das Attentat in der Keupstraße eines von vielen NSU-Anschlägen war, nimmt es im NSU-Bekennervideo verhältnismäßig viel Platz ein.

An dieser Stelle bietet sich ein reflektierender Einschub an. Es steht zu vermuten, dass die Bilder der n-tv-Berichterstattung ausgewählt wurden, da bei anderen Sendern die Auswirkungen der Explosion nicht so verheerend aussahen. Dem NSU ging es darum, Angst und Schrecken zu verbreiten, was durch die Selektion des Bildmaterials erreicht worden sein dürfte.

Die Szenen werden durch zynische Äußerungen begleitet. Der Kommentator setzt bei der Szene ein, als Paulchen im Trickfilm-Modus den Auslöser der Bombe betätigt und die Detonation erfolgt. Die Begleitmusik ist die bekannte Titelmelodie. Der Kommentar lautet: „Bei plötzlich auftretenden Hindernissen muss man sich nur zu helfen wissen. So und jetzt ganz einfach weitergehen, aber ja nicht über die Schulter sehen. Ein großes Trauma hat Herr Schramm und spricht davon mit viel Tamtam. Ihm ist nämlich der Paulchen ein seit vielen Jahren schon bekannter und übelwollender Geselle, der Tag und Nacht bei Schramm zur Stelle."

Die NSU-Botschaft ist mehrfach interpretierbar. Einmal richtet sich die Botschaft an Unterstützer, welche die Maxime „Taten statt Worte" beherzigen sollen. Ihnen wird suggeriert, dass sie bei auftretenden Hindernissen kämpfend tätig werden sollen. Insofern ist hierin eine Handlungsaufforderung zu sehen, den bewaffneten Kampf aufzunehmen. Im nächsten Vers kommt der Verhaltenshinweis, wie bei einem Attentat zu verfahren sei, denn die Nachahmer sollen sich (wie die NSU-Täter) zügig vom Tatort entfernen. Neben einer terroristischen Handlungsanweisung kann das „nicht über die Schulter sehen" als moralischer Fingerzeig verstanden werden, dass ethische Gewissensbisse bei politischen Aktionen fehl am Platz sind.

Die nächsten Verse richten sich an die Opfer und die Ermittlungsbehörden. Die Stelle, als ein „orientalisch" aussehender Bürger aufgeregt in die Kamera spricht, wird ins Lächerliche gezogen, da er den Namen Schramm erhält und seine Verhaltensweise mit „viel Tamtam" als unangemessen disqualifiziert wird.

Als Warnung an Migranten (aber auch als Hinweis an die Sicherheitsbehörden bezüglich weiterer Attentate) kann die Aussage verstanden werden, dass Paulchen seit Jahren den Opfern bekannt ist und aus seiner tödlichen Gesinnung Migranten gegenüber keinen Hehl macht. Die Botschaft an die Menschen mit Migrationshintergrund liegt auf der Hand: Wir haben euch bekämpft und werden das auch weiterhin tun. Hinsichtlich der Sicherheitsbehörden ist das Ganze als Verhöhnung zu verstehen. Den Ermittlern wird unter die Nase gerieben, dass der NSU bis zum Attentatszeitpunkt 2004 fünf Menschen mit Migrationshintergrund exekutierte, ohne dass die Behörden dem NSU auf die Spur kamen, sondern vielmehr vielen falschen Spuren nachgingen.

Zum Abschluss der Sequenz ist eine Drohung an die in Deutschland lebenden Ausländer zu vernehmen. Denn, dass Panther ein übelwollender Geselle ist, der bei „Schramm" (als metaphorische Umschreibung für Menschen mit Migrationshintergrund) zur Stelle ist, kann als Hinweis auf die ständig vorhandene Bedrohung ausländischer Bevölkerungsteile verstanden werden.

Nach dem Schnitt setzt das Video an der vorigen Szene an. Die musikalische Unterlegung bildet die Panther-Melodie, dieses Mal mit peitschenden Schussgeräuschen, was nicht nur die Melodie dynamisiert, sondern bedrohlich wirkt.

Danach ist eine Polizistin von hinten zu sehen, die offensichtlich die Keupstraße abläuft. Wieder werden Fahndungsplakate mit der Bitte um sachdienliche Hinweise verteilt. Dann fängt die Kamera eines der DIN-A4-formatigen Blätter in der Zoom-Perspektive ein. Dass die Fahndungsblätter auf einer mit Tomaten gefüllten Kiste liegen, scheint den Machern des Bekenner-Videos zu gefallen. Hierdurch könnte im Subtext ein Bezug zu den NSU-Morden an türkischstämmigen Obst- und Gemüsehändlern hergestellt werden. Zu erkennen ist die hohe Belohnung von 20.000 € – die Filmemacher scheinen geradezu stolz auf die Höhe der Belohnung zu sein.

Als die Kamera näher an den Fahndungsaufruf heranzoomt, ist das vom Supermarktdiscounter ALDI stammende Damenfahrrad zu erkennen. Ich denke, dass es (ohne dem Ganzen zu viel Bedeutung zuzumessen) ersichtlich ist, warum der NSU ein Aldi-Fahrrad verwendete. Zur damaligen Zeit kursierten in der deutschen Bevölkerung zahlreiche Witze über das Verhältnis von Türken zu dem bekannten Discounter, da diesen unterstellt wurde, all ihre Einkäufe bei Aldi zu erledigen. Insofern scheint die zynische Botschaft zu lauten: Wir schlagen euch mit euren eigenen Mitteln. Sogar beim Attentat verwenden wir auf die Opfergruppe bezogene Artefakte, die eine gesellschaftspolitische Botschaft vermitteln.

Während bisher Trick- und Realfilmbilder gemischt waren, wechselt dies nun zurück zu Trickfilmbildern. Auf dem Bild ist der Mann, der den Anschlag in dem NSU-Gebäude orchestriert hat, in Uniform zu sehen. Mit einem überlegen-dümmlichen Grinsen im Gesicht präsentiert er Paulchen das Fahndungsplakat in Sachen Fahrrad. Auf dem Trickfilmplakat steht die Überschrift „Bombenanschlag gesucht" und darunter „20.000 Belohnung". Die sprachliche Pervertierung erfährt auf dem Fahndungsplakat ihren Höhepunkt, denn es macht keinen Sinn, dass die Polizei einen Bombenanschlag sucht. Sie ist auf der Suche nach Attentätern, Hintermännern und so weiter. Eine Einschränkung könnte diese Lesart erhalten, wenn die Szene mit dem vorigen Geschehen in Zusammenhang steht. Der uns bekannte Geheimpolizist zeigte ja Paulchen ja im NSU-Gebäude (zunächst vergeblich und dann erfolgreich), wie das Bombenattentat in der Keupstraße funktionieren kann. Träfe die Vermutung zu, dass die mysteriöse Person jemand aus dem Dunstkreis deutscher Geheim- und Sicherheitsdienste ist, wäre die staatliche Verwicklung in die Causa NSU offengelegt und die Überschrift, dass ein Bombenanschlag gesucht wird, würde dann sogar erschreckend Sinn machen. Das würde bedeuten, dass jemand aus dem Umfeld der „Dienste" den Anschlag auf die Keupstraße in Auftrag gegeben hätte. Frei nach dem Motto: Geheimdienstbehörde sucht freiberufliche Mitarbeiter für Terrorattentate.

An dieser Stelle wird die Frequenz der schussartigen Geräusche erhöht, sodass der Eindruck entsteht, dass es sich um eine musikalisch unterlegte Schießerei handelt: „Er ahnt ja nicht, dass wir schon wissen, dass hinter beiden Ärgernissen der rosarote Panther steckt, der wieder mal was ausgeheckt, was bösen Leuten Kummer macht und über das der Gute lacht."

Im Zusammenspiel mit dem den Text begleitenden Bildmaterial können politische Inhalte des Videos identifiziert werden, was die meisten Analysten und NSU-Schreiber verneinen, weil sie sich wenig Mühe machten, das Video genau zu analysieren oder weil sie von vornherein die Lesart durchsetzen wollten, dass Böhnhardt und Mundlos zwei durchgeknallte Irre waren. Bei dieser sehr vereinfachenden Lesart verbietet sich eine Interpretation, nach der das NSU-Bekenner-Video in der Tat politisch-weltanschauliche Inhalte besitzt – was aber (wie aufgezeigt) eine gezielt gegenpropagandistische Darstellung ist.

Während die Szene also humoristisch mit einer Trickfilmsequenz startet, folgen Großaufnahmen der verbogenen Zimmermannsnägel, die für viele Verletzte im Zusammenhang mit dem Attentat sorgten. Als die Sprache auf den Kummer der bösen Leute kommt, sind Menschen mit Migrationshintergrund zu sehen. Wie bei der vorigen, ähnlichen Bildeinstellung scheint es dem NSU darum zu gehen, die Ausländer als sich zusammenrottenden, fremden Gesellschaftsteil darzustellen, von dem konkrete Gefahren für die deutsche Bevölkerung ausgeht. Die Menschen werden als böse tituliert, was insbesondere auf ihre Zugehörigkeit zu einer ethnischen Minderheit zurückzuführen ist. Die rassistische Botschaft des NSU könnte klar auf der Hand liegen: Ausländer gefährden die gesellschaftspolitische Ordnung in Deutschland, aber auch die Deutschen selbst.

Andere Interpretationsarten sind ebenso denkbar. Es könnte sein, dass der NSU die Bewohner der Keupstraße als der migrantischen Clan-Kriminalität zugehörig betrachtete. Dann würde das im Reimtext verwendete Adjektiv „böse" Sinn ergeben, da Clan-Kriminalität in der Regel mit Verbrechen einhergeht. Dadurch würde sich der NSU als sicherheitspolitisches Substitut der Behörden verstehen, das für die Aufrechterhaltung der Sicherheit sorgt. Zudem wäre dies in der Lesart der Sicherheitsbehörden zu verstehen, da diese bei allen NSU-Verbrechen (auch beim Bombenanschlag Keupstraße) von Bezügen der Opfer zur OK ausgingen.

Die vom Kommentator gesprochenen Worte „und über das der Gute lacht" konvergieren mit den gezeigten Bildern. Denn hier sind schwer verletzte Opfer des Bombenanschlags zu sehen. Die Menschen werden von Rettungssanitätern auf Bahren festgeschnallt und von Krankenwägen abtransportiert, was ja die Intention des NSU (im Zitat der „Gute") war. Die beschwingte Panther-Titelmelodie verhöhnt dabei die Opfer.

Der NSU kostete seinen Triumph aus. Es wurden Szenen über das Ergebnis des Keupstraßen-Attentats aneinandergeschnitten, die belegen, was für gravierende Auswirkungen der Anschlag hatte. Bezogen sich die Anfangsbilder über den Nagelbombenanschlag auf materiellen Schaden, so wurde nun herausgestellt, dass Schäden am Menschen sichtbar werden. Junge Männer mit Migrationshintergrund tragen Kopfverbände, die blutdurchtränkt sind. Das Video signalisiert den Triumph Paulchens über die in Deutschland lebenden Menschen mit Migrationshintergrund. Doch darauf beschränkt sich der Erfolg nicht. Denn es werden auch Polizisten bei der Arbeit gezeigt, die Spuren am Tatort analysieren und die (was der Zuschauer aus der Retrospektive weiß) bei ihren Ermittlungen nicht erfolgreich waren. Insofern sind einmal mehr die Ermittlungsbehörden Zielscheibe des NSU-Spotts.

Zu beachten ist, dass an dieser Stelle des Videos die chronologische Ordnung außer Kraft gesetzt wurde. Zuvor waren Bilder von Polizisten gezeigt worden, die nach dem Anschlag Flug- und Fahndungsblätter an die Bevölkerung verteilten. Dadurch wollte der NSU die Nachwirkungen des Attentats belegen. Nun geht es darum, die furchtbaren Folgen der Bombendetonation zu demonstrieren. Dazu gehören die zerstörten Ladenzeilen und verletzten Menschen.

Während der langen Filmsequenz ohne Kommentar werden abwechselnd Opfer und Sicherheitskräfte verhöhnt. Das Bildmaterial ist so geschickt gewählt, dass es den Eindruck erweckt, als ob die Kameraperspektive nicht von Fernsehteams, sondern gegebenenfalls von einem nicht-wohlwollenden Beobachter, also z. B. dem

NSU auf die Polizei gerichtet wurde, was aber vermutlich nicht zutrifft, da es sich um TV-Original-Material des WDR handelt. Die Polizisten sind zu sehen, wie sie vom Attentat betroffene Stellen mit Fotos dokumentieren, sie nehmen DNA-Proben, sperren Gebiete der Keupstraße ab und so weiter. Immer wieder zoomt die Kamera an die verschiedenen Schäden heran. Es sind PKWs zu sehen, bei denen alle Fenster zerstört sind.

Kurzum, die Bilder zeigen beinahe das komplette Ausmaß des Bombenattentats sehr detailliert. Das Attentat hatte Folgen für die verletzten Menschen, Privateigentum wurde zerstört, Ladengeschäfte wurden in Mitleidenschaft gezogen und die Polizei machte sich zum Gespött der Terroristen, da sie zwar fleißig ermittelte und sprichwörtlich jeden Stein umdrehte, dabei aber dem NSU nicht auf die Spur kam.

Nun wechselt die Ebene, die Zeichentrick- und Realfilmbilder vermischt, zurück zu Zeichentrickbildern. Mit peitschendem Tusch wird die zerstörte Keupstraße ausgeblendet und der rosarote Panther eingeblendet, der an der bekannten Ampel steht. Was Paulchen nun unternimmt, verblüfft, da es kindisch wirkt. Dennoch passt die Handlung zu dem Niveau, das durch die Wahl der Zeichentrick-Figur und die sie begleitenden Kinderverse vorgegeben wird. Paulchen streckt (begleitet von orchestraler Titelmusik) die Zunge heraus und die auf Höhe der Ohren abgespreizten Hände bewegen sich rhythmisch. Die bei Kindern beliebte Geste soll ausdrücken, dass ein gelungener Streich gespielt wurde. Dem Betrachter ist klar, dass die kindliche Triumphgeste in Richtung Keupstraße geht.

Nach Vollzug der Siegessymbolik überquert Paulchen die Straße, die den Ausgangspunkt für die NSU-Video-Aktion Keupstraße bildete. Nun blenden zwei Zeichentrickfilm-Sequenzen ineinander über und es entsteht der Eindruck, als ob Paulchen vom Überqueren der Straße in dem NSU-Gebäude gelandet ist.

Die NSU-Attentäter sind also nach dem gelungenen Attentat in ihre „Homebase" zurückgekehrt. Paulchen erscheint nach dem Attentat im NSU-Gebäude, in dem er von dem mysteriösen weißen Mann empfangen wird. Nun stehen der weiße Mann und Paulchen einander gegenüber und der Mann gratuliert Paulchen, indem er ihm feierlich die Hände schüttelt. Offensichtlich beglückwünschen sich die beiden Akteure zum Gelingen ihrer gemeinsamen Aktion.

Welche Bedeutung besitzt der weiße Mann? Im NSU-Bekenner-Video wird der Eindruck erweckt, dass der NSU in Person von Paulchen Panther von externen Kräften gesteuert wird. Ob es sich um eine Geheimdienstorganisation handelt oder um eine Organisation aus dem Bereich der OK mag dahingestellt bleiben. Für beide Versionen gibt es Anhaltspunkte, aber es fehlen (wie in fast allen Aspekten der Causa NSU) die Beweise. Sowohl in Richtung geheimdienstinduzierter NSU als auch in Richtung NSU als Dienstleister für eine Organisation der OK finden sich Indizien – aber es fehlen Puzzleteile, die es dem Analysten unmöglich machen, die den NSU umgebenden Rätsel zu lösen.

In der nächsten Filmeinstellung sind Paulchen und der weiße Mann auf einer glamourösen Parade zu sehen, auf der sie in einer offenen Limousine durch die Straßen fahren, während es Luftgirlanden und Konfetti regnet. Paulchen hält während der Fahrt einen großen, goldenen Schlüssel in der Hand. Sowohl der weiße Mann als auch Paulchen sind dem Anlass entsprechend im Smoking und mit Zylinder gekleidet. Auf einem Straßenschild steht „Hoch lebe Paulchen und der NSU". Der Kommentator: „Konfetti gibt es und viel Jubel für Paulchen Panther, der genießt den Trubel."

Nach den letzten Worten des Kommentators steigen Raketen in die Luft. Dies könnte den Verdacht erregen, dass der Bürgermeister von Köln oder ein Äquivalent aus der oberen Stadtverwaltung den Bombenanschlag in Auftrag gegeben hat, da ausdrücklich die Gemeinde (die dem NSU Dank schuldet) erwähnt wird. Diese Lesart ist schwierig, da es sonst keine Hinweise in diese Richtung gibt. Insofern ist das Wort „Gemeinde" wohl eher auf die „deutsche Volksgemeinschaft" bezogen, die dem NSU dankbar sein muss, da er die in Deutschland lebenden Mitbürger mit Migrationshintergrund bekämpft. Trotz aller Interpretationsmöglichkeiten bleibt das NSU-Bekenner-Video hinsichtlich der Fremdsteuerung mehrdeutig und unklar, aber die Szenen können auch als Indiz dafür gelesen werden, dass es außerhalb des NSU Akteure gab, die diesen unterstützten und lenkten.

Abschließend wird die Eingangssequenz mit dem weißen Faden aufgenommen, wodurch sich der Erzählbogen des Videos schließt. Paulchen steht in einem Haus (bzw. einem Zimmer) und verfolgt den Faden in Richtung Tür, wobei die musikalische Unterlegung andeutet, dass sich ein dramatisches Ereignis anbahnt. Da der weiße Faden unter der Tür durchgeht, mobilisiert Paulchen seine Kräfte und zieht mit Energie daran. Die Erwartungshaltung des Zuschauers wird aber in bester Comic-Manier durchbrochen. Anstatt dass der Tür etwas passiert, wird Paulchen vom Faden komplett unter der Tür durchgezogen. Dadurch wird er flach und kommt im Garten wieder heraus, wobei die Musik in eine kitschige Romanzenfilm-Melodie überwechselt à la: Jetzt ist alles gut. Während Paulchen am Boden platt verdrossen in die Kamera blinzelt, wandelt sich das musikalische Motiv und signalisiert, dass sich doch nicht alles in Wohlgefallen aufgelöst hat.

In der nächsten Szene ist Paulchen in freier Natur mit dem besagten weißen Faden in der Hand zu sehen. Die Kamera zeigt, wie der Faden in Richtung eines Hauses führt. Der Kommentar aus dem Off: „Sieh da, das könnt das Ende sein, der Faden führt ins Haus hinein. Ein kleines Häuschen, sehr bescheiden, der Paul mag es auf Anhieb leiden." In der Tat sieht das Haus nicht glamourös aus, denn es handelt sich um eine alte Blockhütte. Der weiße Faden kann nun als Zündschnur identifiziert werden, die zu einer antiquierten, schwarzen Bombe führt. Dann nimmt der Kommentar Bezug darauf: „Als die Bombe er erblickt, ist er schon weniger entzückt. Sie explodiert! Jawohl! Es kracht und hat den Frühling mitgebracht." Da die Bombendetonation visuell dargestellt wird, stehen die Bilder im Kontrast zu den Frühlingsworten. Doch anstatt sprießender Frühlingsblumen erscheint nach der Explosion ein rotes, in SA-Manier stilisiertes NSU-Logo, das sich im Kreis dreht. Nach dem Wort „mitgebracht" endet die orchestrale musikalische Begleitung mit einem Tusch und Applaus setzt ein. Bei einer nachträglichen Betrachtung könnte die mit dem Haus in Verbindung stehende Detonation eine Vorwegnahme des NSU-Plans sein, im Falle des Auffliegens und Scheiterns das eigene Domizil in die Luft zu jagen.

Der darauf folgende Applaus ist einem Live-Event, vermutlich einem Konzert, entnommen, da das Klatschen enthusiastisch, aber nicht gleichförmig ist. Zudem sind begeisterte Pfiffe zu hören. Währenddessen wird in grüner Farbe links oben „National" eingeblendet, während das NSU-Logo in der Bildmitte des Bildschirms jeweils in etwa hälftig in Grün und Rot steht. Danach wird das National in Nationalsozialistischer Untergrund in den Farben Rot und Gelb dargestellt. Hernach nimmt die „Band" das Panther-

Motiv auf und rechts unten am Bildschirm wird in schwarzer Farbe „Paulchen und der NSU" eingeblendet.

Danach erfolgt der Abspann. Der Bildschirmhintergrund ist kurz schwarz und wird von einem rosaroten Rahmen umgeben. Links oben steht „NS" und rechts unten „NSU" in roter Schrift. Dann werden in schneller Folge vier Köpfe von Paulchen Panther innerhalb des Rahmens eingeblendet, wobei die Anordnung der Köpfe im Wechselspiel mit der Musik variiert. Dann setzt die aus der Kinderserie bekannte Titelmelodie mit den Versen „Wer hat an der Uhr gedreht, ist es wirklich schon so spät, soll das heißen, ja ihr Leut, mit dem Paul ist Schluss für heut. Paulchen, Paulchen mach doch weiter, jag das Männchen auf die Leiter. Säg und pinsle bunt die Wände, treibe Scherze ohne Ende. Machst ja manchmal schlimme Sachen, über die wir trotzdem lachen. Denn du bist, wir kennen dich, doch nur Farb- und Pinselstrich."

Das den Song begleitende Bildmaterial scheint unverändert den Originalvorlagen des Kindercomics entnommen. Auch der Gesang ist der originale. Dann nähert sich das NSU-Video dem Ende mit den Zeilen: „Wer hat an der Uhr gedreht? Ist es wirklich schon so spät?" Dann ist Paulchen mit einem Elefanten in einer wüstenähnlichen Gegend zu sehen. Dann wendet er sich direkt zur Kamera und sagt die bekannten Worte: „Heute ist nicht alle Tage. Ich komm wieder, keine Frage." Der Abspann könnte aus einer x-beliebigen Paulchen Panther-Episode stammen, wären da nicht der rosarote Rahmen und die Akronyme „NS" und „NSU". Dann marschiert Paulchen mit dem Elefanten mit dem Rücken zum Publikum von dannen.

An dieser Stelle ist der Schluss zu anzunehmen, da abgeblendet wird. Die Schlussworte sind in diesem Kontext als Drohung zu verstehen, denn der NSU gibt zu verstehen, dass er weitere

Aktionen plant. Tatsächlich folgt die Ankündigung einer Fortsetzung. In einer Bildcollage ist eine der beim Mord von Heilbronn entwendeten Dienstwaffen zu sehen, wobei auch der Trauermarsch für Kiesewetter und Spurensicherungsteams am Tatort Heilbronn in die Collage eingebaut sind. Am oberen Bildrand sind der salutierende Paul und „Nationalsozialistischer Untergrund" zu sehen. Links unten steht „Neu!!!" und „2 DVD". Mittig unten kann der Betrachter „Paul 2000" und daneben „Paulchens neue Streiche" lesen.

Damit könnte klar sein, warum der NSU den Cut an dieser relevanten Stelle vollzogen hat. In der geplanten, aber nie realisierten zweiten NSU-DVD wäre die neue Ebene des Kampfs gegen den deutschen Staat thematisiert worden.

Fazit

Die Analyse des NSU-Videos hat die darin präsentierte NSU-Weltanschauung offengelegt, was einer genauen, mühevollen Interpretationsarbeit bedurfte.

Der Präsident des ZDM, Mazyek, sagte über das Video: „Für mich lautet die Hauptbotschaft des Videos, dass die sich über den Staat lustig machen. Sie wollen damit sagen, dass der Staat ihnen nichts kann. Das sind Kriminelle, die jegliche Hemmung verloren haben. Und meines Erachtens haben sie diese Sicherheit daher, da der NSU zumindest zum Teil aus V-Leuten bestand. Dafür bringe ich immer gerne einen Vergleich an: Kann ein Krimineller auch ein Rassist sein? Sehen Sie, die Antwort darauf ist einfach."

Unsere Fragestellung hing mit der NSU-Weltanschauung zusammen, die dem mörderischen Treiben als geistig-ideologische Rechtfertigung zugrunde gelegt wurde. Dieses Ansinnen wird von dem prominenten rechtsextremen Strategen und Ideologen, Heise, in Frage gestellt: „Wenn es so etwas wie eine Braune Armee Fraktion gäbe, dann würde diese auf der Staatsebene aktiv werden. Sie würde nicht wie die RAF direkt beim Generalbundesanwalt ansetzen, sondern auf einer mittleren Ebene. Wenn ein paar Staatsanwälte liquidiert wären, würden sich die anderen besser überlegen, was sie tun. Wir würden also, was uns aber im Traum nicht einfällt, versuchen die Stützen des Systems wegzuklappen. Es macht keinen Sinn Ausländer, die hier leben und Steuern zahlen, umzubringen."

Natürlich sind die NSU-Taten durch keine wie auch immer geartete Weltanschauung zu entschulden. Aber die Weltanschauung bietet Erklärungsansätze, was Zschäpe, Böhnhardt und Mundlos bei ihren mörderischen politischen Aktivitäten motivierte.

Das NSU-Bekenner-Video könnte als erstes von mindestens zwei Bekenner-Videos konzipiert gewesen sein. Das hier interpretierte Video wurde nach dem Mord in Heilbronn fertiggestellt, da im Abspann die Taten von Heilbronn bereits als Inhalt der Fortsetzungs-DVD angekündigt werden. Zudem sind im Film Szenen über die Demonstrationen der türkischen Community gegen ein zehntes Opfer vorhanden.

Das Video unterscheidet sich von allem, was terroristische Organisationen bisher als Rechtfertigung ihrer Taten ablieferten. Während linksextremistische Organisationen mit Worten ihre Taten zu rechtfertigen versuchten, arbeiten islamistische Täter mit Videos mit musikalischer Untermalung, die ganz bewusst im Stil von Musik- und Hollywood-Filmen inszeniert sind, um eine junge Anhängerschaft anzusprechen. Bei den Linken liegt die Macht im Wort, bei den Islamisten im Bild begründet.

Rechtsextremistische Organisationen hingegen zeichneten sich normalerweise durch Schweigen aus. Die Tat ist das Wort und die Tat impliziert das Bekenntnis. Deshalb war es den Ermittlern schwierig, den rechtsextremistischen Tätern auf die Spur zu kommen. Den bisher gängigen Weg wollte der NSU wohl bewusst nicht gehen. Er produzierte mit viel Aufwand ein insgesamt recht professionell gearbeitetes Video. Dabei war die Prämisse, dass das Video nicht das Licht der Welt erblicken darf, solange der NSU seine mörderischen Politaktivitäten fortführt. Im Gegenteil, dann wäre die Bekanntmachung des Videos kontraproduktiv gewesen, da die Ermittlungsbehörden dem NSU schnell auf die Spur gekommen wären. Dennoch lag dem NSU viel daran, dass das Video verbreitet wird, sobald feststeht, dass sie ihre „Missionen" nicht mehr weiterführen können. Zschäpes Aufgabe war es ja bekanntlich, während der NSU-Aktionen im heimischen Zwickau zu bleiben und beim Scheitern der Mission, das Versenden der DVDs sicher zu stellen. Oder wie es ein prominenter, Nebenklage-Anwalt am Telefon sagte: „Zschäpe war kein unschuldiges Hausmütterlein. Nachdem die Uwes aufgeflogen waren, funktionierte die Frau präzise wie ein Uhrwerk. Da ist kein Anzeichen von Schwäche oder Zögern. Sie hat ihre Mission bis zum letzten erfüllt."

Der NSU wollte seinen terroristischen Nachruhm gesichert wissen. An dieser Stelle stellt sich die Frage nach dem Motiv. Die Antwort vermag in der Tat den Inhalt des rassistischen Films besser zu erklären. Der NSU war von der Richtigkeit seiner Taten überzeugt, vor allem wollte er, dass die Nachwelt erfährt, wie gerissen, schlau und skrupellos die Organisation agierte. Dies lässt sich anhand der Inhalte gut belegen. Ein großer Teil des Videos versucht die Verächtlichmachung der Opfer und des deutschen Staats. Ein großer Teil des Videos besitzt zudem die Funktion, dass der NSU sich über die Minderwertigkeit der Ermordeten und die Unfähigkeit der Ermittler lustig macht. Insofern passt das zu zynischen Allmachts- und Tötungsfantasien.

Zu Beginn des Videos wird eine kurze Botschaft eingeblendet, die besagt, dass Aktionen weitergeführt werden, solange sich nichts Grundlegendes in der Politik, in den Medien usw. ändere. Der NSU scheint seine politischen Formulierungen bewusst schwammig und allgemein gehalten zu haben. Es wäre Mundlos sicherlich problemlos möglich gewesen, eine scharfe, systemkritische und rassistische Einleitung zu verfassen. Das passierte aber nicht. Vielmehr scheint es, als ob der NSU durch seine allgemeinverbindlichen Forderungen den Mainstream der Gesellschaft erreichen wollte. Frei nach dem Motto: krasser Rassismus schreckt ab, aber dass in dieser Gesellschaft etwas nicht stimmt, können viele Menschen, ganz besonders jene in den neuen Bundesländern, ganz gut nachvollziehen.

Die rassistischen Aussagen im Video sind durch die lustigen Kinderreime konterkariert. Beim Nagelbombenattentat in Köln geht es vordergründig um die Sauberhaltung der Stadt, die angeblich durch Herrn Schramm (als Synonym für Ausländer), nicht gewährleistet werden kann und dann auch noch „Unschuldigen" aufgebürdet wird. Viele latent alltagsrassistische Menschen in Deutschland würden diese Aussagen des NSU unterschreiben.

Der Film agiert auf mehreren Ebenen. Durch die alles überlagernde Ebene des Panther-Films wird das Filmgeschehen kindlich relativiert, auch wenn die Inhalte wie Morde etc. schrecklich sind. Der Abspann mit den Worten „doch nur Farb- und Pinselstrich" relativiert das Gesehene, als ob dadurch Tote zum Leben erweckt werden würden.

Die humoristische Zeichentrickfilm-Rahmenhandlung eröffnet und schließt den Erzählbogen, wodurch alles dazwischen Gezeigte hinsichtlich seines Realitätsgehalts in Frage gestellt werden kann. Doch dem ist ja gerade nicht so. Zunächst werden Berichte aus offiziellen Nachrichtensendungen über die NSU-Morde in den Trickfilm gemischt. Diese legen (auf einer realistischen Ebene) das Versagen des Staats und der Medien offen. Doch damit nicht genug. Der NSU baute eine weitere Bedeutungs- und Potenzierungsebene ein, denn er integrierte in die Bilder dieser Nachrichtensendungen auch Bilder von den Exekutierten, die er im Moment des Sterbens der Opfer selbst gemacht hatte. Damit behauptete der NSU (in Sachen Nachrichten) eine Deutungshoheit durch originales Exklusivmaterial, das kein anderer Nachrichtensender bieten konnte. Zudem steckt dahinter der Anspruch, dass der NSU im Besitz der Wahrheit über die mit der Česká begangenen Morde war.

Diese Inhalte passen zu den angeblich entpolitisierten Eingangsworten des Films. Der NSU legte damit offen, dass es sich bei den Nachrichten um Falschinformationen handelt. Die Presse lügt also (Lügenpresse!) und die inkompetente Polizei wird lächerlich gemacht. Damit schwingt sich der NSU zum Bewahrer der Wahrheit und zum Ordnungsgaranten auf. Insofern sind im NSU-Video einige politische Botschaften enthalten, die aber mühevoll decodiert werden müssen, was bisherigen Analysten meines Erachtens nicht umfänglich gelang.

Nicht nur Medien, Polizei und Migranten sind die Zielscheiben des NSU-Spotts. Auch politische Gegner wie die linksextremistische RAF, die zu diesem Zeitpunkt gar nicht mehr existierte, werden ins Lächerliche gezogen, wie der verklemmte Eckensteher Knoll zeigt. Auch hier positionierte sich der NSU humoristisch-satirisch über der ehemaligen linksradikalen Terrororganisation.

Die politische Hauptbotschaft des Videos ist zweifelsohne der gelebte Rassismus. Dies zeigt sich bereits an der Auswahl der Mordopfer. Es handelt sich nicht um einen plump-radikalen Rassismus mit Kraftausdrücken. Vielmehr geht es um einen eher versteckten, verbal im Rahmen bleibenden Alltagsrassismus. Damit wollte der NSU (meines Erachtens) bei der politischen Mitte anknüpfen, um nach Sympathien zu fischen. Denn auch in Ostdeutschland ist Alltagsrassismus anzutreffen und stößt bei Teilen der Bevölkerung auf ein gewisses Verständnis. Hier gibt es offen geäußerte Meinungen, dass Ausländer schmutzig sind, nicht nach Deutschland gehören etc. Anders formuliert heißt das im NSU-Video, dass eines der erschossenen Opfer „böse" sei und ihn die gerechte Strafe ereilt habe, wobei ein vom NSU geschossenes Foto des Sterbenden eingeblendet wird und es auffällt, dass ausgerechnet der Tote auf diesem Bild starke Merkmale des „Fremdländischen" besitzt.

Ergo folgt, dass dieser Mensch aufgrund seiner „rassistischen Minderwertigkeit" bestraft wird. Insofern vermittelte der NSU durch sein Video die aus der impliziten NS-Logik richtige Einstellung, dass er sich durch seine Mordtaten um den Erhalt der Nation verdient gemacht hat. Dass diese Punkte in der bisherigen Interpretation des Videos übersehen wurden, hängt mit dem Standpunkt der Analysten zusammen, die erwarteten, dass dort ganz konkrete Forderung (wie nach der Freilassung politischer Gefangener oder die Einführung national befreiter Zonen) eingebaut sind. Diese Logik greift aber zu kurz, wenn diese Aspekte in rechtsextremistischen Kreisen ohnehin Allgemeingut sind, worauf mehrfach hingewiesen wurde. Der zweite für die NSU-Botschaften in Betracht kommende Adressat sind die Migranten. Diese bilden einen Hauptbestandteil des Videos, nicht zuletzt durch subtilen Hass und entwürdigende Bilder der Sterbenden. Auch gegenüber den Ermittlungsbehörden bedurfte es keiner expliziten Botschaft. Es fällt auf, wie sehr sich der NSU über das Behördenversagen mokierte und damit die Gewährleistung ihrer Funktion (dem Schutz der Bevölkerung und der Aufrechterhaltung der öffentlichen Ordnung) in Frage stellte. Zudem enthält das Video an mehreren Stellen klare Drohungen gegen Behörden, z. B. an der Stelle, an der ein Trickfilm-Revolver auf den realen Kopf eines Polizisten zielt und abdrückt sowie durch die Schlusseinstellung, auf dem das Bild der entwendeten Dienstwaffe und der Trauerzug für Kiesewetter zu sehen sind. Relevant waren für den NSU als Zielgruppe wohl normale, reaktionär-konservative Bevölkerungsgruppen, die ohnehin schon einem latenten Rassismus anhingen. Bei diesen könnte der NSU eine Reaktion auf das Video in etwa wie folgt erhofft haben: „Uff, die Bilder sind zwar schrecklich, aber eigentlich hat der NSU Recht, da die in Deutschland lebenden Menschen mit Migrationshintergrund Fremdkörper im deutschen Alltag sind und für die Verschmutzung der Innenstädte, die Verhunzung der deutschen Kultur usw. verantwortlich zu machen sind.“

Damit verfolgte der NSU das ideologische Ziel, große Teile der Bevölkerung auf seine Seite zu ziehen. Er wollte ein Klima des Verständnisses kreieren, das sich gegen die in Deutschland lebenden Migranten richtet. Dies passiert nicht dadurch, dass (wie es in einer der ersten DVD-Versionen der Fall war) rechtsextremistische Musik mit aggressiven Beats und „krassen Lyrics" die Bevölkerung wachrüttelt. Völlig richtig erkannten die Macher der Bekenner-DVD, dass ein „sanfterer Weg" (der immer noch mehr als schrecklich-makaber genug ist) mehr Sympathie bei der Bevölkerung hervorrufen könnte. Deshalb sind meines Erachtens alle Interpretationen des Videos, die es als entpolitisiert, dumm und ausschließlich zynisch-rassistisch bewerten, falsch, da die dahinter liegenden ideologisch-politischen Intentionen übersehen wurden. Es ist leicht, etwas, das nicht ins Selbstverständnis passt, als inhaltsleer zu disqualifizieren. Sich auf die Suche nach Hinweisen für eine Sinnhaftigkeit des Ganzen zu machen, ist eher unangenehm und tut mitunter weh. Aber nur so kann das wahre Wesen des Neo-Nazismus erkannt werden.

Es fällt auf, dass der Nagelbombenanschlag auf die Keupstraße im NSU-Bekennervideo einen prominenten Platz einnimmt. Die Morde an den türkischstämmigen Gewerbetreibenden werden im Vergleich zum Attentat in Köln eher kurz abgehandelt. Dies hängt vermutlich damit zusammen, dass der NSU diesen Anschlag als eine Art „Meisterstück" aus seinem Terror-Repertoire betrachtete. Dies kann vor allem mit der verheerenden Wirkung des Anschlags begründet werden. Die fatalen Personen- und Sachschäden hat der NSU durch Zusammenschnitte der Medienberichterstattung eindrucksvoll aufgezeigt, ebenso wie den personalintensiven polizeilichen Einsatz. Das Attentat besaß für den NSU einen hohen Stellenwert, da hier eine höhere Zerstörungspotenz als bei Einzelmorden zu verzeichnen war, auch wenn es keine Tote gab.

Die Anschlagfolgen sind die eine Seite der Medaille. Die andere Seite ist, dass hierbei ein ganzes „Ausländer-Ghetto" getroffen wurde. Das bedeutet, dass die Keupstraße Teil eines jener (in deutschen

Metropolen anzutreffenden) Stadtviertel ist, die überwiegend von Menschen mit Migrationshintergrund bewohnt werden. Nach Auffassung der Rechtsextremisten (aber auch reaktionär-konservativer Bevölkerungskreise) existieren in diesen Vierteln regelrechte Parallelwelten. Das bedeutet, dass der deutsche Staat, die deutschen Behörden, aber auch die deutsche Bevölkerung, dort ihr Existenzrecht verloren haben. Die Ausländer fühlen sich in diesen Parallelwelten nach Auffassung der Rechtsextremisten sicher und denken, dass sie sich in einem rechtsfreien Raum befinden. Das fängt mit der im Video thematisierten Verschmutzung der Straßenzüge an, geht über Steuer- und Betrugsdelikte bis hin zur OK mit Prostitution, Drogenhandel, Hehlerei ... Um den Ausländern die Sicherheit des kriminellen Agierens in diesen rechtsfreien Zonen zu rauben, besaß der Keupstraßenanschlag aus rechter Sicht die Funktion, sie in ihrem Sicherheitsempfinden zu erschüttern. Das hat sowohl durch den Anschlag funktioniert und wurde durch die mit dem Anschlag verbundenen polizeilichen Ermittlungen potenziert, da in deren Folge einseitig in Richtung OK ermittelt wurde. Dadurch kamen kriminelle Sachverhalte an den Tag, die nichts mit dem Anschlag zu tun hatten. Zum anderen entblödeten sich die Ermittlungsbehörden anscheinend nicht (durch den Einsatz verdeckter türkischstämmiger Ermittler) Hass, Misstrauen und Unsicherheit in der Keupstraße zu säen. Deshalb kann (wie bei den Einzelmorden) davon ausgegangen werden, dass der Anschlag das Leben der Opfer in mehrfacher Hinsicht erschüttert hat. Dass der NSU das im Film propagandistisch ausgeschlachtet hat, kann als doppelter Triumph des NSU gewertet werden.

So entpolitisiert (wie bisherige Analysten das Panther-Video bewerteten) ist es wie gezeigt keineswegs. Dennoch fehlt der Politisierung ein abstraktes Niveau und ein hohes Theoretisierungspotenzial, das sonst bei politischen Gruppierungen anzutreffen ist. Vielmehr sind die politischen Botschaften im Film subtil versteckt – aber auf einem einfachen Niveau. Da es mir durch Gespräche mit rechtsextremistischen Kadern nicht gelang, diese Lücke der rechten politischen Theorie zu schließen, habe ich mich an einen der „Großmeister der radikalen politischen Theoriebildung" gewandt. Dabei handelt es sich um einen Mann, der von einem politischen Extrem ins Nächste wanderte – einmal von ganz links nach ganz rechts. Es ist unbestritten, dass Horst Mahler die Theoriebildung der RAF zumindest zu Beginn maßgeblich prägte. Bei den Linksextremisten unterlag er einem politischen Richtungsstreit mit Ulrike Meinhof. Während Mahler eine sozialrevolutionäre (auf Deutschland fixierte) linksrevolutionäre Bewegung anstrebte, favorisierte Meinhof eine terroristisch-internationalistische Strategie. Meinhof setzte sich durch und bestimmte damit die RAF-Politik der kommenden Jahre. Mahler hingegen wandte sich noch während seiner Gefangenschaft von der RAF ab. 1980 wurde er aus der Haft entlassen und 1987 wieder als Anwalt zugelassen. Spätestens seit Mitte bzw. Ende der 90er Jahre tendierte er zum rechtsextremen Milieu. Er trug (als Parteimitglied und Anwalt) wesentlich dazu bei, dass das Verbotsverfahren gegen die NPD scheiterte – zudem rief er angeblich die Reichsbürger-Bewegung aus. Mahler wurde immer wieder inhaftiert, die Haftgründe: verfassungswidrige Betätigung, Holocaust-Leugnung sowie Mord- und Gewaltandrohung.

Zur Zeit der Anfertigung dieses Buchs lag Mahler auf der Krankenstation der JVA Brandenburg an der Havel, nachdem man ihn im dortigen Krankenhaus den zweiten Unterschenkel amputiert hatte – eine von Brandenburgern Richtern in Erwägung gezogene Haftverschonung aus gesundheitlichen Gründen wurde angeblich aufgrund massiver juristisch-politischer Interventionen aus Bayern doch nicht gewährleistet.

Des besseren Verständnisses wegen gebe ich Teile meines Briefs an Mahler hier wieder: „Inzwischen arbeite ich an einem Sachbuch über den Nationalsozialistischen Untergrund (NSU). Hier ist es (ebenso wie in meinen Büchern über die RAF) mein Anliegen, die NSU-Ideologie objektiv und ohne Bewertung zu rekonstruieren und den Lesern zu präsentieren, damit diese ihr eigenes Urteil fällen können. Allerdings tue ich mich schwer damit, aus den wenigen Bruchstücken, die der NSU als Ideologie hinterlassen hat, theorieimmanent eine Rechtfertigung für die Morde an neun Menschen mit Migrationshintergrund abzuleiten. Ich habe inzwischen Gespräche mit Personen geführt, die dem NSU nahestanden, um das NSU-Theorie-Desiderat meines Buchs zu lösen. Aber alle Gesprächspartner haben behauptet, dass die neun ‚Česká-Morde‘ auch aus radikal-rechter Weltanschauung heraus nicht zu rechtfertigen sind und die Morde politisch somit keinen Sinn machen. Hierbei fällt mir die Beurteilung schwer: Ist das ein taktisches Gesprächskalkül, um öffentlich gut dazustehen oder ist es tatsächlich so, dass sogar die extreme Rechte die Morde des NSU weltanschaulich nicht zu rechtfertigen in der Lage ist? Deshalb wende ich mich (obwohl ich über Ihren schlechten Gesundheitszustand informiert wurde) an Sie. Da ich Sie als ‚Graue Eminenz‘ sowohl linker als auch rechter Theorie- und Weltanschauungsbildung betrachte, würde ich mich über eine Einschätzung Ihrerseits sehr freuen. Dies würde meinem Buchprojekt immens weiterhelfen."

Der Inhalt des Antwortschreibens hatte es in sich, denn Mahler antwortete direkt auf meine Frage einer theoretisch-ideologischen Unterfütterung der Česká-Morde, ohne ein Blatt vor den Mund zu nehmen. Das Perfide und zugleich Faszinierende an seinem Schreiben ist, dass es von der Form her elegant und tiefsinnig, vom Inhalt her aber brutal ist. Doch der Leser möge sich selbst ein Urteil bilden, weshalb ich das argumentative Kernstück des Briefs im Folgenden ungekürzt (aber mit Zwischenkommentaren) wiedergebe:

„Wie kann man Morde rechtfertigen wollen? Dann wären es ja keine Morde. Die Taten sind geschehen – und haben Bedeutung (und nicht nur eine). Zu den Bedeutungen kann man sich verhalten."

Wie ersichtlich verneinte Mahler, dass es eine Rechtfertigung für Morde gibt. Dieses Argument ist vermeintlicher Balsam für die Seele eines Demokraten. Doch Mahler ist ein Dialektiker der alten Schule, dessen Verstand nicht nur durch Diskussionen mit Meinhof, Ensslin und Baader, sondern auch durch intensive Hegel- und Marx-Lektüre geschult wurde. Durch seine Feststellung, dass eine Entschuldigung das Mordmerkmal tilgt, also dass Tötungen, die einen Grund haben, entschuldbar sind, bahnte er argumentativ den Weg zur ideologisch-weltanschaulichen Rechtfertigung der NSU-Morde.

Diese Lesart bestätigt sich, da er im nächsten Satz nicht von Morden, sondern nur noch von „Taten" sprach. Zudem ordnete er den Taten Bedeutungen zu. Die argumentative Floskel signalisiert, dass er die Handlungen des NSU nicht als Morde, sondern als Taten mit einer Sinn- und Bedeutungshaftigkeit interpretierte. Dies pointierte er, indem er behauptete, dass man sich zu den Bedeutungen der Taten verhalten könne. Damit meinte Mahler, dass er es für gerechtfertigt hält, die Taten des NSU gutzuheißen oder zu verdammen. Natürlich ließ er offen, wie er zu den Taten steht, denn ein politischer Standpunkt benötigt eine gute Begründung, insbesondere, wenn es sich bei den politischen Taten (zu denen man sich zu verhalten hat) um gravierende politische Straftaten handelt:

„Ich frage mich: wären diese Taten des NSU auch dann geschehen, wenn die Auflösung unseres Volkes nicht so penetrant in Erscheinung getreten wäre, wie in diesen Tagen?"

Damit eröffnete Mahler das politisch-argumentative Schlachtfeld. Die Begründung, wieso die Morde des NSU für ihn Taten sind, lieferte er in Form einer Frage. Er klassifizierte die neun Morde an Menschen mit Migrationsstatus als Taten, da sich das deutsche Volk in einem Zustand zunehmender Auflösung befinde. Hier greift eine rhetorische Argumentationsfigur, denn was juristisch als Mord gesehen werden muss, wird in seiner politisch-historischen Interpretation als politische Tat umgewertet, die den Erhalt des deutschen Volks als oberste Prämisse besitzt. Ohne diese politischen Taten würde (so Mahlers Argumentation) das deutsche Volk noch stärker aufgelöst, als dies ohnehin schon der Fall ist.

Eigentlich könnte an dieser Stelle die Beantwortung meiner Frage nach der weltanschaulichen Rechtfertigung der NSU-Morde beendet sein. Allerdings würde damit einem Meister der politischen Großtheorie nicht Genüge getan. Folglich baute Mahler seine Argumentation wie folgt aus: „Das aber ist eine sinnlose Frage, weil sie nur nach äußerlichen Zusammenhängen fragt, nicht nach dem Grund der Erscheinung. Die Antwort wäre keine Erkenntnis, sondern nur eine Meinung. Mich interessieren Meinungen grundsätzlich nicht."

Damit entzog er dem vermeintlich politisch-weltanschaulichen Gehalt seiner Antwort den Boden. Allerdings nur dem Schein nach, denn die Antwort hat (seinem Bekunden nach) Bestand, wenn nach äußerlichen Zusammenhängen gefragt wird. Dies reichte Mahler nicht aus, denn er wollte wohl argumentativ in die Tiefe gehen und klassifizierte seine Antwort als Meinung. Meinungen stehen nicht in dem Verdacht, politische Urteilsfähigkeit zu ermöglichen. Zudem sind Meinungen weit davon entfernt, weltanschauliche Theoriezusammenhänge zu zementieren. Deshalb machte Mahler an dieser Stelle seiner Argumentation eine Rolle rückwärts und postulierte, dass er an Meinungen kein Interesse habe, sondern dass er vermutlich in hegelianischer und marxistischer Tradition nach dem Grund der Meinungen frage. Insofern bereitete er argumentativ den Boden für das, was (seiner Meinung nach) die Ursache für die NSU-Morde war. Der Grund ist für ihn eine weltanschauliche Voraussetzung. Wer sich im Theoriegut des Nationalsozialismus auskennt, der weiß, dass Nationalsozialisten davon ausgehen, dass sie im Besitz einer durch naturwissenschaftliche Gesetze bestätigten Weltanschauung sind, die objektiv wahr ist. Andere Weltanschauungen sind für die Rechten nur Ideologien, die nicht durch naturwissenschaftliche Gesetze gestützt werden. Insofern überrascht es auch nicht, dass Mahler auf den Selbsterhaltungswillen des deutschen Volkes zu sprechen kam. Diesen Selbsterhaltungswillen der Völker hatte bereits Hitler formuliert und in der Nachfolge der Darwin'schen Evolutionsbiologie als Gesetz festgeschrieben. In dieser weltanschaulich-ideologischen Tradition argumentierte Mahler, als er schrieb: „Die NSU-Morde sind im Zweifel Ausdruck des Selbsterhaltungswillens des Deutschen Volkes. Deshalb ist die Aufregung groß." (sic!)

Damit sprach er den Morden als politischen Taten eine hohe Weihe zu. Zschäpe, Böhnhardt und Mundlos hätten die „politischen Taten" aus der naturwissenschaftlich-weltanschaulichen Notwendigkeit heraus begangen, dass das deutsche Volk erhalten bleibt. Dies ist der Grund, den Mahler für die Taten unterstellte und der für ihn aufgrund der naturwissenschaftlichen Fundierung nicht zu hinterfragen ist. Zudem postulierte er, dass sich die Aufregung um die NSU-Morde nicht wegen der Toten an sich vollzog. Vielmehr hätte es die große medial-gesellschaftliche Resonanz auf die Morde nur deshalb gegeben, da die NSU-Taten den Selbsterhaltungswillen des Deutschen Volks widerspiegeln würden. Dabei bleibt Mahler aber nicht stehen, durch seine weitere Argumentation wird klar, dass er diesen Selbsterhaltungswillen als Naturgesetz ansieht und wen er daher als Gegner identifiziert: „Diesen Willen wollen unsere Feinde vernichtet sehen."

Hier wendete Mahler ein rhetorisches Mittel an, alle Leser des Briefs für sich vereinnahmen zu wollen. Denn er sprach von „unseren" Feinden und nicht den Feinden des Deutschen Volks, den Feinden der Rechtsextremisten oder den Feinden des NSU. Somit versuchte er Betroffenheit bei den Adressaten des Briefs hervorzurufen und Verständnis zu generieren, dass das deutsche Volk die Berechtigung zur Selbsterhaltung besitzt. Allerdings spricht Mahler abstrakt von Feinden des deutschen Volks. Dabei geht er davon aus, dass klar ist, wer die Feinde des deutschen Volks unter dem weltanschaulichen Deckmantel des Erhalts der deutschen Nation sind. Diese Lücke möchte ich durch die Erfahrungen meiner Gespräche mit Rechtsextremen schließen. Die Feinde des deutschen Volks sind demnach alle, die sich für eine multikulturelle Gesellschaft und für einen humanen Umgang mit Flüchtlingen einsetzen.

Die diesbezüglichen primären Feinde lauten also Bundeskanzlerin Angela Merkel (die vor allem 2015 für eine tolerante Flüchtlings-politik eintrat) die Partei der Grünen (die Multikulturalismus in Deutschland begrüßt) die Presse und die restlichen sogenannten „Gutmenschen". Im erweiterten Sinne zählen zu den Feinden auch diejenigen Institutionen und Behördenakteure, die sich zu Erfül-lungsgehilfen dieser Politik machen. Im Gegensatz zu anderen rechtsextremen Kadern nannte Mahler Ross und Reiter beim Na-men.

Nachdem er das Recht der Selbsterhaltung des Deutschen Volks und die Feinde dieses Willens identifiziert hat, setzte er noch eins drauf und fragte nach der Vernünftigkeit der Anliegen: „Das führt auf die weitere Frage, ob der Selbsterhaltungswille vernünftig ist. Für mich ist das keine Frage mehr. Ich wünschte mir allerdings, dass dieser Wille einen vernünftigen Ausdruck fände." (sic!)

Damit erteilte Mahler dem NSU bezüglich seiner Morde eine Art Generalabsolution. Mahler versuchte klarzumachen, dass der Selbsterhaltungswille des deutschen Volks für ihn vernünftig ist und somit Taten, die der Durchsetzung dieses Selbsterhaltungs-willens dienen, weltanschaulich-ideologisch gerechtfertigt sind. Wäre der Brief an dieser Stelle zu Ende, wäre es ein Leichtes, ein moralisches Werturteil aus demokratisch-freiheitlicher Sicht zu fällen. Um diesem Urteil vorzubeugen, baute Mahler einen argu-mentativen Schutzschirm ein. Denn er gab zu erkennen, dass er sich wünscht, dass der Selbsterhaltungswille des deutschen Volkes einen vernünftigen Ausdruck fände. Damit stellte er die Vernünf-tigkeit der Česká-Morde als Ausdruck des vernünftigen Selbster-haltungswillens in Frage, aber nicht die politischen Taten an sich. Als Dialektiker unterlässt er eine Abqualifizierung der NSU-Taten, da diese seiner Meinung nach den berechtigten Ausdruck des Selbsterhaltungswillens des Deutschen Volks symbolisieren. Seine Frage nach einem vernünftigen Ausdruckswillen kann dahingehend interpretiert werden, dass er die Morde als nicht ausreichend zum Schutz der deutschen Nation erachtet. Vielmehr könnte die Ansicht dahinterstehen, dass es umfangreicherer Aktivitäten zum Erhalt der deutschen Rasse bedarf. Was konkret gemeint ist, bleibt offen. Die Reihe der Maßnahmen könnte von einem Putsch gegen die Regierung über eine Abriegelung der deutschen Grenzen bis hin zu einem Aufstand der Massen mit pogromartigen Handlungen gegenüber Ausländern (die diese zum Verlassen Deutschlands zwingen) reichen. Dies sind Möglichkeiten eines potenziellen Handlungsspektrums, die Mahler als vernünftigen Ausdruck des Selbsterhaltungswillens des Deutschen Volks ansehen könnte. Auch die Errichtung von Konzentrationslagern für volksschädliche oder ausländische Elemente könnte im Bereich des Möglichen liegen – auch wenn es nicht einmal ansatzweise so verbalisiert wurde.

Mahler spielte vermutlich bewusst mit einer analytisch leeren Floskel, deren empirische Füllung dem Leser überlassen bleibt. Fest steht, dass die Beantwortung seiner Frage aus einer nationalsozialistisch-darwinistischen Perspektive erfolgt.

Der Schluss des Briefs spielt mit einer rhetorisch geschickt platzierten Frage (mit ebenjenem skizzierten Alternativszenario), wenn Mahler nach dem vernünftigen Willen des Ausdrucks der Selbsterhaltung der Deutschen fragt: „Welcher wäre das?"

13   Die NSU-Untersuchungsausschüsse

Da die Verwicklung staatlicher Institutionen und Akteure in die Causa NSU nicht länger geleugnet werden kann, wurde es ein gesellschaftspolitisches Anliegen, diese Vorgänge öffentlich zu untersuchen. Ein parlamentarischer Untersuchungsausschuss schien das probateste Mittel zu sein, da hier die Ermittlungs- und Deutungshoheit bei Parlamentariern (also den gewählten demokratischen Repräsentanten in Deutschland) liegt. Da Deutschland eine föderale Struktur besitzt, gibt es sowohl auf Bundes-, als auch auf Länderebene die Möglichkeit, parlamentarische Untersuchungsausschüsse einzuberufen. Kennzeichen der Untersuchungsausschüsse ist, dass es sich um einen nicht ständigen parlamentarischen Ausschuss bzw. eine Kommission zur Untersuchung von Sachverhalten handelt – in unserem Fall des NSU und seiner mörderischen Umtriebe. Die Aufklärung der NSU-Affären lag im öffentlichen Interesse begründet. Dazu erhielten die Ausschüsse Sonderbefugnisse.

Die zu Recht lang anhaltende Empörung der deutschen Bevölkerung, Medien und Parlamentarier nach Auffliegen des NSU führte dazu, dass auf Bundes- und Landesebene diese NSU-Untersuchungsausschüsse eingerichtet wurden, welche die Mord- und Gewalttaten des NSU aufklären sollten, wobei die Frage nach möglichen Unterstützern sowie die Rolle staatlicher Behörden und Akteure gestellt wurde. Zwischen Februar 2012 und April 2018 haben der Bundestag und acht Landesparlamente NSU-Untersuchungsausschüsse eingerichtet. Es kann festgestellt werden, dass die Ergebnisse dieser Ausschüsse den Prozess vor dem OLG München vorbereiten halfen.

Um Behördenversagen aufzudecken (aber auch um „Opferangehörigen" Gerechtigkeit widerfahren zu lassen) wurde der 1. Bundestagsuntersuchungsausschuss im Winter 2012 gegründet. Der Vorsitzende, Sebastian Edathy, gehörte der SPD an. Zur Freude der NSU-Unterstützer stellte sich nach dem Ausschuss heraus, dass Edathy (der den Ausschuss an sich recht souverän leitete) Dinge erworben hatte, die nicht frei vom Ruch der Pädophilie waren. Diese menschliche Schwäche mindert nicht seine im Ausschuss geleistete Arbeit, die parteiübergreifend als gut bezeichnet wird.

Der Ausschuss stellte die zum damaligen Zeitpunkt richtigen Fragen. So sollte der Ausschuss herausfinden, welche Informationen Sicherheits- und Ermittlungsbehörden zwischen 1992 und 2011 über Zschäpe, Böhnhardt und Mundlos, ihre Taten und ihr Unterstützerumfeld hatten und wie mit diesen Informationen umgegangen wurde. Weiter, ob wegen Versäumnissen der Bundesbehörden die NSU-Bildung und die Netzwerk-Unterstützung erleichtert und ob unter Umständen die Aufklärung von Straftaten erschwert wurde. Wesentlich war auch die Frage nach V-Leuten im NSU-Umfeld, die dem NSU gegebenenfalls Waffen, Identitäten usw. beschafften. Diese Frage war von herausragender Bedeutung, da untersucht werden sollte, ob Beweismittel zum NSU und seinem Umfeld von Behörden vorschriftswidrig vernichtet wurden.

Die 1½-jährige Ausschussarbeit verursachte kein Polit-Beben, aber es waren kritische Reflexionen zu vernehmen. Der ehemalige Bundesinnenminister Schily (SPD) räumte eine Mitverantwortung für Fehler im Zusammenhang mit der NSU-Anschlagsserie ein, wobei er auf sein voreiliges Interview Bezug nahm, in dem er einen terroristischen Anschlag in der Keupstraße ausgeschlossen hatte. Er nahm zudem die Landesinnenminister in die Pflicht und betonte die gemeinsame Verpflichtung zur Aufklärung. Einige Landesinnenminister stimmten in diese Selbstkritik mit ein, andere wiesen diese von sich und nahmen ihre Landesbehörden in Schutz. Als problematisch trat im Ausschuss die Frage der Ermittlungshoheit zutage. Hätte diese wirklich so lange bei den Länderbehörden verbleiben oder doch früher an das BKA übertragen werden sollen?

Ein Schwerpunkt des Ermittlungsausschusses, an dem das Ausmaß staatlicher Verwickelung deutlich wurde, war die „Operation Rennsteig". Hier war bekannt geworden, dass das BfV, der MAD und das LfV Thüringen zwischen 1996 und 2003 verschiedene V-Leute im Milieu des THS rekrutiert hatten. Dies ist von Brisanz, da sich der NSU in diesem Umfeld entwickelte.

Die Tatsachen der Aktenvernichtungen wogen schwer. Das BfV hatte mindestens 35 Akten über diesen Vorgang angelegt, wobei ein BfV-Mitarbeiter (aka „Theo Lingen") sieben von diesen eine Woche nach dem Auffliegen des NSU in Eisenach schreddern ließ. Der damalige Präsident des BfV beklagte einen erheblichen Vertrauensverlust in seine Behörde, gestand die Aktenvernichtung über die V-Männer ein, wobei diese aus formalen Gründen erfolgt sei. Neben Fromm traten auch die Präsidenten der Landesämter Thüringen und Sachsen von ihren Posten zurück. Ein solches Stühlerücken auf den Chefetagen der Geheimdienste hatte es seit dem tödlichen RAF-Fiasko in Bad Kleinen nicht mehr gegeben.

Überraschend kam Fromms Eingeständnis, dass er von den eigenen Mitarbeitern hinters Licht geführt wurde, wobei er einen Referatsleiter im Verdacht hatte. Die Aktenlöschungen konnte er nicht schlüssig erklären. Im selben Atemzug kritisierte er das föderale Geheimdienstwesen in Deutschland, da z. B. seine Behörde das LfV Thüringen über eingesetzte V-Leute unterrichten musste, dies aber nicht umgekehrt galt. So habe er erst aus den Medien erfahren, dass das LfV Thüringen Brandt als zentrale Figur des THS führte. In der Summe half der Untersuchungsausschuss zwar Licht in die Vorgänge um die Aktenschredderei zu bringen, aber das Hauptanliegen (die Inhalte der Akten zu rekonstruieren) scheiterte. Dies ist sehr bedauerlich, da durch diese Akten pikant-brisante Informationen über die Verwicklung von staatlich alimentierten V-Männern beim NSU bekannt geworden wäre. Insofern ist die Reaktion zweier Familien der Mordopfer verständlich, die gegen das BfV Anzeige wegen Strafvereitelung im Amt erstatteten. Die Ausschuss-Suche nach der Wahrheit ging weiter, wozu ermittelnde Beamte geladen wurden. Dennoch beklagte Edathy im Februar 2013, dass das Bundesinnenministerium jegliche Stellungnahme oder Information zu V-Mann Corelli verweigerte. Immerhin konnte der Ausschuss den V-Mann-Führer von Corelli in einer nicht-öffentlichen Sitzung befragen. Dabei kam heraus, dass Corelli ein Mitglied beim europäischen Ableger des Ku-Klux-Klans war – seine dortige Funktion war die Anwerbung neuer Mitglieder. Corelli war dabei ziemlich umtriebig. Er war Kopf der rechten Szene in Sachsen-Anhalt, Herausgeber rassistischer Zeitungen und Fanzines. Da bei der Garagendurchsuchung in Jena vor dem Abtauchen in die Illegalität auch Corellis Name auf einer Mundlos zugeschriebenen Adressliste gefunden wurde, stand somit fest, dass der NSU in Kontakt mit Corelli stand (was der V-Mann bis 2012 abstritt). Die Undurchsichtigkeit von Corellis Rolle wird insbesondere durch seinen Tod deutlich. Er befand sich in einem Zeugenschutzprogramm und starb angeblich infolge eines nicht diagnostizierten diabetischen Schocks.

Die Ergebnisse des Bundestagsuntersuchungsausschusses, die in einem 1357-seitigen Abschlussbericht festgehalten wurden, lauteten: Die Ermittlungsbehörden hatten fehlerhafte Ermittlungen durchgeführt (z. B. Hinweise nicht richtig ausgewertet, Durchsuchungen schlampig vorbereitet), wodurch die weitere Existenz des NSU gesichert war. Es kamen fragwürdige Ermittlungsmethoden der Staatsorgane ans Licht, da diese z. B. türkischstämmige Männer als angebliche Journalisten einsetzten. Außerdem habe die Polizei zu einseitig in Richtung OK ermittelt und Opfer-Angehörige unberechtigt verdächtigt. Beim Thema Verfassungsschutz nahm der Ausschuss kein Blatt vor den Mund, denn diesem wurde Versagen vorgeworfen, da Analysen falsch waren, was zur Fehleinschätzung des NSU-Trios führte und weitere Morde ermöglichte. Hinsichtlich des V-Mann-Wesens kam der Ausschuss zu dem Schluss, dass Aufwand und Ertrag von V-Personen zur Aufklärung rechtsterroristischer Verfahren nicht verhältnismäßig waren. Das bedeutet, dass die V-Männer zu viele staatliche Zuwendungen erhielten, aber ihren V-Mann-Führern nicht ausreichend belastbare Ergebnisse zuspielten. Vor diesem Hintergrund überrascht der ambivalente nächste Befund wenig. Dieser besagt, dass es keine Hinweise gebe, die eine Unterstützung des NSU durch die Behörden vermuten lassen. Die wichtige Einschränkung lautet dabei, dass dieses Ergebnis durch die Verwendung der V-Leute eingeschränkt werde. Bezüglich der politischen Verantwortlichkeiten wurden Fehler und Versäumnisse unabhängig von der Parteizugehörigkeit festgestellt. Beckstein (CSU/Bayern) habe die Ermittler trotz seines Verdachts nicht scharf genug angewiesen in Richtung rechtsextremistisches Motiv zu suchen, Bundesinnenminister Schily (SPD) und sein Länderkollege aus NRW, Fritz Behrens (SPD), hätten zu früh einen rechtsextremistischen Hintergrund des Nagelbombenattentats in Köln ausgeschlossen. Zudem habe der nächste Bundesinnenminister Wolfgang Schäuble (CDU) die Ermittlungsarbeit in Sachen Česká-Mordserie nicht intensivieren und die Ermittlungshoheit nicht an das BKA übertragen lassen. Der damalige hessische Innenminister Volker Bouffier (CDU) verweigerte den V-Leuten des Verfassungsschutzes die Aussageerlaubnis und sperrte die (die V-Männer betreffenden) Akten für 120 Jahre, was für sich spricht.

Der zweite NSU-Bundestagsausschuss konstituierte sich im Herbst 2015 auf Antrag aller Fraktionen, um ausgehend von den Ergebnissen anderer Untersuchungsausschüsse offene Fragen (vor allem hinsichtlich der Behördenarbeit) zu beantworten. Der Name des Ausschusses lautete „Terrorgruppe NSU II", ein ehemaliger Polizist, Clemens Binninger (CDU), führte den Vorsitz. Erneut tagte der Ausschuss für 1 1/2 Jahre. Binninger übte scharfe Kritik. So monierte er mangelhafte Ermittlungen z. B. hinsichtlich Zschäpes 42 Handynummern, und er hinterfragte kritisch den schnellen polizeilichen Informationsfluss nach einem NSU-Banküberfall. Trotz eines 1800 Seiten umfassenden Abschlussberichts blieben weiterhin viele Fragen offen.

Thüringen spielte eine Schlüsselrolle in der NSU-Geschichte, sodass es nicht verwunderlich ist, dass das Bundesland zwei Untersuchungsausschüsse durchführte. Der erste (im Februar 2012 konstituierte) Untersuchungsausschuss trug den Titel „Rechtsterrorismus und Behördenhandeln". Nach Abschluss der Arbeit wurden vier Berichte veröffentlicht. Der Bericht der Schäfer-Kommission enthielt brisante Aspekte über polizeiliches Versagen bei ihrer Ermittlungsarbeit. Erwähnenswert ist der Abschlussbericht vom August 2014, der knapp 2000 Seiten umfasst. In 68 Sitzungen waren 123 Zeugen und Sachverständige verhört worden und die gesichteten Akten besaßen ein Volumen im unteren 5-stelligen Bereich.

Nach der Landtagswahl 2014 wurde der NSU-Untersuchungsausschuss fortgesetzt, wobei die Zielsetzung lautete, die Aufklärungsarbeit zu intensivieren. Im Fokus standen die mysteriösen Todesumstände von Böhnhardt und Mundlos, da der 1. Thüringer Untersuchungsausschuss neun Indizien zusammengetragen hatte, die gegen einen erweiterten Suizid sprachen. Demnach bleiben unübersehbare Fragezeichen in Sachen Ableben von Böhnhardt und Mundlos.

Auch Sachsen berief zwei parlamentarische Untersuchungsausschüsse ein. Der erste nahm die Arbeit im April 2012 mit der Bezeichnung „Neonazistische Terrornetzwerke in Sachsen" auf. Unter den 19 Mitgliedern des Ausschusses befand sich auch ein NPD-Mitglied. Im Juni 2012 wurden zwei Berichte vorgelegt, wobei sich der erste mit den Verfassungsschutzaktivitäten bei der Suche nach dem NSU befasste und der zweite den Fallkomplex NSU in seiner Gänze unter die Lupe nahm. Beide Berichte heimsten bezüglich ihrer Substanz Kritik ein, zumal der Tenor lautete, dass das Land Sachsen und seine Behörden keine Schuld treffe, andere aber durchaus für die Versäumnisse verantwortlich zu machen seien. Nach der Landtagswahl wurde ein neuer Untersuchungsausschuss mit denselben Inhalten gegründet.

Auch Bayern richtete 2012 einen Untersuchungsausschuss ein, der den Titel „Rechtsterrorismus in Bayern – NSU" trug. Hinsichtlich der vom NSU begangenen Morde war Bayern ein „NSU-Hotspot". Inhaltlich fokussierte der Ausschuss rechtsextremistische Strukturen in Bayern zur Zeit der NSU-Morde und welche Maßnahmen die Behörden dagegen ergriffen. Auch den in Bayern begangenen NSU-Morden wurde Aufmerksamkeit geschenkt.

Der Ausschuss in Nordrhein-Westfalen bildete sich 2014 und sollte sich den in Köln verübten NSU-Sprengstoffanschlägen widmen, ebenso wie dem Mord an Kiosk-Besitzer Kubaşık in Dortmund. Ein weiteres Ziel bestand darin, Fehler der nordrhein-westfälischen Behörden und Ministerien aufzudecken. Skandalös war an dem Ausschuss, dass die Vorsitzende Nadja Lüders (SPD) wegen Befangenheit zurücktreten musste, da sie 1999 den späteren Polizistenmörder Michael Berger aus dem rechtsextremen Spektrum als Anwältin vertreten hatte.

In Baden-Württemberg gab es zwei NSU-Untersuchungsausschüsse, da in Heilbronn der erste und einzig bekannte NSU-Mord an einer Polizeibeamtin stattfand. Die Stichpunkte lauten: die verunreinigten Wattestäbchen, keine Auswertung des privaten Mail-Accounts der Ermordeten und Nichtbeachtung von Zeugenaussagen. Zur Vorbereitung sollte Innenminister Reinhold Gall (SPD) alle Ergebnisse über den NSU zusammenzutragen, wobei im Januar 2014 ein 169-seitiger Bericht über die Kontakte der NSU-Mitglieder im Südwesten veröffentlicht wurde. Kiesewetter wurde als Zufallsopfer des NSU bezeichnet und ein NSU-Unterstützer-Netzwerk in Baden-Württemberg gebe es nicht, was durch Aussagen des unter mysteriösen Umständen verstorbenen Florian Heilig, der von Treffen zwischen NSU und der südwestdeutschen Neoschutzstaffel (NSS) berichtete, konterkariert wurde. Der Bericht des 1. Ausschusses steht im Verdacht, geschont worden zu sein und kritische Fragen verklärt zu haben, was sicherlich wahltaktischem Kalkül zuzurechnen ist, da der Bericht 2016 (zwei Monate vor den Landtagswahlen) öffentlichkeitswirksam vorgestellt wurde. Dabei wäre es für die herrschenden Parteien ein Fiasko gewesen, zu große Versäumnisse und Fehler einzugestehen. Vor diesem Hintergrund ist die Empfehlung der Ausschuss-Mitglieder zu verstehen, nach der Wahl einen zweiten Ausschuss einzurichten, was im Juli 2016 erfolgte.

Dieser Ausschuss trug den sperrigen Titel „Das Unterstützerumfeld des Nationalsozialistischen Untergrunds (NSU) in Baden-Württemberg und Fortsetzung der Aufarbeitung des Terroranschlags auf die Polizeibeamten M. K. und M. A. (Rechtsterrorismus/NSU BW II)".

Ein Abschlussbericht wurde durch die AfD-Fraktion verhindert. Die AfD sah keine Beweise dafür, dass Böhnhardt und Mundlos die Täter von Heilbronn seien. Strittig zwischen AfD und anderen Parteien sind Hypothesen über Verwicklungen von (ausländischen) Geheimdiensten und Islamisten. Ebenso steht die Frage weiterer Tatbeteiligter ungeklärt im Raum.

Das Bundesland Hessen steht wegen des Mordes an Yozgat im Fokus, da Verfassungsschützer Temme im Internetcafé anwesend war. Im Mai 2014 wurde der Untersuchungsausschuss eingesetzt, der die Zusammenarbeit zwischen den Bundes- und Landesbehörden im Mordfall Yozgat untersuchte. Dies dauerte bis zum Frühjahr 2018 und es gelang nicht, einen gemeinsamen Abschlussbericht vorzulegen.

In Brandenburg wurde im Frühjahr 2016 ein Untersuchungsausschuss zur „Organisierten rechtsextremen Gewalt und Behördenhandeln, vor allem zum Komplex Nationalsozialistischer Untergrund (NSU)" eingesetzt, der ab Juni 2016 tagte. Ein Fokus lag auf den Versäumnissen des brandenburgischen Verfassungsschutzes, wobei es um die Rolle des V-Manns „Piatto" ging. Dessen V-Mann-Führer Gordian Meyer-Plath hatte in den 90er Jahren Kontakte zur Thüringer rechtsextremen Szene. Piatto hatte den Behörden 1998 Hinweise zur Waffenbeschaffung des NSU gegeben, wobei die Behörden der Information nicht die notwendige Bedeutung zumaßen, wodurch gegebenenfalls zehn Morde ermöglicht wurden.

Der letzte Untersuchungsausschuss betrifft Mecklenburg-Vorpommern. Im März 2017 wurde ein Landtagsinnenausschuss zur Untersuchung des NSU-Terrors eingesetzt, der zwar Sachverständige (aber keine Zeugen) vernehmen konnte, aber nicht mit denselben Ermittlungsbefugnissen wie die anderen Untersuchungsausschüsse ausgestattet war. Dem Ausschuss wurde Akteneinsichten verwehrt, was zur Neukonstituierung im April 2018 führte. Der Ausschuss soll sich vor allem mit der Frage der Opferauswahl des NSU beschäftigen und bis Anfang 2021 dauern. Technische Unwägbarkeiten, wie das Fehlen abhörsicherer Räume, verzögerten die Arbeit.

Fazit

Nach der Sinnhaftigkeit der Untersuchungsausschüsse befragt, antwortete Mazyek (ZDM), dass er den darin involvierten Politikern durchaus Ernsthaftigkeit unterstelle. Die Frage nach den Ergebnissen und ob es sich um Aktionismus zur Beruhigung der Bevölkerung handelte, fiel dagegen zwiespältiger aus. Zwar war laut Mazyek das Bemühen der Ausschüsse unbestreitbar, aber die Arbeit wurde durch das Verhalten der befragten Beamten (die bestritten, Kenntnisse von Dingen zu haben oder sich nicht mehr erinnern wollten) oder eine fehlende Aussageerlaubnis erschwert.

Insofern fällt das Fazit über die Ausschüsse zwiespältig aus. Einerseits ist das Bemühen des Staats erkennbar, Licht ins Dunkel der Causa NSU zu bringen. Andererseits ist defizitäres Verhalten vorhanden, wenn es um die Frage der Staatsräson geht. Denn daran scheiterte der Aufklärungswille der Parlamentarier. So blieben in allen Ausschüssen die Ergebnisse, die Verstrickungen der Behörden, ihrer V-Männer und einzelner Behördenakteure betreffen, im

NSU-Fall unbrauchbar. Ein Aufklärungswille, der (wie Bundeskanzlerin Merkel äußerte) den „Opfer-Angehörigen" Gerechtigkeit widerfahren lässt, ist für viele und auch mich nicht vollumfänglich erkennbar.

14 Der NSU-Prozess:
Wiederherstellung der Gerechtigkeit?

Der NSU-Prozess kann keine Toten zum Leben erwecken. Insofern ist die Frage, ob ein Gerichtsprozess „Gerechtigkeit" wiederherstellen kann, müßig. Deshalb sollte die Frage anders formuliert werden. In Gesprächen mit „Opfer-Angehörigen" respektive deren Nebenklage-Anwälten wurde betont, dass erwartet wurde, die Wahrheit herauszufinden. So hehr dieses Ziel ist: auf einem theoretisch-abstrakten Level dienen Gerichtsprozesse der Wahrheitsfindung, aber dies ist nicht die wichtigste Funktion von solchen Verfahren.

Dennoch soll in diesem Kapitel ein Fokus daraufgelegt werden: Diente der NSU-Prozess der Wahrheitsfindung? Erfuhren die Opfer-Angehörigen, warum ihre Liebsten ermordet wurden? Oder war der Prozess eher ein Instrument der Sozialhygiene, um die für die Staatsräson Deutschlands unerquickliche NSU-Affäre zu deckeln?

Der Prozess in München richtete sich gegen fünf Personen. Die Anklage beschuldigte sie, an den NSU-Aktionen beteiligt gewesen zu sein. Vor dem 6. Strafsenat des OLGs startete der Prozess am 6. Mai 2013 unter dem Vorsitzenden Richter Manfred Götzl, und die Beweisaufnahme endete im Juli 2017. Die Plädoyers erfolgten knapp ein Jahr später und einen Monat darauf erfolgte das Urteil, das Zschäpe wegen Mittäterschaft und Mitgliedschaft in einer terroristischen Vereinigung sowie Brandstiftung zu einer lebenslangen Freiheitsstrafe verurteilte. Die Mitangeklagten wurden wegen Beihilfehandlungen zu Freiheitsstrafen zwischen zweieinhalb und zehn Jahren verurteilt. Noch ist das Urteil nicht rechtskräftig, da die Bestätigung durch den Bundesgerichtshof (BGH) aussteht. Inzwischen liegt aber die schriftliche Urteilsbegründung des OLG München vor.

Die Frage nach dem zuständigen Gerichtsstand ist beim NSU-Verfahren nicht unerheblich. Wieso ausgerechnet München und nicht Thüringen oder Sachsen, wo doch der NSU nachweislich dort seinen Lebensmittelpunkt besaß? Dies hängt mit der Straftaten-Dichte des NSU zusammen, der fünf Morde in Bayern verübte. München verfügt zudem über den für terroristische Verfahren notwendigen Staatsschutzsenat. Zudem handelt es sich bei dem Gerichtssaal um den größten der Münchner Justiz, wobei aufgrund der Verfahrensbrisanz zusätzliche Räume und Sicherheitsschleusen errichtet wurden. Die Plätze der Nebenkläger wurden für den Prozess vorbereitet. Das hohe Interesse am Prozess war an den Zuschauerzahlen ersichtlich. Auch die mit dem Verfahren verbundenen Kosten waren immens: knapp 30 Millionen €, wobei der Löwenanteil auf Anwaltskosten entfiel.

14.1 Das juristische Personal

Bei einem Prozess von herausragender Bedeutung ist es lohnenswert, einen Blick auf die Prozessbeteiligten zu werfen. Wie es für ein Mammut-Verfahren angebracht ist, war das Gericht mit fünf Berufsrichtern und drei Ergänzungsrichtern besetzt. Den Vorsitz hatte Götzl, der sich schon zuvor durch prominente Verfahren profiliert hatte. Er besitzt einen tadellosen Ruf und offenbar traute man ihm eine souveräne Durchführung des im Vorhinein als schwierig klassifizierten Verfahrens zu.

Die weiteren Richter waren vier Männer und zwei Frauen, wobei die Besetzung variierte, da z. B. während des Verfahrens Berufungen an andere Institutionen und Ausscheiden aus dienstlichen Gründen stattfanden. Das erschwerte die Durchführung des Prozesses aber nicht, da Hauptlast und Verantwortung beim Vorsitzenden Richter lagen.

Normalerweise schützt die BAW die FDGO, da sie terroristische Straftaten verfolgt und zur Anklage bringt. Im NSU-Prozess hatte die BAW dagegen vor allem den Auftrag, Anklage gegen die Beschuldigten zu erheben und die Interessen des deutschen Staats zu wahren. Hieraus wird ersichtlich, dass es beim NSU-Prozess um die Wahrheitsfindung nicht immer zum Besten bestellt gewesen sein könnte, wenn die Staatsräson Deutschlands auf dem Spiel stand.

Unter den vier Vertretern, welche die BAW entsandte, waren auch RAF-Veteranen, die bei RAF-Prozessen eine wesentliche Rolle gespielt hatten. Insofern wurde auf Routine, Zuverlässigkeit und Erfahrung in Sachen politisch brisanter Verfahren gesetzt. Herbert Diemer hatte die NSU-Ermittlungen von Anfang an geleitet, während Oberstaatsanwältin Anette Greger für Zschäpe zuständig war. Der Dritte im Bunde, Oberstaatsanwalt Jochen Weingarten hatte die Aufgabe, sich um die anderen Angeklagten zu kümmern. Unterstützung erfuhr das Trio durch Staatsanwalt Stefan Schmidt.

Bei Gerichtsverfahren sind Nebenkläger eher nicht relevant. Beim Prozess in München verhielt sich das anders. Die Nebenklage-Anwälte vertraten die Angehörigen der NSU-Opfer und Verletzte der Bombenanschläge. Oberstes Ziel war herauszufinden, warum die Väter, Ehemänner, Onkel, Brüder usw. sterben mussten.

Die insgesamt 95 Nebenkläger des Prozesses wurden durch 60 Anwälte vertreten. Einige Anwälte entwickelten im Prozessgeschehen politisches Engagement. Zu den bekanntesten Anwälten mit Migrationshintergrund zählten Daimagüler und Başay-Yıldız. Sie und andere Anwälte engagierten sich in Zeugenbefragungen und mit Recherchen. So erzählte mir Daimagüler, dass er zum BKA nach Meckenheim gefahren sei, um prozessrelevante Unterlagen einzusehen, die nicht an Anwälte verschickt wurden. Dass diese Arbeitszeit nicht bezahlt wurde, störte Daimagüler am wenigsten. Er fand aber das Verhalten, mit dem ihm das BKA begegnete, überraschend. Er und sein Kollege durften die Unterlagen zwar ansehen, aber keine Ausdrucke davon mitnehmen. Diese Umstände zeigen, dass es dem Staat in Sachen Wahrheitsfindung nicht so ernst gewesen sein kann, wie er vorgab.

Auch etliche Nebenklage-Anwälte haben sich in Gesprächen mit mir über das (alles andere als kooperative) Verhalten deutscher Behörden beschwert.

Einige Nebenklage-Anwälte benutzten die Prozessbühne, um für politische Anliegen zu werben. Diese betrafen migrantische oder linke Anliegen. Einigen unpolitischen Anwälten der Nebenklage ging es dagegen eher um eine Beschleunigung des Verfahrens. Nicht selten versuchte die Seite der Angeklagten, das Gerichtsverfahren durch Befangenheitsanträge und anderes zu bremsen.

Der Prozess barg Überraschungen und Enttäuschungen. So zog sich die Schwester Taşköprüs 2018 als Nebenklägerin aus dem Verfahren zurück, weil ihr Anwalt im Plädoyer das Existieren eines institutionellen Rassismus der Ermittlungsbehörden bestritt. Zudem hatte sie die Beweislage gegen Wohlleben als nicht ausreichend bezeichnet, was im Umkehrschluss bedeutete, dass sie Zweifel an seiner Vermittler-Tätigkeit der Mord-Česká besaß. Eine Gewährsperson aus dem rechtsextremistischen Spektrum (die bis zum Ende nah am NSU dran war) teilte mir mit, dass Wohlleben dem NSU zwar eine Waffe besorgt habe – aber nicht die ominöse Mord-Česká. Die von Wohlleben besorgte Waffe hätte der NSU gegebenenfalls bei Banküberfällen benutzt. Sollte dieser Hinweis stimmen, läge auf der Hand, dass ein Fehlurteil gegen Wohlleben ergangen ist, das politisch motiviert und verfahrensökonomischen Erwägungen entsprungen sein könnte.

Die fünf Angeklagten des NSU-Prozesses wurden ursprünglich durch elf und zuletzt 14 Verteidiger vertreten. Die Hauptangeklagte Zschäpe hatte gleich drei Pflichtverteidiger: Wolfgang Heer, Wolfgang Stahl und Anja Sturm. Über die Namen der drei Anwälte wurde auch im rechtsextremen Lager gewitzelt.

Im Juli 2015 kam es zwischen Zschäpe und ihren Pflichtverteidigern zum Eklat. Anlass war die Vernehmung des ehemaligen V-Manns Brandt. Hier war Zschäpe angeblich der Meinung, dass ihre Anwälte Brandt nicht scharf genug hinsichtlich seiner V-Mann-Tätigkeit ins Kreuzverhör genommen hatten. Dieses von Zschäpe als Fehlverhalten bewertete Agieren führte zum Bruch. Der in München zugelassene Rechtsanwalt Grasel hatte Zschäpe bereits beraten und wurde auf Wunsch als 4. Pflichtverteidiger (dem aber ihr volles Vertrauen galt) zugeordnet. Im Winter 2015 wurde Grasels Kanzleikollege Hermann Borchert als zweiter neuer Verteidiger Teil von Zschäpes Verteidigerteam. Sowohl Borchert als auch Grasel distanzierten sich von der rechten Szene, wurden aber dennoch von vielen Prozessbeteiligten quasi automatisch derselben zugeordnet. Verfahrenstechnisch hatten die Verteidigerwechsel insofern Auswirkungen, dass sie das Verfahren verlangsamten. Allerdings darf nicht unterschlagen werden, dass z. B. Grasel nicht ausreichend Einarbeitungszeit erhielt, um sich adäquat für das Verfahren vorzubereiten.

Nachdem Zschäpe am 16. Juli 2014 ihren Pflichtverteidigern Heer, Stahl und Sturm das Vertrauen entzogen hatte, unterbrach das Gericht den Prozess, woraufhin eine schriftliche Stellungnahme Zschäpes folgte. Diese wurde vom Gericht so bewertet, dass sie keine stichhaltigen Gründe liefere, die ein nachhaltig zerrüttetes Vertrauensverhältnis nahelegen. Deshalb wurde der Prozess fortgesetzt, wobei die groteske Situation entstand, dass Zschäpe nicht mehr mit ihren Verteidigern kommunizierte. Ein knappes Jahr später stellte Zschäpe am 209. Verhandlungstag einen Entpflichtungsantrag gegen ihre Pflichtverteidigerin Sturm, da diese vertrauliche Informationen öffentlich gemacht und dadurch ihre anwaltliche Schweigepflicht verletzt habe. Die Vorwürfe gingen weiter, denn Sturm habe sie massiv unter Druck gesetzt und wichtige Informationen nicht an die anderen Verteidiger weitergeleitet.

Das Pflichtverteidiger-Trio wies die Anschuldigungen Zschäpes zurück. Danach rückte der prozessrelevante Inhalt des Streits in den Fokus. Es ging um Zschäpes Aussagebereitschaft vor Gericht, wovon ihr ihre Anwälte abrieten. Zschäpes Verteidiger Grasel sagte mir folgendes zu den Gründen des Verteidigerwechsels: „Die unüberwindbaren Differenzen bzgl. der Verteidigungsstrategie, die im Laufe des Prozesses zu Tage getreten sind und sich zunehmend verstärkt haben." Was Grasel nicht erwähnt, ist, dass Zschäpes Äußerung juristischer Selbstmord war. Die von Heer, Stahl und Sturm angeratene Strategie des Schweigens war juristisch (da scheinen sich beinahe alle einig gewesen zu sein) sinnvoll. Zschäpes Einlassung machte insofern überhaupt keinen Sinn, wie mir einer ihrer Pflichtverteidiger telefonisch bestätigte. Hinzu kam, dass Zschäpe dadurch im Wesentlichen die Annahmen der BAW stützte. Dieses rational nur schwer erklärbare Aussageverhalten Zschäpes führte zu Verdächtigungen, wonach sie eine V-Frau sei oder dass sie erpresst wurde, wobei die diesbezügliche Verhandlungsmasse ihr Leben oder ein von ihr im Untergrund geborenes Kind sei. Hinweise und Gerüchte über ein Kind Zschäpes kursieren im rechten Lager und bei Menschen aus dem Umkreis der Sicherheitsbehörden, ohne dass hierzu belastbares Beweismaterial vorliegt.

Kurze Zeit später beantragten Zschäpes Pflichtverteidiger die Entbindung von ihrem Mandat, da ihnen eine ordnungsgemäße Verteidigung nicht möglich sei. Dieses Ansinnen wurde von der BAW, den Nebenklage-Anwälten und dem OLG abgelehnt. Zschäpes Anzeigen gegen ihre Verteidiger wegen Verletzung von Privatgeheimnissen blieben juristisch folgenlos.

Die Querelen zwischen Zschäpe und ihren Verteidigern führten letztendlich dazu, dass Wohllebens Verteidiger Nahrath die Aussetzung des Verfahrens und die Beendigung der Untersuchungshaft für seinen Mandanten beantragte, da eine ordnungsgemäße Verteidigung Zschäpes nicht gewährleistet sei. Zschäpe schloss sich diesem Antrag an.

Das OLG lehnte den Antrag ab, da die Pflichtverteidiger eingearbeitet seien und aktiv an der Verteidigung teilnähmen. Dass zwischen Zschäpe und den Verteidigern eine mangelhafte Kommunikation herrsche, sah das OLG als unerheblich an, sodass der Prozess weitergeführt wurde.

Nahrat, Klemke und Schneiders vertraten Wohlleben. Die Anwälte werden wohl allgemein als Anwälte der rechten Szene gesehen. Hierzu schrieb mir Klemke in einem ausführlichen Brief: „Meine politische Einstellung steht außerhalb des Prozesses. Wie Außenstehende meinen, meine angebliche politische Gesinnung einschätzen zu können oder zu müssen, entzieht sich meinem Einfluss."

Damit sprach Klemke einen Aspekt an, der nach Strafprozessordnung eindeutig ist, da die persönliche politische Einstellung eines Anwalts innerhalb eines Prozesses keine Rolle spielen sollte. Dennoch spricht die Art und Weise der Verteidigung meines Erachtens für sich, da die drei Anwälte Beweisanträge zum angeblichen Mord an Rudolf Heß und zur demografischen Belegbarkeit des Deutschland drohenden „Volkstods" durch Migrationsströme stellten. Außenstehende beschuldigten Klemke im Verfahren zudem der Profilierungssucht, um sich Klientel aus dem rechten Spektrum zu sichern. Dies wies Klemke von sich: „Unverständlich ist für mich die Wertung, ich hätte den Prozess – wozu auch immer – ‚instrumentalisiert'. Ich habe vielmehr – gemeinsam mit Nicole Schneiders und Wolfram Nahrath – alle aus meiner Sicht angezeigten prozessualen Maßnahmen ergriffen, um meinen Mandanten sachgerecht zu verteidigen."

Damit verweist Klemke verklausuliert darauf, dass er vor Gericht nur seinen Job machte und nicht weltanschauliche Überzeugungen zu vertreten versuchte.

Die Anwälte der Angeklagten Eminger, Gerlach und Schultze traten zurückhaltender auf, wobei es auch beim Angeklagten Eminger ein Hin und Her mit seinen Verteidigern gab. Sowohl Eminger als auch Wolleben wurden von der rechtsextremen Szene als Prozesssieger gefeiert, während Zschäpes Ansehen in der Szene wohl nachhaltig und irreversibel beschädigt ist. Hierzu ein ehemaliger NSU-Sympathisant: „Es ist uns völlig egal, was mit Zschäpe passiert. Soll sie doch in einem elendiglichen Loch verrecken."

14.2 Die Angeklagten

Über die Frage, wieso ausgerechnet diese fünf Angeklagte auf der Bank saßen, gehen die Meinungen auseinander. Dieser Umstand hängt damit zusammen, wie man die Zusammensetzung des NSU beurteilt. Hierzu sagte mir Nebenklage-Anwalt Stephan Kuhn persönlich: „An die Trio-These der Bundesanwaltschaft glaubt ja heute kein Mensch mehr. Es liegt klar auf der Hand, dass der NSU zumindest zeitweise Teil eines großen Netzwerks war."

Demnach waren also in München zu wenige NSU-Unterstützer angeklagt, wobei die diesbezüglichen Begründungen auseinandergehen. Es wird der Verdacht geäußert, dass der Staat seine Beteiligungen an der Causa NSU unter den Tisch fallen lassen wollte – andere führen in erster Linie verfahrensökonomische Gründe an, denn mit mehr Prozessbeteiligten hätte der Prozess zu scheitern gedroht. Ankündigungen der BAW (weitere Verfahren in Sachen NSU anzustrengen) haben sich bisher nicht bewahrheitet.

Eine andere Meinung lautet, dass Zschäpe zu Unrecht auf der Anklagebank saß, da ihr juristisch nichts im Zusammenhang mit dem NSU nachgewiesen werden konnte. Dennoch war es für die BAW nötig, sie anzuklagen, da sonst keine Anklage nach § 129 a StGB hatte zustande kommen können. Dieser „Terrorismus-Paragraf" besagt, dass von einer terroristischen Vereinigung gesprochen werden kann, wenn diese mindestens drei Personen umfasst. Die beiden Uwes alleine hätten daher nicht für einen „Terroristen-Prozess" ausgereicht.

Die Anklagepunkte gegen Zschäpe lauteten: Mittäterschaft in zehn Mordfällen, besonders schwere Brandstiftung sowie Gründung und Mitgliedschaft in einer terroristischen Vereinigung.

Wohlleben wurde Beihilfe zum neunfachen Mord vorgeworfen, da er die Mord-Česká vermittelt haben soll. Schultze soll ebenfalls Beihilfe zum neunfachen Mord durch die Beschaffung der Tatwaffe geleistet haben. Eminger wurde Beihilfe zu einem Sprengstoffanschlag, Raub und Unterstützung einer terroristischen Vereinigung vorgeworfen. Der gegen Gerlach vorgebrachte Anklagepunkt lautete Unterstützung einer terroristischen Vereinigung.

Während Zschäpe seit dem 8. November 2011 in Haft saß, wurde Wohlleben am 29. November 2011 in Untersuchungshaft genommen. Emingers Inhaftierung erfolgte erst am 13. September 2017, da die BAW ein hohes Strafmaß forderte. Sowohl Wohlleben als auch Eminger befinden sich seit der Urteilsverkündung wieder auf freiem Fuß, da die Urteilsbestätigung durch den BGH noch aussteht.

14.3 Akkreditierungsverfahren für Journalisten

Vor Prozessbeginn sorgte das Akkreditierungsverfahren für Journalisten für hohe Wellen. Der Vorsitzende Götzl hatte eine Vergabe der wenigen Journalistenplätze nach dem Windhund-Prinzip vorgesehen. Das bedeutet, dass die Journalisten, die am schnellsten waren, die Plätze erhielten. Wie kaum anders zu erwarten, waren die ca. 50 Presseplätze sofort vergeben. Der Haken daran war, dass so (nach der Platzvergabe) keine türkischen Medienvertreter für den Prozess zugelassen waren.

Deshalb entschied das Bundesverfassungsgericht (BVerfG) wegen der Bedeutung des Prozesses für die deutsch-türkischen Beziehungen, dass die Plätze neu zu vergeben seien, da türkische Medien aufgrund der Herkunft der Opfer ein veritables Interesse an der Prozessteilnahme hätten. Die Plätze wurden im Losverfahren neu vergeben.

Die Querelen um die Platzvergabe verzögerten den Start des Verfahrens um drei Wochen. Die Querelen der Platzvergabe hatten bereits vor Prozessbeginn die hohe politische Relevanz des Verfahrens angedeutet.

14.4 Prozessverlauf

Der Prozess gegen Zschäpe u. a. begann am 6. Mai 2013. Die Schwierigkeit des Prozesses lag darin, dass Ereignisse aufgerollt wurden, die sich über einen Zeitraum von 14 Jahren erstreckten. Zudem galt es Verflechtungen von Akteuren zu rekonstruieren und diesen juristische Bedeutung zuzuschreiben. Die auf 650 Aktenordnern basierende Anklageschrift umfasste 488 Seiten. Das Volumen der Verfahrensakten betrug knapp eine halbe Million Seiten, die immer wieder ergänzt wurden.

Der Versuch einer chronologisch-thematischen Einordnung des Prozessgeschehens ergibt, dass im ersten Jahr vor allem die Kapitalverbrechen des NSU untersucht wurden. Das zweite Jahr widmete sich der Frage, ob und inwiefern es Verwicklungen der Behörden mit dem NSU-Komplex gab. Das dritte Prozessjahr diente der Aufarbeitung der dem NSU zugeschriebenen 15 Raubüberfälle. Ab 2015 ist es unmöglich, inhaltlich-thematische Schwerpunkte zu identifizieren. Hier standen die Verteidigerwechsel Zschäpes sowie ihre psychologische Begutachtung im Mittelpunkt. Anschließend hagelte es Beweisanträge der Anwälte und der Nebenkläger. Da der

Vorsitzende Götzl bemüht war, keinen Revisionsgrund zu liefern, wurden z. T. Anträge genehmigt, obwohl sie nicht durchweg einen direkten Prozessbezug erkennen ließen.

Die durch den Prozess bewältigte Menge an Zeugen, Sachverständigen und Beweisanträgen ist immens. Durch Beweisanträge der Nebenklage-Vertreter kamen Aspekte an die Oberfläche, die bisher unbekannt waren. So wurde aufgeklärt, dass Zschäpe im Jahr 2000 die Berliner Synagoge ausspähte und dass sie an der finalen Version der NSU-Bekenner-DVD mitarbeitete.

Insgesamt wurden 800 Ladungen ausgesprochen. Darunter befanden sich 13 Verfassungsschutzmitarbeiter, insbesondere aus Hessen und Thüringen. Ebenso brisant waren die Vernehmungen von acht V-Personen. Umso erstaunlicher mutet die Zurückweisung der Ladung von zwei V-Männern an, die einen engen NSU-Bezug aufwiesen. Sowohl Tarif als auch Primus durften nicht vor Gericht erscheinen. Dies lässt den staatlichen Aufklärungswillen unter Umständen in einem zweifelhaften Licht erscheinen. Wie erinnerlich ging es den Nebenklägern vor allem um die Wahrheitsfindung, die durch eine solche Weigerung behindert wurde.

Kritische Prozessbeobachter monierten, dass die Vorgeschichte des NSU detailliert vor Gericht aufgearbeitet, die Zeit in der Illegalität in Zwickau aber stiefmütterlich behandelt wurde – ein Manko, das leider ebenso auf die Mehrzahl der bisher über den NSU veröffentlichten Sachbücher zutrifft und das durch dieses Buch zumindest ansatzweise behoben werden soll. Beim Prozess mag dies vielleicht mit mangelndem staatlichen Aufklärungswillen zusammenhängen, da durch eine Erforschung dieser Zeitspanne unangenehme Einzelheiten über eine staatliche Verwicklung via Geheimdienste hätte herauskommen können.

Bei 310 Zeugen ging es um einen direkten Bezug zu den NSU-Verbrechen – alleine 53 betrafen den Nagelbombenanschlag in der Keupstraße. Die beiden NSU-Morde, denen die größte Bedeutung zugeschrieben wurde, waren die Morde an Yozgat und Kiesewetter. Hierzu wurden je 26 Zeugen vernommen.

Die Anwälte der Angeklagten überzogen das Gericht mit Befangenheitsanträgen, wobei ca. die Hälfte auf die Verteidiger Wohllebens zurückzuführen sind. Lediglich der Befangenheitsantrag gegen den von Zschäpes Verteidigung beauftragten Gutachter Bauer hatte Erfolg.

Es gehört zu den Eigenschaften des deutschen Gerichtswesens, dass Angeklagte auch das Recht haben, zu schweigen. So machten Zschäpe, Wohlleben und Eminger von ihrem Aussageverweigerungsrecht Gebrauch. Im Gegensatz dazu stellte sich der Angeklagte Schultze der BAW als Kronzeuge zur Verfügung und machte ausführliche Einlassungen vor Gericht. So gestand er, dass er in Zusammenarbeit mit Wohlleben eine Česká und Schalldämpfer besorgt hätte, wobei fraglich ist, wieso Böhnhardt und Mundlos den Schalldämpfer erst vergleichsweise spät einsetzten. Zudem wurde bereits auf die Fragwürdigkeit von Schultzes Aussagen hingewiesen, da dieser nachweislich falsche Angaben zu der angeblichen Tatwaffenübergabe gemacht hatte.

Weniger zweifelhaft waren die Aussagen des Mitangeklagten Gerlach. Dieser gestand, dass er Pässe und einen Führerschein für den NSU organisierte und dass er darüber hinaus fünfstellige Geldbeträge für das Trio verwaltete. Zudem machte Schultze Aussagen, die zur Beurteilung von Zschäpes Charakter wichtig waren. Im Einklang mit dem ersten psychologischen Gutachter beschrieb er Zschäpe als durchsetzungsstark.

Neben den Zeugenaussagen (deren Wertigkeit in Frage gestellt wurde) musste die Anklage auf Indizien zurückgreifen, wofür 7000 Beweisstücke und 1000 weitere Zeugenaussagen ausgewertet wurden. Dabei „glänzten" sowohl Zeugen aus der rechtsextremen Szene als auch Vertreter deutscher Behörden nicht selten durch Erinnerungslücken. Leider machte das Gericht in diesem Zusammenhang nicht von sonst üblichen Ordnungsmitteln (wie Geldbußen oder Untersuchungshaft) Gebrauch, welche die Gedächtnisamnesien hätten disziplinieren können.

Der Anklage und dem Gericht blieben Sachbeweise. Im NSU-Bekenner-Video ist ein klares Bekenntnis des NSU zu den Morden und Sprengstoffanschlägen enthalten. Was im Video fehlt, ist eine persönliche Zuschreibung der Einzeltaten.

Für die Anklagevertretung kam erschwerend hinzu, dass der NSU an keinem der Mord- und Sprengstoff-Tatorte DNA-Spuren oder Fingerabdrücke hinterließ. Es gab zwar Zeugenaussagen zu den möglichen Tätern, diese verwiesen aber nicht immer auf Böhnhardt und Mundlos. Dennoch steht für Wohlleben-Anwalt Klemke die Täterschaft der beiden Uwes außer Frage. Hierzu stellte er fest: „Gegen Böhnhardt und Mundlos lagen bei Erhebung der Anklage gegen Zschäpe u. a. – trotz mehrerer Lücken und auch widerstreitender Beweisanzeichen – letztlich sehr wohl genügend Beweise vor, die – für den Fall, das sie noch gelebt hätten – mit an Sicherheit grenzender Wahrscheinlichkeit für einen Schuldspruch gereicht hätten."

Entscheidend waren die im Wohnmobil und in den Ruinen des Zwickauer NSU-Unterschlupfs gefundenen Gegenstände. Hierzu Klemke: „Es ist richtig, dass an den Tatorten der Morde selbst – abgesehen von den Projektilen und Hülsen, die aus den Waffen verfeuert wurden – keine objektiven Beweise existierten. Dies wird jedoch von anderen, in der Wohnung in Zwickau und im Wohnmobil festgestellten Beweismitteln aufgewogen." Zudem (so Klemke weiter) hätte es Personenbeschreibungen gegeben, die auf Böhnhardt und Mundlos hinwiesen.

Bei den Tatwaffen gab es minimale DNA-Anhaftungen des NSU-Männer-Duos, allerdings auch weitere DNA-Spuren, die niemandem zugeordnet werden konnten. Zudem konnten in der Zwickauer Wohnung Medienberichte über NSU-Taten sowie Unterlagen sichergestellt werden, die auf umfangreiche Ausspäh-Maßnahmen hinweisen, wie Stadtpläne mit Markierungen und Lageskizzen. Stichhaltig ist eine Hose von Mundlos, die Blutspritzer Kiesewetters aufwies. Auf meine Frage an Zschäpes Pflichtverteidiger Stahl, wie es sein könne, dass die Hose noch nach all den Jahren belastende Blutspritzer aufweise und weshalb Mundlos sie nicht entsorgt habe, antwortete er: „Ich habe beispielsweise auch Kleidungsstücke in meinem Keller liegen, die ich seit Jahren nicht gewaschen habe und die ich nicht zu waschen vorhabe, weil ich sie kaum trage. Dabei handelt es sich um meine Uniform."

So alltagspragmatisch die Antwort anmutet, so scheint an dieser Stelle durchaus ein durchaus Fragezeichen angebracht. Als weitere Indizien für die NSU-Täterschaft sprechen Aussagen von Vermietern der Wohncamper, die NSU-Mitglieder beim Mietvorgang identifizierten.

Die juristische Problematik Zschäpes liegt auf der Hand. Sie hat sich der Brandstiftung des Hauses in Zwickau schuldig gemacht, aber darüber hinaus gibt es kaum Anhaltspunkte für direkte Tatbeteiligungen. Insofern scheint es logisch, dass die BAW das Konstrukt der Mittäterschaft bemüht hat, demnach es Zschäpes Funktion gewesen sei, als Tarnkappe für den NSU zu fungieren. Sie hielt bekanntlich die bürgerlich-biedermeierliche Maske der Dreier-WG aufrecht. Zschäpe oblag laut BAW die Aufgabe, den Kontakt zu Nachbarn zu pflegen, damit keine Verdachtsmomente entstanden. Nicht unwesentlich im Zusammenhang mit einer terroristischen Vereinigung ist, dass sie zudem auch der „NSU-Kassenwart" war.

Dies mag sich so verhalten haben, aber ob die Schlussfolgerung der BAW (dass Zschäpe ein gleichberechtigtes Mitglied der Terrorgruppe war) zutreffend ist, darf bezweifelt werden. Grasel hat dies mir gegenüber begründet, denn zunächst wäre an der Beziehung zwischen Zschäpe und Böhnhardt zu monieren, dass es sich um eine asymmetrische handelte. Grasel wörtlich: „Die Beziehung zu Uwe Böhnhardt war dabei durchaus auch von Gewalt und Abhängigkeit geprägt." Eine solche Form der Liebesbeziehung könnte die Denkfigur der gleichberechtigten Mittäterin in Frage stellen. Dies ist eher eine psychologische als eine juristische Frage. Ein anderer Verteidiger Zschäpes stieß in dasselbe Horn, als er mir sagte: „Das Verfahren gegen Zschäpe begann mit konkreten Vorwürfen und es wurde ein beachtliches Drohpotenzial aufgebaut. Die These der Mitttäterschaft ist falsch, aber dennoch löste sie einen immensen Druck aus. Frau Zschäpes psychische Belastung war insofern immens."

Auch nicht direkt mit dem Verfahren befasste Juristen äußerten Zweifel an Zschäpes Mittäterschaft. So lautet eine Einschätzung, dass Zschäpes Verhalten als unterstützende Beihilfe mit zwingender Strafmilderung zu bewerten sei, auch wenn ihre Beteiligung am „NSU-Medienarchiv" durch Fingerabdrücke und das Aufnehmen von TV-Sendungen über NSU-Taten belegt werden konnte.

In politischen Prozessen ist es ein Höhepunkt, wenn einer der Angeklagten das Wort ergreift, um eine Einlassung vorzutragen. In Prozessen gegen die RAF handelte es sich um stundenlange Erklärungen auf einem hohen politischen Niveau. Nicht so im NSU-Fall.

Die Medien haben Zschäpes Schweigen mit Argusaugen betrachtet. Dabei wurden ihr häufig Gefühlskälte und Teilnahmslosigkeit attestiert – zumal Angehörige der Opfer drastische und emotionale Appelle an sie richteten. Zu Beginn des Jahres 2015 glaubten die Medienvertreter einen Wandel zu spüren, sodass Vermutungen genährt wurden, dass sie sich nun doch zur Sache äußern würde. Tatsächlich ließ Zschäpe Grasel am 9. Dezember 2015 eine 53 Seiten lange Erklärung verlesen. Der Inhalt war wenig spektakulär, dass sie sich überhaupt äußerte dagegen schon. In der Erklärung bestritt Zschäpe, an den Morden und Anschlägen beteiligt sowie Mitglied des NSU gewesen zu sein. Darüber hinaus behauptete sie, dass der NSU Mundlos Idee war. Sie gestand aber, die NSU-Wohnung in Zwickau in Brand gesteckt zu haben.

Zschäpes Selbststilisierung als abhängige Person wurde von vielen Prozessbeobachtern abgelehnt, denn dadurch versuchte sie die Schuld auf Böhnhardt und Mundlos abzuladen. Die BAW fällte ein vernichtendes Urteil über die Einlassung, denn sie bezeichnete Zschäpes Schlussvortrag als Strategie des teilweisen Schweigens und teilweisen Zugebens. Zudem seien die belastenden Beweismittel zu stark, um ihrer Selbstbeschreibung Glauben zu schenken.

Es blieb nicht bei dieser einen Einlassung Zschäpes, denn 2016 wurden ihr vom Gericht Fragen vorgelegt, die sie schriftlich beantwortete und die Antworten von ihren Anwälten verlesen ließ. Am

29. September 2016 verlas sie zudem selbst eine kurze Erklärung im Gerichtssaal, in der sie sich u. a. bei den Opfern entschuldigte. Sie erklärte auch, dass sie sich vom Nationalsozialismus gelöst habe. Dieser Schritt führte dazu, dass sich ihre ehemaligen politischen Weggefährten zum größten Teil von ihr abwandten. In ihrer Erklärung betonte sie, dass die politischen Ideale von einst nichts mehr bedeuteten, denn heute beurteile sie Menschen nach ihrem Verhalten und nicht nach ihrer Herkunft. Alle Rechtsextreme, mit denen ich im Zuge meiner Recherchen sprach, kreideten Zschäpe diese Aussage als beinahe unverzeihlich an. Es gibt kaum Solidarität mit ihr. In den Augen der Öffentlichkeit rettete sie die Aussage auch nicht, denn alle zweifelten an ihrer Aufrichtigkeit. Ihr wurden Gefühlskälte, ein taktisches Verhältnis zur Wahrheit und Unaufrichtigkeit vorgeworfen. Ihre Entschuldigungen (die zunächst dringend gefordert worden waren) wurden nicht akzeptiert. Von verschiedenen Seiten und aus unterschiedlichen politischen Lagern ist mir bestätigt worden, dass Zschäpes Erklärung ein juristischer Selbstmord war. Während die eine Seite davon ausgeht, dass der psychologische Druck auf Zschäpe zu groß wurde und sie zum Sprechen nötigte, sehen andere ihr Verhalten als Folge einer Erpressung. Eine meiner geheimen Quellen aus den Behörden- und Sicherheitskreisen verlautbarte, dass er davon ausgehe, dass der Deal darauf hinauslief, dass man ihr ihr Leben zusicherte, solange sie Aussagen tätigte, welche die BAW-Version stützten und die Staatsräson schützten. Hinzu kommt, dass meine Quelle das Gerücht, dass Zschäpe im Untergrund Mutter wurde, bestätigte. Er nimmt an, dass Zschäpe eine Tochter hat, da das Mädchen angeblich dabei war, als sie mit Böhnhardt ein Wohnmobil holte und das Mädchen Zschäpe Mama nannte. Mein Informant vermutet,

dass ein Kind wohl das beste Druckmittel gegen Zschäpe darstelle. Demnach könnte das Kind den Sicherheitsbehörden als Erpressungsmasse ihr gegenüber dienen, um „wohlgefälliges Aussageverhalten" zu erzwingen.

Wohllebens Erklärung wurde am 16. 12. 2015 mit Spannung erwartet. Im Gegensatz zu Zschäpe verlas er die knapp zweistündige Erklärung selbst. Er bestritt, dass er die bei den Mordtaten benutzte Česká besorgt hatte. Wohlleben ließ Gerüchten zufolge bei engen Kameraden verlauten, dass er eine Pistole für den NSU besorgt hatte – aber nicht die Mord-Česká. Vielmehr beschuldigte Wohlleben den Mitangeklagten Schultze, diese Waffe allein besorgt zu haben. So sicherte sich Wohlleben Sympathien seiner Kameraden und retournierte die Beschuldigungen des „Aussteigers" und BAW-Kronzeugen. Denn Schultze war bei den ehemaligen Kameraden natürlich unten durch, da er sich der BAW bereitwillig zur Verfügung gestellt hatte – zumal sein Abwenden von der rechten Szene und seine gleichgeschlechtliche Orientierung ans Tageslicht gekommen waren. In den Augen der mit Wohlleben sympathisierenden Kameraden entsprach dessen Beschuldigung keinem Verrat, da Schultze Wohlleben als erster belastet hatte.

Wohlleben gestattete dem Gericht Fragen. Vielleicht hatten die früheren Kameraden Zschäpe und Wohlleben in einem geheimen Bündnis beschlossen, einander nicht zu belasten. Gemeinsam war ihnen auch die Attitüde, sich als Opfer der „Siegerjustiz" darzustellen.

Wie nicht anders zu erwarten, wurden Wohllebens Aussagen (ebenso wie diejenigen Zschäpes) als unglaubwürdig eingestuft. Wohllebens Selbstinszenierung ist als wirkungsvoll zu bewerten, zumal es wie eine konzertierte Aktion erscheint, dass bei seiner Einlassung hochrangige neonazistische Kader anwesend waren.

Wohlleben bediente also die (an ihn von der Szene herangetragenen) Erwartungen, er wollte nicht wie Zschäpe als Verräter deklassiert werden. Deshalb betonte er, dass er von seinen politischen Überzeugungen nicht abgewichen sei. Dies rechnen ihm seine Kameraden in der Tat hoch an. Neben Eminger (der das Gericht massiv provozierte, indem er rechtsextremistische Tattoos im Gerichtssaal zur Schau stellte) gilt Wohlleben in der rechten Szene als politischer Held, der selbst unter extremem Druck keinen Verrat beging.

14.6 Die psychiatrischen Gutachten

Hier geht es um die Frage, wie die beiden psychiatrischen Gutachten vor Gericht wirkten, welche Auswirkungen sie auf den Prozess hatten und wie sie in der öffentlich wahrgenommen wurden.

Das OLG München beauftragte Prof. Dr. Henning Saß (der über weite Strecken des Verfahrens anwesend war) mit der Erstellung eines psychologischen Gutachtens über Zschäpe. Am 17. und 18. Januar 2017 durfte Saß seine Ergebnisse präsentieren. Wenig überraschend erklärte er, dass Zschäpe als voll schuldfähig einzustufen sei. Dadurch lieferte er der BAW eine Steilvorlage, da deren Strategie in einer harten Verurteilung Zschäpes bestand. Laut Saß gebe es bei ihr keine Hinweise auf eine signifikante psychische Störung oder Suchterkrankung. Gerade der Alkoholkonsum Zschäpes und die genetische Vorbelastung durch die Mutter hatten für Spekulationen gesorgt, dass Zschäpe (aufgrund von Abhängigkeit) nur vermindert schuldfähig sei. Saß konnte seinen Untersuchungen zufolge Zschäpe aber keine schwache Persönlichkeit bescheinigen, wie sie dies selbst in ihren Einlassungen zu suggerieren versuchte.

Zschäpes Ausführungen zufolge war sie ja lediglich das Anhängsel der beiden Uwes gewesen und hatte nicht die Kraft gefunden, sich aus den persönlichen Abhängigkeitsstrukturen zu lösen. Saß sah in Zschäpe dagegen eine klare Veranlagung zur kämpferischen Selbstbehauptung. Darüber hinaus zeichne sie sich durch Beharrlichkeit beim erfolgreichen Durchstehen existenzieller zwischenmenschlicher Konflikte aus. Doch damit nicht genug, Saß vertrat auch die Meinung, dass Zschäpe sich Männern insgesamt überlegen fühle und dass ihre Persönlichkeitsstruktur Tendenzen zur Dominanz, Härte und Durchsetzungsfähigkeit besäße. Vor diesem Hintergrund überrascht es wenig, dass Saß wegen der weiter bestehenden Gefährlichkeit von Zschäpes Person empfahl, dass diese nach Verbüßung ihrer Haftstrafe in eine Sicherheitsverwahrung genommen werden müsse. Damit ging Saß meines Erachtens ziemlich in die Vollen und erfüllte sowohl die Erwartungen der BAW, als auch die der medialen Öffentlichkeit.

Der Prozesslogik gemäß ist es folgerichtig, dass Zschäpes Verteidiger versuchten, die Schlussfolgerungen des Gutachtens zu hinterfragen. So argumentierten sie, dass die scheinbar mangelnde emotionale Betroffenheit Zschäpes mit ihrer Schweigestrategie zusammenhingen. Ihre Pflichtverteidiger (Heer, Stahl und Sturm) brachten auch Methodenkritik an dem Gutachten vor, was Zschäpes neu hinzugekommene Verteidiger Grasel und Borchert dazu motivierte, ein Gegengutachten erstellen zu lassen. Wörtlich sagte mir einer von Zschäpes Verteidigern: „Saß besaß überhaupt keine Erfahrung mit der Begutachtung rechtsextremistischer Frauen. Aus unserer Sicht – die wir auf wissenschaftliche Beratung stützen – hat Saß nicht wissenschaftlich gearbeitet, weshalb die Wertigkeit des Gutachtens zweifelhaft ist."

Bauer hatte mit Zschäpe persönlich gesprochen. Dieser Umstand sprach für Bauer und gegen Saß, da Zschäpe ein Gespräch mit Letzterem verweigerte. Es ist auch nicht verwunderlich, dass Bauer diesen Umstand zum Hauptbestandteil seines Gutachtens machte. Hinzu kam, dass Bauer Details aus Zschäpes Kindheit ans Tageslicht förderte. Zudem diagnostizierte er, dass Zschäpes Beziehung zu Böhnhardt gewalttätig war. Aus dieser Gemengelage schlussfolgerte er, dass bei Zschäpe eine schwer abhängige Persönlichkeitsstörung vorläge, woraus sich eine verminderte Schuldfähigkeit (gemäß § 21 StGB) ergebe. Dies hätte zu einer Strafminderung führen können.

Wie aus der angeheizten öffentlichen Stimmung und dem prozesstaktischen Kalkül heraus nicht anders zu erwarten war, wurde Bauers Gutachten als (angeblich forensisch) unzureichend angesehen. Dies führte aufgrund der Anträge der BAW und von Nebenklage-Vertretern im Juli 2017 zu einer Ablehnung Bauers als Gutachter. Gegen diese Befangenheitsvorwürfe wehrte sich Bauer in einer für dieses Buch geschriebenen Nachbetrachtung: „Mein Gutachten über Frau Z., das ich in der Sache nach wie vor für begründet halte, bedeutet in keiner Weise, dass ich gegenüber der Begutachteten, gegenüber ihrem Umfeld oder gegenüber rechten Gesinnungen irgendwelche Sympathien hegen würde. Das Gegenteil ist der Fall. Der Wert meines Gutachtens liegt meines Erachtens darin, dass es erkennen lässt, welche fatalen biografischen Umstände (insbesondere schwere Vernachlässigung in der frühen Kindheit und in den Jahren des Aufwachsens) einen jungen Menschen in Gefahr bringen können, sich unmenschlich oder gewalttätig agierenden Gruppen anzuschließen."

Meines Erachtens würde eine solche fachliche Argumentation beinahe jedes Gericht bzw. Jugendgericht bei einem x-beliebigen

Delinquenten akzeptieren. Schwieriger hinsichtlich einer Beurteilung ist für mich Bauers politische Einschätzung des NSU-Verfahrens, verbunden mit einer Bewertung von Zschäpes Persönlichkeit. Darauf soll kurz eingegangen werden, um zu illustrieren, wie schwer die Beurteilung der Gutachten fällt.

Bauer betonte, dass er mit den Verteidigern, die ihn beauftragt hatten, vereinbart hatte, kein Honorar zu nehmen, um unabhängig zu bleiben. Mit den Verteidigern sei auch besprochen worden, das Gericht um eine Honorierung des Gutachtenaufwands zu bitten, was auch geschah, aber vom Gericht verweigert wurde, obwohl die Gutachtenerstellung ziemlich zweitaufwändig war. Zu den Parametern der Zschäpe-Begutachtung schrieb Bauer in seiner Nachbetrachtung: „Die psychologische öffentliche und mediale Situation, die sich im Verfahren gegen Frau Z. entwickelt hatte, war gekennzeichnet von der Tatsache, dass die staatlichen Sicherheitsorgane über einen Zeitraum von über 10 Jahren bei der Fahndung schwere Fehler gemacht, vor allem lange Zeit in die falsche Richtung gefahndet hatten, was dazu führte, dass die Tätergruppe NSU zahlreiche schlimme Morde begehen konnte. Nachdem das verbrecherische Treiben des NSU endlich beendet war, gab es in der Öffentlichkeit so etwas wie ein – durchaus nachvollziehbares – Gefühl, nun etwas wiedergutmachen zu müssen."

Hier skizzierte Bauer ein Szenario, das auf Behördenfehlern basiert und das eine Grundstimmung gegen die Begutachtete hervorrief, die nichts mit Unparteilichkeit zu tun hatte. Daraus leitete er ab, dass juristisch, medial und öffentlich Vorverurteilungen gegenüber Zschäpe bestanden: „Dieser verständliche Impuls sollte nun an der ‚übrig gebliebenen' Frau Z. sozusagen abgearbeitet werden. Die gegen die Angeklagte Z. gerichtete mediale Vorverurteilung war begünstigt worden durch das in hohem Maße missverständliche Verhalten und Auftreten der Angeklagten, welches von den Medien als zynisch und unempathisch interpretiert wurde."

Damit verlagerte Bauer die Schuld auf die öffentliche Wahrnehmung Zschäpes (bezüglich ihrer Verteidigungsstrategie, eisern zu schweigen). Erst dann kam er auf seine Interpretation des Sachverhalts zu sprechen: „Dass die Angeklagte eine schwere psychische Störung hat, wurde nicht in Betracht gezogen und hätte das Bild, das man sich gemacht hatte, nur gestört … Daher wurde mein Auftreten, anstatt darin … die Chance eines unvoreingenommenen neuen Blicks auf die Angeklagte zu sehen, als Provokation empfunden und feindselig begleitet."

Bauer fühlte seine Intention (der Wahrheitsfindung des Gerichts über die Angeklagte Zschäpe zu helfen) ins Gegenteil verkehrt. Vor Gericht wurde Bauer massiv attackiert und am schwersten scheint dabei zu wiegen, dass es vermutlich weder dem Gericht noch der Öffentlichkeit um die Inhalte seines Gutachtens ging. Nicht zuletzt deshalb erhielt Bauer hier die Gelegenheit, die in den Nachbetrachtungen zusammengefassten inhaltlichen Gutachtenergebnisse zu präsentieren. Dies geschieht auch vor dem Hintergrund, dass die Urteilsbestätigung durch den BGH noch aussteht und mehrfach der Verdacht im Raum steht, dass hier das Urteil gegen Zschäpe reduziert wird, nicht zuletzt, da sie bis zum Schluss als V-Frau für eine bundesdeutsche Behörde gearbeitet haben könnte. Für eine Strafreduzierung hätte Bauers Gutachten eine Steilvorlage liefern können, denn (so Bauer): „Dessen ungeachtet habe ich dem Gericht in öffentlicher Verhandlung im Frühjahr 2017 ein Gutachten vorgetragen, welches signifikante, neue, bis dahin nicht in das Verfahren eingebrachte Informationen enthielt, insbesondere zur katastrophalen Biografie der Angeklagten (mit frühkindlicher und bis in die Adoleszenz hineinreichender Traumatisierung durch Vernachlässigung und Verwahrlosung) und zum Innenverhältnis der Dreiergruppe (u. a. schwere Misshandlungen der Angeklagten; nachweisbare Versuche sich aus dem Trio zu lösen; dessen ungeachtet aber ein Unvermögen sich zu trennen aufgrund eines pathologischen Abhängigkeitsverhältnisses)."

Wäre dieses Gutachten nicht wegen Befangenheit des Gutachters und angeblichen forensisch-methodischen Fehlern abgelehnt worden, hätte es zu einer anderen Urteilsfindung seitens des Gerichts führen können. Es bleibt abzuwarten, ob das Gutachten bei der Urteilsbestätigung oder Urteilsverwerfung noch eine Rolle spielen wird.

14.7 Die Plädoyers

Nach 373 Verhandlungstagen wurde am 18. 6. 2017 die Beweisaufnahme abgeschlossen. Als nächster Schritt schlossen sich die Plädoyers an, wobei die BAW den Vortritt hatte, gefolgt von den Nebenklage-Vertretern und den Verteidigern der Angeklagten.

Das BAW-Plädoyer begann am 25. 7. 2017 und dauerte etwa 22 Stunden. Im Kern lief es darauf hinaus, dass alle Anklagepunkte bestätigt wurden. So sah die BAW Zschäpe als Gründungsmitglied der terroristischen Vereinigung NSU. Außerdem habe sich Zschäpe der Mittäterschaft an den NSU-Taten schuldig gemacht. Die BAW forderte lebenslange Haft sowie die Feststellung der besonderen Schwere der Schuld inklusive anschließender Sicherheitsverwahrung. Den Forderungen der BAW wurde weitgehend durch das Urteil Rechnung getragen – die Sicherheitsverwahrung entfiel jedoch, was einige als Anzeichen für eine V-Mann-Tätigkeit Zschäpes sehen, da sie so die Chance hat, bei guter Führung relativ zügig aus dem Gefängnis entlassen zu werden. Wohlleben sollte laut BAW eine Freiheitsstrafe von 12 Jahren erhalten. Das Gerichtsurteil belief sich auf zehn Jahre. Gerlach sollte zu fünf Jahre Haft verurteilt werden und Schultze zu drei Jahren. Da das geforderte Strafmaß für Eminger zwölf Jahre lautete, wurde für diesen wegen Fluchtgefahr Untersuchungshaft angeordnet, wobei das verhängte Strafmaß deutlich unter den Forderungen der BAW blieb, was Eminger als „Sieger" von München erscheinen ließ – ebenso wie Wohlleben, der nach der Urteilsverkündung zurück zu seiner Familie durfte.

Die Schlussvorträge der Nebenklage-Vertreter starteten am 15. 11. 2017 und endeten am 8. 2. 2018. Mehrere Nebenklage-Vertreter bündelten ihre Plädoyers. Das längste Nebenklage-Plädoyer stammte von Daimagüler: fünf Stunden. Zudem ergriffen auch „Opfer-Angehörige" das Wort. Nicht zuletzt dadurch wurde die gesellschaftspolitische Relevanz des Verfahrens deutlich, da sowohl Nebenklage-Vertreter als auch Opferangehörige im Gegensatz zur BAW auf die institutionelle und personelle Netzwerkeinbettung des NSU verwiesen, während die BAW sich vorschnell und wahrscheinlich aus verfahrensökonomischen Gründen auf die NSU-Trio-These versteifte. Die „Opfer-Angehörigen" übten massive Kritik an der BAW, da ihr Streben, die Wahrheit herauszufinden (warum ausgerechnet ihre Angehörigen den Taten zum Opfer fielen und welche Rolle staatliche Akteure im Gesamtgefüge spielten), nicht einmal ansatzweise befriedigt werden konnte. Auch Zschäpes Anwälte sehen in der Trio-These eine Vorverurteilung ihrer Mandantin.

Ab dem 25. 4. 2018 konnten die Verteidiger ihre Plädoyers vortragen. Grasel und Borchert stellten dabei heraus, dass sie Zschäpe weder für schuldig hielten, Mittäterin der Morde noch der Anschläge zu sein. Durch diese Argumentation wäre dem Verfahren die politische Dimension hinsichtlich einer rechtsterroristischen Vereinigung der Boden entzogen, da der § 129 StGB dann nicht mehr greifen würde. Hinsichtlich anderer (den Angeklagten zur Last gelegten) Straftaten verhielt sich die Einschätzung der Schlussplädoyers anders. So räumten Grasel und Borchert eine Beteiligung Zschäpes an Raubüberfällen ein und hielten sie für verantwortlich, die Explosion in der Zwickauer NSU-Wohnung herbeigeführt zu haben. Fazit: Es wurde eine maximale Haftstrafe von zehn Jahren beantragt, die nach Urteilsverkündung bereits zum Großteil abgesessen gewesen wäre – wobei der Rest bei guter Führung zur Bewährung hätte ausgesetzt werden können.

Noch weiter gingen Zschäpes Pflichtverteidiger, die am 22. 6. 2018 davon ausgingen, dass ihrer Mandantin „nur" das Straftatmerkmal der einfachen Brandstiftung vorgeworfen werden konnte, was eine sofortige Entlassung Zschäpes aus der Untersuchungshaft bedeutet hätte. Erstaunlicherweise forderten somit die Pflichtverteidiger Zschäpes, zu denen diese ja kein Vertrauensverhältnis mehr besaß, ein geringeres Strafmaß als die Verteidiger ihres Vertrauens.

Schultzes Verteidiger plädierten auf Freispruch, da ihr Mandant nicht habe ahnen können, dass die von ihm beschaffte Schusswaffe zum Töten von Menschen verwendet würde. Diese Argumentation mutet seltsam an, da es ja die Funktion von Schusswaffen ist, Menschen zu töten.

Die Anwälte von Eminger und Gerlach gingen unisono davon aus, dass der NSU als terroristische Vereinigung „nur" bis 2007 bestanden habe. Folglich beantragten sie bei Eminger Freispruch, während bei Gerlach eine geringfügige Haftstrafe im Raum stand.

Wohllebens Anwälte forderten für ihren Mandanten Freispruch, nicht zuletzt, wie Klemke mir exklusiv schrieb, wegen der „von der Verteidigung vorgebrachten Bedenken gegen die Glaubhaftigkeit der Angaben von Carsten S."

Wohllebens Anwälten wurde der Vorwurf gemacht, dass sie ihre Schlussvorträge benutzten, um nationalsozialistische Propaganda zu verbreiten. Das waren die wenigen Momente des Prozesses, die zur propagandistischen Politisierung genutzt wurden – wie es die RAF während der allermeisten ihrer Verfahren getan hatte.

14.8 Das Urteil

Am 11. 7. 2018 wurde das mit Spannung erwartete Urteil gefällt. Der Senat verurteilte Zschäpe als Mittäterin der Morde und Sprengstoffanschläge sowie wegen Mitgliedschaft in einer terroristischen Vereinigung und schwerer Brandstiftung zu einer lebenslangen Freiheitsstrafe. Zudem wurde eine besondere Schwere der Schuld festgestellt, aber erstaunlicherweise ohne anschließende Sicherheitsverwahrung, was erneut auf Zschäpes Zugehörigkeit zu einem Geheimdienst hinweisen könnte. Die Urteilsbegründung hinsichtlich der strittigen Punkte sah das Gericht durch Zschäpes ausländer- und staatsfeindliche Ideologie gegeben. Zudem soll sie in Zusammenarbeit mit Böhnhardt und Mundlos das Konzept der Tatbegehung „ausbaldowert" haben. Demnach sei es dem NSU mit Zschäpes Segen darum gegangen, bei seinen weltanschaulichen Taten eine größtmögliche Wirkung zu erzielen. Auf Selbstbekenntnisse zu den Taten sei zunächst verzichtet worden, um zu einem (durch Umstände des Auffliegens der Terrorzelle) bestimmten Zeitpunkt die Selbstbezichtigung nachzuholen und für großes mediales und öffentliches Aufsehen zu sorgen. Dadurch sollte die Welt erfahren, was die Motivation für die Tatbegehungen war. Widersprüchlich mutet die Urteilsbegründung an, dass die Wohnungszerstörung Beweismittel vernichten sollte, denn wenn der NSU und seine Ideologie das Tageslicht erblicken sollten und zwei der NSU-Protagonisten tot waren, wozu sollten dann überhaupt noch Beweismittel vernichtet werden, die ja geradezu die Authentizität des NSU unter Beweis stellten?

Auch das in der Urteilsbegründung präsentierte Konzept des NSU kann kritisch hinterfragt werden. Dieses behauptet, dass Zschäpe während der Taten im Sinne einer Arbeitsteilung zu Hause blieb, um im Fall des Auffliegens des NSU die DVDs zu verschicken. Nachweislich war Zschäpe aber gar nicht durchgehend während aller Taten zu Hause, und kritische Stimmen sagen ihr nach, sogar an einigen der Tatorte präsent gewesen zu sein. Das Fazit lautet in diesem Fall, dass Zschäpes Tatbeitrag unverzichtbar und nicht untergeordneter Natur war. Hier übte Grasel bereits an der BAW-Würdigung Kritik: „Auch die doch sehr einseitige rechtliche Würdigung als Mittäterin der ausschließlich von Uwe Böhnhardt und Uwe Mundlos begangenen Verbrechen erscheint mir nicht als ‚fair‘. Hier wurde die Rechtsfigur der Mittäterschaft über die Grenzen der hierzu entwickelten Rechtsprechung hinaus erweitert."

Die juristische Konstellation ist knifflig und unter vielen Juristen unterschiedlicher Provenienz umstritten.

Wohlleben erhielt nach Zschäpe die höchste Haftstrafe. Dennoch wurden Stimmen laut, die das Urteil als Sieg Wohllebens ansahen – zumal er nach der Urteilsverkündung nicht in Haft musste, sondern nach Hause zu seiner Familie durfte. Anwalt Klemke zu dem „günstigen" Urteil seines Mandanten: „Herr Wohlleben ist zu zehn Jahren Freiheitsstrafe verurteilt worden. Es bedarf schon einer gehörigen Portion Zynismus, um diesen Verfahrensausgang als ‚Sieg' zu bezeichnen." Klemke übersieht hier die metaphorische Bedeutung des Worts Sieg, das sich gegebenenfalls auch darauf bezog, dass Wohlleben nicht zurück ins Gefängnis musste. Die Urteilsbegründung lautete, dass er der Beihilfe zum Mord in neun Fällen schuldig sei, da er mit Schultze die Tatwaffe beschaffte. Zweifel an dieser Version wurden geäußert.

Der BAW-Kronzeuge Schultze wurde zu drei Jahren Jugendstrafe wegen Beihilfe zum Mord in neun Fällen verurteilt. Er hatte die BAW-Version bestätigt, wonach er die Mord-Česká an Böhnhardt und Mundlos weitergab. Auf die Widersprüchlichkeiten von Schultzes Schilderung wurde verwiesen und erschwerend kam hinzu, dass es sich vielleicht zwar um eine Waffe, aber nicht unbedingt um die Mord-Česká handelte. Schultzes Strafmaß entsprach der BAW-Forderung, da diese seine Aufklärungshilfe und sein Schuldeingeständnis positiv bewertete. Folglich überrascht es nicht, dass die Angehörigen der Opfer nur von Schultze (als einzigem Angeklagten) eine Entschuldigung akzeptierten. Dies mag an der Inszenierung und den wohlgewählten Worten liegen, da er von tiefem Mitgefühl für das nicht zu ermessende Leid sprach und dies mit den Worten, dass ihm die Worte fehlten, „um zu beschreiben, was ich dafür empfinde", garnierte.

Drei Jahre erhielt Gerlach wegen Unterstützung einer terroristischen Vereinigung, da er zugab, dem NSU-Trio eine Waffe übergeben und dem NSU-Trio falsche Papiere besorgt zu haben.

Das Urteil sorgte für wenig Diskussionsstoff, abgesehen von einigen „Opfer-Angehörigen", die eine höhere Haftstrafe forderten.

Für eine Überraschung sorgte das Urteil gegen Eminger. Dieser wurde wegen Unterstützung einer terroristischen Vereinigung zu „lediglich" zwei Jahren und sechs Monaten verurteilt. Offensichtlich sah das Gericht keine juristische Handhabe, ihn wegen der von der BAW geforderten Beihilfe zum versuchten Mord und den Raubüberfällen schuldig zu sprechen. Eminger steht zudem frei von dem ansonsten in solchen Fällen aufkommenden Ruch, in Kooperation mit den Sicherheitsbehörden zu stehen – dies haben meine Gespräche mit den rechtsextremistischen Kadern eindeutig ergeben.

Dass Eminger am Tag der Urteilsverkündung aus der Untersuchungshaft entlassen wurde, da das Gericht die Verhältnismäßigkeit dieser Maßnahme bezweifelte, wurde durch Jubel der im Publikum anwesenden Neonazis begleitet. Das verwundert nicht, denn sein Verteidiger hatte Eminger weiterhin als überzeugten Nationalsozialisten bezeichnet.

14.9 Fazit

Der NSU-Prozess hatte lange Zeit für medial hohe Wellen gesorgt, war dann aber zeitweise fast in der Bedeutungslosigkeit versunken. Die Bewertung des Prozesses fiel unterschiedlich aus.

Einhellig ist zu vernehmen, dass die Leistung des Vorsitzenden Richters Götzls als gut zu veranschlagen ist. Dem Vorsitzenden ging es vor allem darum, während des Verfahrens keine Revisionsgründe zu liefern. Dies dürfte gelungen sein. Um das zu gewährleisten, sah er sich genötigt, das Verfahren mit einem hohen Maß an Genauigkeit und Strenge zu führen, um es voranzutreiben, andererseits aber Anträge etc. zu berücksichtigen, damit seine Ablehnung keinem Revisionsgrund Vorschub leistet. Einer der Nebenklage-Anwälte äußerte mir gegenüber, dass es ihm imponiere, wie souverän Götzl die immense Zahl an Akteuren im Gericht zu bändigen verstand. Grasel schrieb mir über die Leistung Götzls: „Allerdings muss ich sagen, dass die Verhandlungsführung von Herrn Götzl mir in weiten Teilen Respekt abnötigt. Die Meute an Prozessbeteiligten Tag für Tag im Griff zu haben und die Verhandlung über mehr als fünf Jahre professionell zu leiten (mit Ausnahme ein paar weniger verbaler Entgleisungen) ist eine anzuerkennende Leistung." Auch Gerichtsreporter erkannten Götzls Leistung als souverän an.

An der Verhandlungsführung der BAW gab es dagegen harsche Kritik. Einer der Nebenklage-Anwälte des Kölner Keupstraßen-Attentats sagte mir am Telefon, dass die BAW-Trio-These völliger Humbug sei. Die Festlegung auf die Drei-Täter-Theorie war massiver Gegenstand der Kritik. Viele meiner Gesprächspartner (ob sie dem Lager der „Opfer-Angehörigen" nahestanden oder aus der rechtsextremen Ecke stammten) versuchten die Trio-Festlegung der BAW mit verfahrensökonomischen Gründen zu erklären. Nur so wäre ein geordnetes Verfahren möglich gewesen. Ansonsten sorgte die Frage, ob der NSU wirklich nur aus dem Trio bestand und autark handelte (oder ob es sich um ein NSU-Netzwerk handelte) für immensen Diskussionsbedarf. Für die einen ist klar, dass der NSU nie als Trio in diesem Umfang hätte agieren können, sondern dass ihn ein neonazistisches Netzwerk umgeben und die mörderischen Taten unterstützt hat. Demnach lag es im Interesse des Staats, diesen Aspekt in der Verhandlung unterbelichtet zu lassen, da sonst eventuell noch mehr über die Verwicklungen staatlicher Stellen und Akteure in die Causa NSU ans Tageslicht gekommen wäre. Dies galt es aus Gründen der Staatsräson zu verhindern.

Das andere Spektrum der Trio-Thesen-Gegner behauptet, dass es den NSU als terroristische Organisation nie gab. Hierbei variieren die Meinungen. Manche behaupten der NSU habe de facto nur aus Böhnhardt und Mundlos bestanden, die als Täter tätig waren. Die BAW hätte Zschäpe lediglich benötigt, damit der Straftatbestand einer terroristischen Vereinigung nach § 129 a StGB erfüllt war. Weitergehende Stimmen sind der Meinung, dass es den NSU auch als Duo nicht gab und dass höchstens ein bis zwei Taten auf das Konto von Böhnhardt und Mundlos gingen, während die anderen Taten von einer mysteriösen „tiefenstaatlichen Organisation" begangen wurden. Fest steht, dass die BAW versuchte, die „unappetitlichen" Details der V-Mann-Fragen aus dem Prozess auszublenden, damit der Staat Deutschland nicht in seinem Ansehen beschädigt wird.

Die Nebenklage hatte in diesem Prozess einen großen Auftritt. Ihre Beurteilung fiel kontrovers aus. Während einige Prozessbeobachter davon sprachen, dass die Nebenklage das Prozessgeschehen gebremst und keinen Einfluss auf das Urteil hatte, argumentieren andere, dass die angemessene Berücksichtigung der Nebenklage wichtig war, um die Belange der Opfer-Angehörigen zu berücksichtigen. Zudem seien durch die Nebenklage Beweismittel von hohem juristischen Wert in das Verfahren eingespeist worden. Einig sind sich beinahe alle, dass das Verfahren durch die Nebenklage-Vertretungen schwer beherrschbar war.

Die Angehörigen der Opfer sollten durch das Verfahren Gelegenheit erhalten, die Wahrheit über den Tod ihrer Angehörigen zu erfahren. Hier gab es Kritik am BAW-Verhalten und an den Aussagen deutscher Behördenakteure, die sich entweder nicht erinnern wollten oder die nicht zu den Sachverhalten aussagen durften. Insofern wurde wohl zu Recht behauptet, dass wahrer Aufklärungswille anders aussieht. So wurde das Urteil auch von Demonstrationen begleitet, in denen mitunter eine fünfstellige Anzahl von Menschen forderte, dass kein Schlussstrich durch das Urteil gezogen werden dürfe und die Aufklärung weiter vorangetrieben werden müsse. Zudem kündigten Opfer-Familien an, dass sie Staatshaftungsklagen betreiben würden. Auch die türkische Regierung übte Kritik am Urteil, da es nicht ausreichend die behördlichen Verstrickungen beleuchte.

Das Urteil sorgte bei Angehörigen und Opfern der NSU-Taten für Enttäuschung, was mit den aus ihrer Sicht geringen Haftstrafen für Eminger und Wohlleben zusammenhängt. Beide hatten geschwiegen und zu verstehen gegeben, dass sie ihre politische Einstellung nicht geändert hatten, wobei Eminger sowohl das Gericht als auch die Zuschauer durch Zurschaustellung von neonazistischen Tattoos à la „Die Jew Die" provozierte. So entstand hier der Eindruck, dass sich Reue und Aussagebereitschaft nicht, Schweigen aber durchaus lohnt. Beinahe alle Rechtsextremisten, mit denen ich sprach, teilten mir mit, dass sie das Urteil als Sieg der Ihren ansahen. Eine Grundstimmung mit dem Tenor „Denen haben wir es aber gezeigt" und „Für die sind wir zu clever" war für mich dabei durchaus spürbar.

Im Gegensatz dazu kommentieren staatsbürgerliche Stimmen das Urteil als technokratisch, aber auch als gewaltige Leistung, denn durch das Urteil seien die Opfer und ihre Angehörigen rehabilitiert und es seien die wichtigsten Schuldigen festgestellt worden. Dieser Aspekt ist in der Tat wichtig, denn deutsche Ermittler verdächtigten zunächst die Familien der Erschossenen respektive die Opfer, anstatt auf die Idee zu kommen, dass die Taten von Rechtsextremisten begangen worden sein könnten.

Die BAW ging wegen des Urteils gegen Eminger in Revision. Alle Verteidiger der Angeklagten legten Revision gegen das Urteil ein. Lediglich Schultze zog die Revision zurück, sodass das gegen ihn verhängte Urteil am 17. 1. 2019 Rechtskraft erlangte.

Insgesamt bin ich der Überzeugung, dass von rechtsextremer Seite Redebedarf in Sachen NSU besteht. Zudem könnten sie in der Lage sein sein, Licht ins Dunkel hinsichtlich möglicher staatlicher Verwickelungen zu bringen. Zugleich fällt es ihnen schwer, überhaupt Gehör zu finden, denn das wird ihnen durch die Leitmedien verwehrt. Dies führt zum letzten diesbezüglichen Punkt in diesem Kapitel, der so wichtig ist, dass er in aller Klarheit herausgestellt werden soll.

Es halten sich hartnäckig Gerüchte, dass auch Zschäpe eine V-Frau war. Der Nebenklage-Anwalt Daimagüler ging in seinem Verdacht noch weiter, da er gar nichts mehr ausschließen wolle, auch nicht, dass alle NSU-Mitglieder zeitweise V-Leute gewesen seien. Bei Mundlos begründete er dies so: „Der MAD führte ein sogenanntes Informationsgespräch mit ihm. Auch wenn es offiziell anders heißt, bin ich recht sicher, dass damit seine V-Mann-Anwerbung vollzogen war. Denn nach der Einschaltung des MADs wurde er nicht aus dem Dienst entfernt. Stattdessen erhielt er seine Regelbeförderung."

Anwälte und Nebenklage-Anwälte sahen Zschäpes Einlassung vor Gericht als prozessualen Suizid an, da dafür keine Notwendigkeit bestanden habe. Im Gegenteil, das habe Zschäpe juristisch

das Genick gebrochen. Die vermeintliche Irrationalität ihrer Einlassung wird mit dem Verdacht begründet, dass sie dazu gezwungen wurde, um ihr Leben zu retten oder ihr angebliches Kind zu
schützen.

Dass es sich hierbei um Spekulationen handelt, ist klar. Allerdings gilt eines beinahe als sicher: Sollte der BGH-Entscheid auf
eine deutliche Strafreduzierung bei Zschäpe hinauslaufen oder
sollte sie zeitnah mit welcher Begründung auch immer aus der Haft
entlassen werden, dann steht zu vermuten, dass es sich bei ihr tatsächlich bis zum Schluss um eine V-Frau gehandelt hat. Aus dem
nahen Umfeld der beiden Uwes wurde mir von einer Person telefonisch mitgeteilt, dass er zur Zeit des Abtauchens des Trios eine
handschriftliche Nachricht in seinem Briefkasten gefunden habe,
in der Zschäpe der V-Mann-Tätigkeit beschuldigt wurde. Wäre
dem tatsächlich so, dann könnte das erklären, warum sie (ohne
juristische Not) im Wesentlichen die BAW-Version vor Gericht bestätigte. Um einen Aufschrei der Empörung zu verhindern und um
weiter im Geheimen zu lassen, dass sie eine V-Frau war, gab es für
sie gegebenenfalls von Seiten des Gerichts eine empfindliche Strafe.
Jetzt bleibt abzuwarten, wie lange die BGH-Bestätigung oder -Re-
vision auf sich warten lässt. Viele mutmaßen, dass bei einer langen
Zeitspanne so versucht werden soll, Gras über die Sache wachsen
zu lassen, bevor an einem geschickt gewählten Zeitpunkt das Urteil
zugunsten Zschäpes revidiert wird. Das würde vieles zurück auf
Null stellen. Auch die staatliche Verwicklung in die NSU-Affäre
müsste dann neu aufgerollt werden – doch daran hat kein staatlicher Akteur ein Interesse.

15 NSU, Unterstützer, V-Leute und Behördenhandeln

Eine der wesentlichen Fragen in Sachen NSU lautet, ob es sich bei der Terrororganisation um ein Trio handelte oder ob ein kameradschaftliches Netzwerk von weltanschaulich Gleichgesinnten bestand. Eng damit verbunden ist die Fragestellung, ob bzw. wie viele V-Leute deutscher Sicherheitsbehörden beim NSU (bzw. im ihn umgebenden Netzwerk) anzutreffen waren. Darüber hinaus bleibt fraglich: Waren Zschäpe, Böhnhardt und Mundlos vielleicht sogar selbst V-Leute? Wieso legten die Sicherheitsbehörden beinahe „verdächtige" Verhaltensweisen an den Tag, als es um den NSU ging? Wieso erfolgten in solch großem Umfang Aktenvernichtungsmaßnahmen? Ging es um den Schutz einzelner Behördenakteure, ganzer Behörden oder gar der Staatsräson – erinnert sei an dieser Stelle exemplarisch an das Wegsperren von Akten für 120 Jahre? Daimagüler sprach sich mir gegenüber dahingehend aus, dass es dem GBA mit der Festlegung auf die Trio-These um die Aufrechterhaltung der deutschen Staatsräson ging. Er verwies auf die im NSU-Kontext erstellte OFA des LKAs Baden-Württemberg, welche die Täter außerhalb des deutschen Wertesystems stehend sah und deshalb ausländische Täter oder ethnische Minderheiten vermutete.

Wenden wir uns dementsprechend den „Gretchen-Fragen" zu: Handelte es sich beim NSU im Wesentlichen um das Trio Zschäpe, Böhnhardt und Mundlos, das von wenigen Menschen unterstützt wurde? Diese Sichtweise entspricht dem „staatsoffiziellen Narrativ", das von BAW und politischen Funktionsträgern der herrschenden Parteien vertreten wird.

Handelte es sich beim NSU um ein breit gefächertes rechtsextremistisches Netzwerk? Das würde bedeuten, dass Zschäpe, Böhnhardt und Mundlos den Kern einer rechtsterroristischen Vereinigung bildeten, sie aber in ein großes Unterstützer-Netzwerk eingebettet waren. Diese Sichtweise wird vor allem von Opfer-Angehörigen, etlichen linksgrünen Politikern und als kritisch geltenden Zeitgenossen vertreten. Die Kritik lautet, dass die BAW und Ermittlungsbehörden auf dem rechten Auge blind sind bzw. dass sie das Ausmaß der rechtsextremen Strukturen nicht offenlegen wollen.

Schließlich gibt es noch die Möglichkeit, dass es den NSU als rechtsterroristische Organisation überhaupt nicht gab. Dabei sind verschiedene Lesarten (je nach politischem Standpunkt) möglich. Vereinfacht gesagt geht eine Richtung dieser Theorie davon aus, dass der NSU von etwas, was Tiefenstaat („Deep State") genannt wird, aufgebaut wurde. Demnach sei der NSU von Geheimdiensten (vor allem türkischen und deutschen) und der OK aufgebaut worden, wobei die Mutmaßungen über mögliche Tatbeteiligungen von Böhnhardt und Mundlos an den vermeintlich von ihnen begangenen Verbrechen auseinandergehen. Eine staatskritische Variante geht von einem „rein deutschen" Geheimdienst-Konstrukt aus. Zudem gibt es Mischformen der skizzierten Versionen.

Dem Buch wird es nicht gelingen, die objektive Wahrheit zu finden. Durchaus wird aber der Versuch unternommen, sich der historisch-politischen Wahrheit des NSU-Phänomens anzunähern.

15.1 NSU und mögliche Unterstützer

Es steht außer Frage, dass der NSU in rechtsextreme Strukturen eingebettet war. Das gilt für die Zeit vor dem Untertauchen und für die Zeit, die sie in der Illegalität verbrachten. Dies kann durch die Ermittlungsergebnisse des BKAs und BfVs untermauert werden.

Nach den 2013 veröffentlichten Erkenntnissen der Institutionen wurden 415 Personen überprüft, von denen 129 als potenzielle Unterstützer des NSU in Betracht kamen. Diese 129 Kandidaten wurden in unterschiedliche Gruppen aufgeteilt: Täter, Beschuldigte, Personen, die Kontakt zu den Tätern hatten oder Menschen, die den NSU unterstützten.

Brisant ist, dass in etwa zwölf Prozent dieser Personen V-Leute verschiedener deutscher Sicherheitsbehörden waren. Das ist ein deutliches Signal in Richtung staatlicher Beteiligung. Insofern überrascht es wenig, dass der Vorsitzende des 2. Bundestags-NSU-Untersuchungsausschusses im Juli 2018 die Zahl der im NSU-Umfeld agierenden Personen auf etwa 100 bezifferte. Andere Kenner der Materie halten diese Schätzung für zu konservativ und gehen von einem Unterstützerumfeld von 200 Personen aus.

Die Frage, ob der NSU die Taten alleine oder mit Unterstützung begangen hat, ist umstritten. So wurde z. B. beim Polizistenmord von Heilbronn Beobachtungen gemacht, dass mehrere Fluchthelfer identifiziert wurden. Bei der Ausspähung der Berliner Synagoge im Jahr 2000 wurden Zschäpe und Mundlos angeblich mit zwei unbekannten Personen gesehen. Die Vier haben ganz in der Nähe der Synagoge in der Rykestraße einen Stadtplan studiert. Die Synagoge war auf einer Liste potenzieller Anschlagziele gelistet.

Insofern ist es wahrscheinlich, dass der NSU vor Ort bei der Planung und Durchführung seiner Attentate Unterstützung hatte. Bei einigen Zielen ist es beinahe ausgeschlossen, dass Ortsfremde diese gefunden hätten. Es steht stark zu vermuten, dass der NSU auf lokale Unterstützer zurückgriff. Manchen geht dies nicht weit genug. Sie vermuten, dass die lokalen Neonazi-Strukturen dem NSU nicht nur Informationen über Anschlagziele, sondern sogar den Auftrag zur Durchführung der Anschläge gaben. Damit wäre der NSU als exekutiver Arm lokaler Neonazi-Szenen zu sehen.

Bis heute ist nicht geklärt, ob das NSU-Trio in Chemnitz und Zwickau in die lokale braune Szene eingebunden war. Hierzu gibt es widersprüchliche Berichte. So ist die Rede davon, dass einer der Uwes für das Abrissunternehmen eines bekannten Neonazis und V-Manns tätig war. Bei Zschäpe gibt es den Verdacht, dass sie im Military-Laden einer Szenegröße ausgeholfen habe. Träfe dies zu, wäre davon auszugehen, dass die rechtsextremen Kader und Strukturen vor Ort vom NSU wussten und dieser ins soziale Leben eingebunden war. Das würde ein hohes Maß an potenziellen Mitwissern und gegebenenfalls Mittätern bedeuten. Ob die rechtsextremen Kontaktpersonen über die mörderischen Umtriebe vollständig im Bild waren, kann nicht gesagt werden. Dennoch scheint die Fragestellung wichtig, denn sie würde Aufschluss darüber geben, ob der NSU (wie von der BAW behauptet) ein kleiner, sektiererischer Zirkel oder ein großflächig angelegtes Netzwerk mit Arbeits- und Verantwortungsteilung war.

15.2 Interpretationen des NSU im rechtsextremen Spektrum – vor und nach dem Auffliegen

Terrororganisationen sind nicht unantastbar. Sie bewegen sich physisch und intellektuell in einem Umfeld, das als sie umgebende Szene beschrieben wird. So sah sich die linksextremistische RAF als Speerspitze der linken Revolution, während ihre Attentate in der linken Szene mitunter äußerst kritisch diskutiert wurden. Der RAF lag viel daran, den Kontakt zur linken Szene zu halten, damit sie dort den Finger am Puls der Zeit hatte, und damit sie stets überprüfen konnte, wie ihre bewaffnete Politik im näheren Umfeld wahrgenommen wurde.

Ob es sich beim NSU ebenso verhielt, mag dahingestellt bleiben. Die zentrale Frage lautet, ob bzw. welche Kenntnisse die rechtsextreme Szene vor dem Auffliegen 2011 über den NSU hatte.

Zunächst war der NSU in der rechtsextremen Szene verankert, hier nahm er seinen Ursprung. Neben dem Artikelschreiben soll Mundlos auch für Layout-Arbeiten bei rechtsextremistischen Magazinen verantwortlich gewesen sein. In seinen dort publizierten Texten kann man möglicherweise Vorwegnahmen bezüglich des NSU erkennen, auch wenn die Behauptung, dass es sich um vorgezogene Bekennerschreiben handelt, nicht zutrifft.

Bekannt ist der Dank von 2002, der dem NSU in dem Szene-Magazin „Der Weiße Wolf" ausgesprochen wurde. Der Autor bedankte sich beim NSU für eine Spende und behauptete, dass sie Früchte trägt. Garniert wird das mit dem Ausspruch, dass der Kampf weiter gehe. Untermauert wurde diese Episode dadurch, dass beim Herausgeber des Fanzines ein Brief mit dem Logo des NSU gefunden wurde, in dem sich mehrere hundert DM befanden.

Der NSU und seine Taten wurden vor dem NSU-Auffliegen auch in Liedern rechtsextremer Bands besungen. So besang „Eichenlaub" das Untertauchen des Trios bereits 1999 im Lied „5. Februar". Elf Jahre später kam das Lied „Döner-Killer" von Gigi und den braunen Stadtmusikanten heraus, das die Česká-Mordserie glorifiziert und sich zudem über die Opfer und ihre Befindlichkeiten auf zynische Art lustig macht. Heise stellte mir gegenüber aber persönlich klar: „Das Lied war ein dummer Zufall. Niemandem aus dem Umkreis von Gigi wusste etwas über den NSU. Das ist mir verbürgt." (sic!) Vielleicht wussten aber die Eliten der Blood and Honour-Bewegung über das NSU-Trio Bescheid. Angeblich wurden Konzerte für die Untergetauchten veranstaltet, bei denen für deren Untergrundarbeit Geld gesammelt wurde.

Nach der NSU-Enttarnung hatte sich die Organisation im subkulturellen Gedächtnis der rechtsextremen Szene festgesetzt.

Eine meiner ersten eigenen Erinnerungen an NSU-Bezüge in den neuen Bundesländern war, als ich 2016 in Potsdam auf einer Party eingeladen war. Die Gäste waren keine äußerlich erkennbaren Rechtsextremisten, sondern Studenten und normale Werktätige. Dennoch fing ich immer wieder Satz- und Gesprächsfetzen auf, in denen bewundernd vom NSU und der Wiedergeburt des NSU 2.0 gesprochen wurde. In Ostdeutschland hat es den Anschein, als ob der NSU sich in das Alltagsgedächtnis der Menschen eingebrannt hätte.

Auch in sozialen Netzwerken à la Facebook (FB) tauchten NSU-Bezüge auf. So veröffentlichte ein bekannter Thüringer Neonazi Ende 2012 ein Foto, auf dem zehn bewaffnete Personen zu sehen sind – inklusive NSU-Bezug. Bei einem Nürnberger Aktivisten führte ähnliches Verhalten zum Ausschluss aus der NPD und zur Verurteilung (wegen Volksverhetzung) zu vier Monaten auf Bewährung. Auf FB gab es eine Fanpage namens „Paulchen Panther – NSU is watching you". Diese Seite verherrlichte die NSU-Taten.

Drei Monate nach dem Auffliegen des NSU gab es Neonazi-Aufmärsche, auf denen die Paulchen Panther-Melodie als pseudomilitärische Begleitmusik gespielt wurde. Besonders gravierend waren meines Erachtens Schändungen der Gedenkorte der NSU-Opfer.

Erschreckend ist zudem das Verhalten von Teilen der Frankfurter Polizei. So wurde im Dezember 2018 eine rechtsextreme Polizei-Chatgruppe bekannt. Die Gruppe erdreistete sich, der türkischstämmigen NSU-Opferanwältin Başay-Yıldız und ihrer Familie zu drohen. Der Clou daran war, dass die Droh-Emails mit „NSU 2.0" unterschrieben waren. Im Zusammenhang mit den teilweise zumindest einseitigen, vielleicht sogar institutionell-rassistischen Ermittlungsmethoden im Fall der Česká-Morde ist dies mehr als bedenklich. Hier steckt der Teufel im Detail. Başay-Yıldız hat islamistische Gefährder verteidigt, was ein Auslöser für die Drohungen gewesen sein könnte – zu entschuldigen gibt es dadurch aber gar nichts. Dass sich deutsche Polizisten bewusst in die Tradition einer rechtsterroristischen Untergrundorganisation stellen, ist ein Unding, das meines Erachtens die Staatsräson und das Ansehen Deutschlands ebenso belastet, wie andere Ungereimtheiten, Pannen und Skandale in Sachen NSU.

15.3 Möglichkeiten zur Verhinderung des NSU

Im Zusammenhang mit dem NSU wird zu Recht häufig die Frage gestellt, ob das Entstehen der Gruppe, ihre Taten oder aber zumindest ein Teil davon hätten verhindert werden können. Das hat nichts mit Verschwörungstheorien oder tiefenstaatlichem Geraune zu tun, denn es gab lange vor der Selbstenttarnung des NSU konkrete Hinweise auf dessen Existenz.

So lagen dem BfV bereits im März 2003 Erkenntnisse des italienischen Nachrichtendienstes AISI vor, die auf ein Netzwerk militanter europäischer Neonazis hinwiesen. Diesen Hinweisen ist das BfV aber (aus unbekannten Gründen) nicht nachgegangen. Zwar hätte eine Berücksichtigung der Informationen nicht zum sofortigen Auffliegen der NSU-Zelle geführt, aber es ist denkbar, dass durch Ermittlungen belastbare Hinweise auf den NSU aufgetaucht wären.

Der 2014 unter mysteriösen Umständen verstorbene V-Mann Corelli übergab 2005 dem BfV eine CD, auf deren Cover das Kürzel „NSU/NSDAP" neben einer Pistole abgebildet war. Hier gibt es zahlreiche Gerüchte, wieso nicht in diese Richtung ermittelt wurde. Zu erklären ist das Verhalten gegebenenfalls dadurch, dass NSU-Mitglieder gleichzeitig V-Leute waren oder dass das Amt V-Leute im direkten Umfeld des NSU platziert hatte, die durch Ermittlungen aufzufliegen drohten. Es bleibt festzustellen, dass die „Unterlassungstaten" des BfV womöglich dazu führten, dass Menschen starben, was dem Grundanliegen der Behörde zutiefst entgegensteht.

Kurioserweise übergab eine nicht identifizierte V-Person des Hamburger LfV 2006 eine DVD, auf der vom NSU die Rede ist. Angeblich habe die V-Person die DVD beim Aufräumen gefunden. Hier kann spekuliert werden: Warum hatte die V-Person die DVD nicht schon früher übergeben? Was wusste sie über den NSU? Hätte das Hamburger LfV durch eine intensivere Führung dieser V-Person dem NSU vielleicht früher auf die Schliche kommen können?

Zudem sagte ein Polizist während seiner Vernehmung im bayrischen NSU-Untersuchungsausschuss, dass ihm der Begriff NSU bereits während einer dienstlichen Besprechung der Besonderen Aufbauorganisation (BAO) „Bosporus" zu Ohren gekommen sei. Der Begriff sei (so der Polizist weiter) im Zusammenhang mit der Erörterung rechtsextremer Gruppierungen gefallen. Unpräziser werden seine Angaben über die Herkunft dieses Begriffs. Sicher ist er lediglich, dass er aus der Führungsebene eines LfV stammte (entweder dem thüringischen oder sächsischen). Symptomatisch ist, dass zwei Kollegen des Beamten seiner Aussage widersprachen und damit deren Belastbarkeit untergruben.

15.4 NSU, V-Leute und Behörden

Es gehört zu den vielen Eigentümlichkeiten und Skandalen der NSU-Affäre, wie sich die Sicherheitsbehörden in dieser Sache verhielten und welche Rolle sie dabei spielten. Die Besonderheit der deutschen Sicherheitslandschaft besteht in einer aus dem Dritten Reich gezogenen Erkenntnis, die Deutschland nach dem Zweiten Weltkrieg ein föderales Staatswesen nahelegte. Dies bedingte, dass jedes Bundesland eigene Geheimdienste erhielt und dass die Polizei Ländersache ist. Was gut gemeint war (um eine Wiederholung der Geschichte im Sinne einer nicht mehr kontrollierbaren Machtkonzentration zu verhindern) brachte in der Praxis Probleme mit sich. So entstand in Deutschland eine diversifizierte, fragmentierte Sicherheitsarchitektur. Leider mangelt es unterschiedlichen Behörden an etwas, was man als Teamgeist bezeichnen könnte. So liegt es im Eigeninteresse jeder Behörde, viele Informationen zu sammeln, zu horten und sie ausdrücklich nicht mit anderen Sicherheitsbehörden zu teilen. Vielmehr geht es jeder dieser Behörden um Aspekte wie Informations- und Deutungshoheit und um Ressourcen-Zuwachs. Dies vorausgesetzt ist das Agieren der Sicherheitsbehörden weder verwunderlich noch verwerflich, sondern rein rational bestimmt.

Als Besonderheit im Falle des NSU ist das V-Mann-Wesen zu nennen. Mazyek sagte mir: „Wir können eine positive und eine negative Variante annehmen. Die positive Version lautet: Die ganzen Mechanismen, die es im Zusammenhang mit V-Leuten gibt, haben im Fall NSU versagt. Die negative Variante lautet: Wir haben ein Problem hinsichtlich der Infiltrierung mancher Rechten in den deutschen Sicherheitsbehörden." Deutsche Sicherheitsdienste bedienen sich bekanntlich ausgiebig des V-Mann-Wesens. Wie Michael Buback, der Sohn des von der RAF ermordeten GBAs, in seinem Buch „Der General muss weg!" schrieb, liegt die Ursünde von terroristischem Geschehen in dieser Form der staatlichen Verwicklung in Sachen Terrorismus. Dabei spielt es keine Rolle, ob die geheimdienstinfiltrierte Terrorgruppe rechts oder links ist bzw. einen religiösen Hintergrund hat. Dadurch, dass der Staat bei diesen Gruppen V-Männer einsetzt (die das Geschehen für den Staat beobachten und den Sicherheitsdiensten darüber berichten) macht er sich in gewisser Weise mitschuldig. Die nach der Infiltration stattfindenden Interaktionen sind schwer zu prognostizieren und entwickeln zudem ein Eigenleben. So ist nicht genau herauszufinden, ob der Geheimdienst die Terrororganisation steuert oder ob Terroristen den Geheimdienst instrumentalisieren. Beim NSU scheinen die kausalen Wirkungsketten, unvorhergesehene Kettenreaktionen und sich verselbstständigende Akteure aus dem

Geheimdienstumfeld nicht klar identifizierbar, was zu dieser ungeheuerlichen Staatsaffäre geführt hat. Zu beachten ist, dass nicht immer klar ist, ob die bekannten Informationen alles abbilden, was zum Gesamtszenario gehört. Vielmehr ist davon auszugehen, dass Sachverhalte nicht das Licht der Welt erblickt haben und teilweise für über 100 Jahre in Aktenschränken weggesperrt bleiben werden.

Das NSU-Trio war sowohl vor als auch nach dem Gang in die Illegalität von V-Leuten unterschiedlicher staatlicher Organisationen umgeben. Brandt als Führer des THS arbeitete als Informant des LfV Thüringen, welches versuchte, dem untergetauchten Trio 2000 DM für gefälschte Pässe zukommen zu lassen. Die Annahme der Behörde lautete, dass sie so Informationen über den Aufenthaltsort der drei erhielt. Doch das Planspiel ließ sich in der Praxis nicht umsetzen.

V-Mann Tarif, der für das BfV arbeitete und über Kontakte zum THS verfügte, berichtete seiner Behörde, dass er 1998 von einem Rechtsextremisten um Hilfe gebeten wurde, um eine Unterkunft für das flüchtige Trio zu besorgen. Heute bestreiten Behörden und Tarifs V-Mann-Führer diesen Vorgang. Die Originalakten über Tarif wurden vernichtet, sodass sich der Vorgang nun auch nicht mehr überprüfen lässt.

Auch V-Mann Primus hielt sich hin und wieder in der Nähe des Trios auf. Es steht der Verdacht im Raum, dass Mundlos 1997 in Marschners rechtsextremer Zeitschrift „Voice of Zwickau" einen Artikel veröffentlichte. Gravierender dürfte sein, dass Marschner das Trio beschäftigt haben soll, als es schon im Untergrund war. Die diesbezüglichen Aussagen sind unterschiedlich. So gibt es Kollegen, die Mundlos als einen ihrer Kollegen identifizierten. Marschner bestreitet die Vorwürfe vehement. Den Behörden gelang es nicht, Marschner zur Rückkehr nach Deutschland zu bewegen. Sowohl der Bundestagsuntersuchungsausschuss als auch Prozessbeteiligte in München versuchten Marschner als Zeugen zu laden – vergeblich, was vermuten lässt, dass ein deutscher Dienst auch im Ausland schützend die Hand über Marschner hält.

V-Mann Piatto hatte weitläufigen Kontakt mit dem NSU-Trio. Er gab dem LfV Brandenburg Hinweise, dass sich das NSU-Trio in Chemnitz aufhielt und Raubüberfälle plante. Richtigerweise stufte der zuständige Sachbearbeiter dies als Hinweis auf rechtsterroristische Umtriebe ein und schlug eine Weitergabe der Informationen an die Polizei vor. Das Ansinnen wurde vom Chef aber wegen des Quellenschutzes abgelehnt. Quellenschutz besitzt im deutschen Geheimdienstwesen beinahe den höchsten Stellenwert. Ob im Zuge der Verbrechen (die hätten verhindert werden können) Menschen sterben, scheint eine dem Quellenschutz nachgeordnete Frage zu sein.

Ein eindrückliches Beispiel, dass die deutschen Behörden häufig gegeneinander statt miteinander arbeiten bzw. dass verschiedene Abteilungen ein und derselben Behörde einander Informationen vorenthalten, ist das folgende: 1998 wurde festgestellt, dass eine unbekannte Person an einem Geldautomaten der Sparkasse Jena knapp 2000 DM von Böhnhardts Konto abhob. Das Video der Überwachungskamera erhielt der Verfassungsschutz, der es aber nicht an die zuständigen Zielfahnder weiterleitete. Hier hätte die Nichtvorenthaltung von Informationen zum Fahndungserfolg führen können, woran der Verfassungsschutz aber wohl kein Interesse besaß. Auch wenn Kontakte zwischen den Institutionen bestehen und der Informationsfluss reibungslos funktioniert, garantiert das keinen behördlichen Ermittlungserfolg. So leitete der MAD wegen eines Informanten-Hinweises 1999 dem LfV Thüringen die Information weiter, dass sich das NSU-Trio auf der Ebene von Rechtsterroristen bewegen würden, die einen Umsturz des Staates und eine Änderung des gesellschaftspolitischen Systems herbeiführen wollen. Das wären für die Zielfahnder relevante Informationen gewesen, die aber erneut nicht durchdrangen. Diese Beispiele illustrieren, dass die kriminalpolizeilichen Zielfahnder von den verfassungsschützenden Institutionen nicht nur geschnitten, sondern dass ihnen maßgebliche Informationen regelrecht verwehrt wurden, was die Ergreifung des Trios verhinderte. Es entsteht der Eindruck, dass Verfassungsschützer andere Ziele als die polizeilichen Ermittler hatten. Pointiert könnte davon gesprochen werden, dass der Verdacht im Raum steht, dass alle drei NSU-Mitglieder als V-Personen für Verfassungsschutzorganisationen arbeiteten und dass deshalb alles von Behördenseite aus unternommen wurde, um den polizeilichen Ermittlungserfolg zu verhindern. Zudem könnte das ein triftiger Grund sein, weshalb in verschiedenen deutschen Ämtern die (medial große Aufmerksamkeit erzeugenden) Aktenschredder-Aktionen stattfanden.

Laut MDR-Berichten bereitete ein Thüringer Spezialeinsatzkommando (SEK) 1999 einen Zugriff auf das Trio vor, welches von Zielfahndern in Chemnitz aufgespürt worden war. Aus nicht nachvollziehbaren Gründen wurde der Einsatz kurz vor Abfahrt des SEK abgebrochen. Das LKA Thüringen bestritt, dass es Kenntnis vom Aufenthaltsort der Geflüchteten hatte, weshalb Berichte über den abgebrochenen SEK-Einsatz nicht zutreffend seien.

Eine weitere Merkwürdigkeit ist, dass laut TV-Berichten Böhnhardts Telefon mehrere Wochen lang abgehört wurde. Das mitgeschnittene Material hatte es angeblich in sich. Die Telefonate wurden mit Fluchthelfern sowie mit Böhnhardts Eltern geführt. Angeblich enthielten sie keine Hinweise auf den Aufenthaltsort des Trios, was zweifelhaft klingt, da sich aus den Gesprächskonstellationen sicherlich Hinweise über die drei hätten ableiten lassen. Fragwürdig ist, wieso diese Aufnahmen gelöscht wurden – auch hier könnte der Verdacht im Raum stehen, dass Spuren verwischt werden sollten.

Doch damit ist das Kuriositätenkabinett des Behördenverhaltens nicht einmal ansatzweise ausgeleuchtet. So sagte ein Polizist vor dem NSU-Untersuchungsausschuss in Thüringen, dass der spätere LKA-Präsident Werner Jakstat ihn in einem kurzen Telefonat angewiesen habe, dass die Fahndung gegen das NSU-Trio lediglich zum Schein betrieben werden solle. Jakstat bestritt die Vorwürfe. Dabei blieb es nicht, denn Jakstat bezeichnete die Aussagen als irrsinnig und verwies auf die Auseinandersetzungen zwischen ihm und dem Polizisten, die ihren Ursprung in dessen gewerkschaftlicher Organisierung haben. Kurzum, die Vorwürfe wurden unter dem Deckmantel privat-dienstlich motivierter Auseinandersetzungen als keinen Wahrheitskern enthaltende Diffamierungsversuche dargestellt.

Das weitgehende Behördenversagen in Sachen NSU manifestierte sich auch auf andere Weise. So gab es Anwerbungsversuche der Geheimdienste. Insbesondere das Thüringer LfV soll bis zum Jahr 2007 hunderte von Anwerbungsversuchen unternommen haben, um die rechtsextremistische Szene zu unterwandern. Konkreter wurde es, als es um enge Vertraute der NSU-Terroristen ging. So mussten niedersächsische Behörden Fehler bei der Observierung Gerlachs einräumen, der als NSU-Mitläufer klassifiziert wurde.

Wir gelangen an einen Punkt, der die Funktion, Arbeitsweise und das Selbstverständnis des in Deutschland herrschenden Geheimdienstwesens in einem kritischem Licht erscheinen lässt. Dabei geht es um den Sachverhalt, dass V-Männer der Geheimdienste terroristische Organisationen materiell-logistische Hilfe zur Planung, Konkretisierung und Durchführung von Attentaten oder sonstigen terroristischen Gruppenaktivitäten zukommen ließen. Ein klassisches Beispiel ist Peter Urbach, der für das LfV Berlin arbeitete – er lieferte der angehenden RAF zu Beginn der 70er Jahre Waffen, Drogen usw. mit dem Segen seiner Behörde. Nicht selten finden sich daher auch Stimmen, nach denen die RAF eine „Geheimdienstgeburt" sei.

Auch in Sachen NSU kann ein V-Mann als Terrorgeburtshelfer betrachtet werden: Starke lieferte dem NSU vor dem Gang in die Illegalität angeblich über ein Kilogramm TNT. Der Sprengstoff wurde zum Bau der in den Garagen sichergestellten Rohrbomben verwendet. Zwischen 2000 und 2011 soll Starke dem LKA Berlin Hinweise auf das Trio gegeben haben. Da er bestritt, Kenntnisse von den Terror-Aktivitäten des NSU zu haben, wurde ein Ermittlungsverfahren gegen ihn eingestellt.

Als dubios gilt das Agieren des LfV Thüringen unter der unorthodoxen Führung seines früheren Präsidenten Helmut Roewer. Der Stein des Anstoßes war die Handhabung des V-Mann-Wesens. Thüringen war dabei nicht alleine, denn insgesamt hatten mindestens sieben Sicherheitsbehörden ca. 40 V-Leute im Einsatz, die sich im „engeren" Umfeld des NSU bewegten und die z. T. gravierende Straftaten begingen. Alleine das Thüringer Beispiel Brandt zeigt, welche Ausmaße das V-Mann-Wesen dort annahm, da der THS quasi unter staatlicher Aufsicht gegründet wurde. Über die Verwendung der V-Mann-Gelder Brandts gehen die Meinungen auseinander. Er selbst behauptet, den Großteil des Geldes in den

Aufbau rechtsextremer Strukturen gesteckt zu haben, während mir ein Gesprächspartner aus der Szene, der zu den frühen Weggefährten Brandts gehörte, anvertraute: „Das ist Blödsinn. Der Brandt hat beinahe jeden Pfennig selbst eingeheimst. Wenn, dann ging da überhaupt nur etwas symbolisch in die politischen Strukturen."

In Wahrheit (so meine Quelle weiter) habe Brandt das Geld für käuflichen Sex unter Gleichgeschlechtlichen und Essgelage ausgegeben. „So haben sie ihn ja auch als V-Mann drangekriegt", spann mein Gewährsmann den Faden weiter. „Der bewegte sich in der Rotlicht-Szene, also im Gebiet der käuflichen Liebe. Dabei haben sie ihn hochgehen lassen und damit gedroht, seinen Kameraden von seiner Homosexualität zu erzählen. Dann wäre er bei uns unten durch gewesen. So war er gezwungen als V-Mann zu arbeiten, da die V-Mann-Führer des Landesamts ihm ständig damit drohten, uns seine sexuellen Präferenzen zu offenbaren."

Damit ist die Geschichte um die „Anwerbung" Brandts im Wesentlichen erzählt. Bleibt die Pointe (von der mir mein Gesprächspartner erzählte, und die sich auf die Zeit nach Brandts Auffliegen bezieht): „Das war eine Oscar-reife Nummer. Ich hatte ihn gleich, nachdem ich das in der Zeitung gelesen hatte, angerufen. Der schrie und töberte am Telefon wie gestört. Dass er gerade mit seinen Anwälten telefoniere und dass er die Verfassungsschützer in Grund und Boden verklagen würde. Ich habe ihm die Nummer abgekauft. Eine unglaublich gute schauspielerische Leistung." Homosexuelle Neigungen und rechtsextremistische Führungskader sind zwei Dinge, die einander ausschließen, und so musste sich Brandt, um seine Rolle und seinen Status in der rechten Szene aufrechtzuerhalten, vom LfV Thüringen als V-Mann „anwerben" lassen. Brisant wird das, wenn man bedenkt, dass Wohlleben Brandt beschuldigte, das Geld für einen Waffenkauf des NSU organisiert zu haben. Da stellt sich die Frage, ob der Staat durch Mitfinanzierung den NSU und sein mörderisches Treiben nicht aktiv unterstützte. Außerdem ist nicht klar, warum Zschäpe bei der Vernehmung Brandts durch ihre Pflichtverteidiger so wütend wurde, dass sie diese von ihren Aufgaben entbinden wollte – da diese ihrer Meinung nach Brandt nicht scharf genug in Sachen V-Mann-Wesen ins Kreuzverhör nahmen.

Durch den ersten NSU-Bundestagsuntersuchungsausschuss wurde die Operation „Rennsteig" bekannt. Dabei handelte es sich um eine koordinierte Operation des LfV Thüringen, des BfV und des MAD. Die 1996 beginnende Operation dauerte in etwa sechs Jahre. Ziel war die Unterwanderung der rechtsextremen Szene Thüringens. Dadurch sollten staatliche Behörden in der Lage sein, die thüringischen Rechtsextremisten zu kontrollieren, steuern, strukturieren und beherrschen. Ein probates Mittel zur Erreichung dieser Ziele schien die Anwerbung von V-Leuten aus dem Umkreis des THS zu sein, der durch diese überwacht werden sollte. Die Funktion des MAD innerhalb dieser Operation bestand darin, Wehrdienstleistende für die Aufgabe zu rekrutieren, da diese von der Altersstruktur her als geeignete Kandidaten für den THS gesehen wurden. Technisch-organisatorisch war die Operation ein Erfolg, da zwischen einem Viertel und einem Drittel der THS-Mitglieder V-Leute waren. Daher rührt der Witz, den ich bei meinen Recherchen im rechtsextremen Milieu häufig zu hören bekam: Wenn sechs Nationalsozialisten an einem Tisch sitzen, sind mindestens zwei V-Leute darunter.

Die Problematik der Operation „Rennsteig" liegt darin, dass nicht unerhebliche staatliche Mittel zur Finanzierung und Festigung der Organisationsstrukturen der rechtsextremistischen Szene verwendet wurden. Diese staatliche Unterstützung ermöglichte, dass die Thüringer rechtsextreme Szene enorm wuchs. Und aus jener rechtsextremen Szene entstieg dann der NSU wie der Geist aus der Flasche. Insofern war das Behördenkalkül die Szene zu kontrollieren nicht aufgegangen – es führte vielmehr zu schrecklichen Straftaten.

Die wohl bekannteste Geschichte staatlicher Verflechtung mit den Geschehnissen um den NSU vollzog sich 2006 im Zusammenhang mit dem neunten NSU-Mord. Am Tatort (dem Kasseler Internetcafé) befand sich ein Mitarbeiter des LfV Hessen, Temme. Durch das Verlaufsprotokoll seines Computers konnte belegt werden, dass er während der Tat anwesend war. Trotz Aufrufen der Polizei meldete er sich nicht bei den Behörden, was ihn tatverdächtig machte und zu seiner Verhaftung führte. Doch es fehlten Beweise und ein begründeter Tatverdacht. Als ob dies nicht brisant genug wäre, wurde nach dem Auffliegen des NSU die Rolle Temmes durch die BAW untersucht. Die BAW fand heraus, dass Temme am Tattag mit einem rechtsextremen V-Mann Kontakt übers Handy hatte – dieser V-Mann soll laut einer Quelle mit Temme verwandt sein. Das könnte (zusätzlich zu den gefundenen nazistischen Devotionalien etc.) Temmes politische Einstellung untermauern. Meinen Informationen zufolge handelt es sich bei dem besagtem V-Mann um Benjamin G., der Bezüge zu Combat 18 haben soll. Die häufige Anwesenheit Temmes in Yozgats Internetcafé hat vermutlich nur vordergründig damit zu tun, dass er ungestört in Single-Kontaktbörsen surfte, damit seine Frau nichts mitbekam. Wahrscheinlicher scheint ein dienstlicher Anlass, denn das Internetcafé lag in der Nähe einer Moschee, in der islamistische Gefährder vermutet wurden. Deshalb hat sich Temme vielleicht die Verlaufsprotokolle der im Internetcafé befindlichen Rechner runtergeladen, um diese nach Spuren der islamistischen Verdachtspersonen zu durchsuchen.

Für einen Aufschrei der Empörung sorgte, dass (auf Temme und seine V-Leute bezogene) Akten für 120 Jahre unter Verschluss gehalten werden sollen. Diese Akten legen wohl nahe, dass es keine Erkenntnisse bezüglich der Zusammenarbeit von NSU und lokalen Nazis gab, wobei angemahnt wurde, dass Spuren nicht sorgfältig genug nachgegangen wurde. Erstaunlich ist vor diesem Hintergrund, dass nach dem Mord an dem Regierungspräsidenten Walter Lübcke 2019 herauskam, dass in den ersten Versionen der oben genannten Akten der Name des mutmaßlichen Lübcke-Mörders elf mal vorkam – in der Endversion hingegen angeblich nicht. Zudem wurde bekannt, dass sich Temme mit dem mutmaßlichen Mörder auch beruflich befasste. Zudem wurden weitere Bezugspunkte Temmes zu den NSU-Morden in Nürnberg (2000) und in München und Nürnberg (2005) bekannt. Da dies aber alles reine Spekulationen sind, seien an dieser Stelle nur wenige Worte gesagt. Temme besitzt (dem Vernehmen nach) sowohl Kontakte zur OK als auch zur rechtsextremen Szene. Einige der weitsichtigen Köpfe (die sich mit der NSU-Thematik befasst haben) wiesen darauf hin, dass sie im NSU-Komplex einen Zusammenhang zwischen OK, Nazis und Geheimdiensten (verschiedener Länder) vermuten. Bekannt ist, dass von Temmes sechs Informanten lediglich einer ein Nazi war – die restlichen stammten aus dem islamistischen Milieu.

Die Anwesenheit Temmes beim Kasseler Mord wird auch unterschiedlich hinsichtlich des Umstands bewertet, warum danach die Česká-Mordserie aufhörte. Zwei Nebenklage-Anwälte vertreten hierzu unterschiedliche Meinungen. Während der erste meint, dass die Mordserie nach Kassel aufgehört habe, da Böhnhardt und Mundlos realisiert hätten, wie dicht die Ermittlungsbehörden ihnen auf den Fersen waren, geht der andere davon aus, dass sie über diesen Umstand lachten und dass das gegebenenfalls der Initialpunkt gewesen sei, auch den Kampf gegen Staatsrepräsentanten aufzunehmen.

Im Zusammenhang mit dem Sumpf aus Rechtsextremisten, V-Männern, Behördenakteuren und Personen aus dem Umkreis der OK ist es nicht verwunderlich, dass einige der in die Materie verwickelten Behörden dazu übergingen, ihre Unterlagen über den NSU und jegliche Hinweise über Behördenverwicklungen zu vernichten. Eigentlich hätte dieser Vorgang für einen öffentlichen Aufschrei ohnegleichen sorgen müssen – aber wieder einmal blieb der „deutsche Michel" brav. Proteste sind wohl nur bei Steuererhöhungen und Beschränkungen des PKW-Verkehrs zu erwarten.

Als Konsequenz mussten einige Behördenakteure ihre Stühle räumen – einige davon in Chefetagen, aber ansonsten gab es „business as usual", auch wenn in politischen Sonntagsreden das Gegenteil behauptet wurde. Ein Hotspot der behördlichen Aktenvernichtung war Köln. Hier residiert die Zentrale des BfV. Am 11. November 2011 (exakt eine Woche nach dem Auffliegen des NSU) startete dort die vielleicht umfangreichste Aktenvernichtungsaktion. Das Pikante ist, dass ein Bundesanwalt die Akten über die Aktion „Rennsteig" anforderte. Als der Skandal ruchbar wurde, erdreistete sich der Referatsleiter, die Aktenvernichtung auf den Januar 2011 zurückzudatieren. Wer einmal Einblick in die Funktions- und Arbeitsweise größerer deutscher Behörden erhielt, der weiß, dass eine solche Vorgehensweise zwar nicht dem Gesetz entspricht, aber dennoch umfangreich praktiziert wird. Wie erinnerlich hätten die Akten über „Rennsteig" Auskunft darüber gegeben in welchem Umfang der Staat V-Männer rekrutiert hat und inwiefern diese in Straftaten (im Zusammenhang mit dem THS) verwickelt waren. Der verantwortliche Referatsleiter mit dem Alias-Namen „Lothar Lingen" hat (dies kam ans Tageslicht) die Akten bewusst vernichtet, um sich und seine Behörde vor „Beschädigungen" zu schützen. Verständlicherweise erstatteten mehrere Angehörige der NSU-Opfer Strafanzeigen. Zudem stellte sich heraus, dass wenige Tage nach der von Lingen angeordneten Aktenvernichtung weitere Akten mit NSU-Bezug auftauchten. Zu diesem Zeitpunkt hatte der Präsident des BfV eine Überprüfung aller einschlägigen Akten angeordnet. Dennoch wurden auch diese Akten vernichtet. Erneut kam Lingen mit einem blauen Auge davon – in der unteren Etage rollte hingegen symbolisch ein Kopf.

Diese Vorgänge bilden nur die Spitze der Aktenvernichtungsvorgänge. Zwischen dem 4. November 2011 und dem 4. Juli 2012 wurden mindestens weitere 310 Akten mit Rechtsextremismus-Bezügen vernichtet. Zwar wird behauptet, dass die meisten dieser Akten keinen NSU-Bezug besaßen, aber es waren auch anderslautende Töne zu vernehmen. Im Winter 2011 wurden vier Abhörprotokolle und eine V-Mann-Meldung von Werner (der zum engeren NSU-Kreis zählte) vernichtet.

Doch auch in den LfVs und weiteren Behörden erfolgten im Zuge der Causa NSU Maßnahmen der Aktenvernichtung. Im LfV Berlin wurde Aktenmaterial über die rechtsextremistische Band „Landser" geschreddert. Auch Akten über Blood and Honour fanden den Weg in die Tonne. In diesem Fall konnten die Akten teilweise rekonstruiert werden – darin fanden sich NSU-Bezüge.

Sowohl Starke als auch Werner zählten zum NSU-Umfeld. Über Heise enthielten die vernichteten Blood and Honour-Akten ebenso Hinweise. Da sich nur ein Bruchteil der im Zusammenhang mit dem NSU vernichteten Akten wiederherstellen ließ, gingen viele wertvolle Informationen, Abschriften von Telefonaten und Berichte über Treffen mit V-Männern unwiederbringlich verloren.

Auch „kleinere" Behörden waren von Aktenvernichtungsmaßnahmen betroffen. So soll die Staatsanwaltschaft Chemnitz 2006 vorzeitig Akten über den NSU-Raubüberfall aus dem Jahre 1998 vernichtet haben. Doch selbst die BAW ging aus den Aktenvernichtungsorgien nicht unbefleckt hervor. Sie vernichtete 2014 angeblich das Notizbuch von Werner, was (im Rahmen des NSU-Prozesses) zu Strafanzeigen von Angehörigen der Opfer führte. Das Brandenburger LfV zerstörte im Frühjahr 2015 Akten mit Bezügen zu V-Mann Piatto. Diese Akten hätten Aufschluss über die mangelhafte Kommunikation mit den sächsischen Behörden zu Beginn der NSU-Illegalität geben können. Selbst wenn es politischen Aufklärungswillen gab, darf man das Beharrungsvermögen der staatlichen Institutionen nicht unterschätzen. In diesem Zusammenhang ist auf die föderative Geheimdienst- und Behördenstruktur in Deutschland hinzuweisen, die zu massivem Konkurrenzdenken und streben nach Ressourcen führt.

Die NSU-Affäre blieb nicht ohne Konsequenzen, und es ist nicht vermessen zu behaupten, dass die Strahlkraft einer Staatsaffäre danach bemessen werden kann, wie viele Beamte entlassen werden und welche Politiker ihren Hut nehmen müssen.

Das Jahr nach dem Auffliegen des NSU brachte ein Beben auf den Chefetagen der betroffenen Ämter mit sich. So bat der Präsident des BfV am 2. Juli 2012 aufgrund der Ermittlungs- und sons-

tigen Pannen um seine vorzeitige Entlassung, die durch Bundesinnenminister Hans-Peter Friedrich genehmigt wurde. Einen Tag
später traf es den Präsidenten des LfV in Thüringen: Thomas Sippel
wurde in den einstweiligen Ruhestand versetzt. Gut eine Woche
später trat der Präsident des LfV Sachsen, Reinhard Boos, zurück.
Am 13. September 2012 traf es den Amtsleiter des LfV in Sachsen-
Anhalt, Volker Limburg. Und im November 2012 musste die Lei-
terin des LfV Berlin, Claudia Schmid, Fälle rechtswidriger Aktenvernichtung eingestehen und trat mit sofortiger Wirkung zurück.
Ein Jahr nach dem Chef-Beben auf der LfV-Ebene traf es noch den
Vizepräsidenten des sächsischen LfVs.

Die NSU-Affäre hat für ein Stühlerücken auf den Chefetagen
der deutschen Sicherheitsbehörden gesorgt, das seinesgleichen
sucht. Daran können zwei Dinge abgelesen werden: Einmal handelt
es sich bei der Causa NSU um eine Staatsaffäre, die Deutschland
und die mit ihr verbundene Sicherheitsarchitektur betrifft. Viele
Ämter, die in die NSU-Affäre verwickelt waren, haben gravierende
Fehler gemacht. Hierzu reicht die Erklärung nicht aus, mit der ein
Anwalt meine Hinweise (hinsichtlich eines Ämterversagens und
gezielter Vertuschungs- und Manipulationsvorgänge) abzuwiegeln
versuchte: „Überall, wo gearbeitet wird, werden Fehler gemacht.
So auch in diesen Fällen. Es handelt sich um Menschen und Menschen machen nun einmal Fehler." Was der Anwalt kritisierte, ist
der Umgang mit vermeintlich menschlichen Fehlern, da die Ämter
versuchten, ihre Fehler zu vertuschen, anstatt sie offenzulegen.
Ich hingegen glaube, es kann davon ausgegangen werden, dass
die Ämter ein massives Eigeninteresse bei der Vertuschung ihrer
Spuren zum NSU hatten. Damit muss nicht das Amt per se oder
die Institution als Ganze gemeint sein. Vielmehr versuchen Teile

und Akteure dieser Institutionen, die etwas zu verbergen haben, ihr Fehlverhalten unter den Teppich zu kehren, damit weder juristisch strafbares noch moralisch-ethisch verwerfliches Handeln ans Tageslicht kommt. Wichtig wäre für die Zukunft, dass bestimmte Geheimdienstkompetenzen mehr gebündelt und dass die diversen Ämter effizienter und ohne Eigennutz zusammenarbeiten und rechtzeitig ihre Informationen austauschen – zum Wohle der Bürger Deutschlands.

Eine dringende Lehre aus der NSU-Affäre müsste zudem lauten, dass der Staat die Unterwanderung von extremistischen Gruppen und Terrororganisationen unterlässt. Wie auch am Fallbeispiel NSU abgelesen werden kann, führen staatliche Verstrickungen zu massivem Leid und Unrecht. Der Grundgedanke staatsfeindliche Gruppierungen zu unterwandern, um diese zu steuern, mag an sich richtig sein, aber die Praxis hat gezeigt, dass hierdurch (z. B. Geldzuwendungen, Informationsbeschaffung, Schutz der V-Leute usw.) mehr Unrecht geschaffen denn Unheil verhindert wird. Mit der Verflechtung von Staat und Gruppen, die diesen mit allen Mitteln bekämpfen wollen, beginnt die Ursünde und der Staat macht sich im Zweifel an allen Verbrechen, die infolge von diesen Gruppen begangen werden, mitschuldig.

Das war der Grund für das Stühlerücken in den Chefetagen der Geheimdienste und für die dafür ursächlichen Vernichtungsaktionen. Hierdurch sollte der Staat aller Wahrscheinlichkeit nach in die Lage versetzt werden, seine Hände in Unschuld zu waschen, wobei der NSU wohl erst durch die staatliche Unterstützung und den Schutz von V-Männern zu existieren begann und sein mörderisches Handwerk aufnehmen konnte. In diesen Szenarien wurde die Schlussfolgerung, dass Zschäpe, Böhnhardt und Mundlos gegebenenfalls bis zum Schluss selbst als V-Leute für deutsche Sicherheitsbehörden arbeiteten, noch ausgeschlossen. Eine der zentralen Schlussfolgerungen des prominenten Nebenklage-Anwalts Daimagüler lautet deshalb: „Die Geheimdienste müssen einer strengen parlamentarischen Kontrolle unterliegen, damit sich solche gefährlichen Verselbstständigungen der Geheimdienstbehörden nicht wiederholen können."

16 Zeugensterben

Im Zusammenhang mit dem NSU ist auffällig, dass wichtige Zeugen, Sachverständige und Ermittler unerwartet aus dem Leben schieden. Sie begingen Selbstmord, hatten Unfälle oder erlagen plötzlichen Krankheiten, die sich aus medizinischer Sicht nur schwer erklären lassen.

Dabei lassen sich diese merkwürdigen Todesfälle chronologisch in zwei Gruppen einteilen. Einmal in Vorfälle, die vor dem Auffliegen des NSU stattfanden und dann in Fälle, die nach der Enttarnung eintraten.

Als die Ermittlungsbehörden noch pauschalisierend von „Döner-Morden" sprachen und niemand offiziell von der Existenz des NSU wusste, starben innerhalb von drei Tagen drei Kriminalbeamte, die in Thüringen mit der Fahndung nach dem NSU-Trios befasst waren.

Kriminalkommissar (KK) Friese erschoss sich auf der Behördentoilette. Friese war für die telefonische Überwachung des NSU und seines Umfelds verantwortlich.

Der Leiter der Sonderkommission ZEX (die sich dem Kampf gegen Rechtsextremismus widmete) erhängte sich mit einer Hundeleine im Keller seines Hauses. In diesem Zusammenhang überrascht, dass sein Abschiedsbrief sofort unter Verschluss genommen wurde.

Ein Polizeiabteilungsleiter mit Trio-Bezug erlag einem überraschenden Herzversagen.

Die Todesfälle der Polizisten können, müssen aber nicht mit dem NSU zusammenhängen. Ein Herzversagen kann jeden ereilen und Suizide sind für Männer zwischen 20 und 40 Jahren bekanntlich beinahe das größte Sterberisiko.

Deshalb müssen wir einen Blick auf die weiteren Todesfälle werfen, die im Zusammenhang mit dem NSU aufgefallen sind. Zunächst kommt der damals 18-jährige Arthur Christ in Betracht, der vor dem Auffliegen der NSU-Terrorzelle im Jahre 2011 tot aufgefunden wurde. Seine Auffinde-Situation ist heikel, denn am 25. Januar 2009 fand man ihn als halb verkohlte Leiche im ausgebrannten Innenraum seines PKWs. Kriminaltechnische Untersuchungen ergaben, dass in dem PKW ein hoch entzündliches Benzin-Diesel-Gemisch ausgegossen worden war. Diese Art des vermeintlichen Suizids ist für mich fragwürdig. Es liegt auf der Hand, dass dieser Tod mit unglaublichen Schmerzen einhergeht. Wieso sollte jemand diese schmerzvolle Art des Selbstmords wählen, wenn es doch deutlich angenehmere Wege gibt, aus dem Leben zu scheiden? Angeblich wies Christ Ähnlichkeit mit einem Phantombild einer Zeugin auf, die einen Mann vom Heilbronner Tatort Theresienwiese fliehen sah. Musste Christ sterben, da er in diese Ereignisse involviert war? Andere Stimmen sprechen von gezielter Desinformation, da das Phantombild kaum Ähnlichkeit mit Christs Erscheinung besaß. Wie dem auch sei, die Umstände seines Todes bieten nur wenige Möglichkeiten, eine Fremdeinwirkung forensisch nachzuweisen. Allerdings lässt sich mit Sicherheit festhalten: Sollte es sich um einen Tod mit Fremdeinwirkung gehandelt haben, dann verlangte dies von den Tätern ein hohes Maß an Professionalität.

Der nächste Fall passierte vier Jahre später, wobei die Art des angeblichen Suizids dieselbe wie bei Christ war. Es geht um Florian Heilig, der ein wichtiger Zeuge war, der Einblicke über die rechtsextreme Szene besaß und auch behauptete, Insider-Wissen über den NSU zu besitzen. Auffällig ist der zeitliche Zusammenhang von seinem Tod und einer neuen Vernehmung durch das LKA Baden-

Württemberg zu Kiesewetters Tod. Der 21-jährige Heilig wurde am 16. Oktober 2013 in der Nähe des Cannstatter Wasens in Stuttgart in seinem Auto verbrannt aufgefunden, nur wenige Stunden bevor er im LKA vernommen werden sollte. Die Vorgeschichte ist brisant, denn Heilig war tief in die rechtsextreme Szene in Schwaben verwickelt. Zudem ist bekannt, dass er nach Auffliegen des NSU über eine rechtsterroristische Untergrundstruktur in Baden-Württemberg berichtete. Das wirft die Frage auf, ob es in Deutschland mehrere Organisationen wie den NSU gab.

Heilig verstieg sich so weit, dass er von Treffen zwischen der NSS und dem NSU berichtete – ohne inhaltliche Spezifizierungen zu machen, was die Inhalte der Treffen waren. Demnach hätte eine schwäbische Nazigruppierung mit den Thüringer Extremisten in Kontakt gestanden. Solange aber nichts über die Inhalte der Treffen bekannt ist, kann keine seriöse Einschätzung erfolgen, ob bzw. inwiefern es sich um NSU-relevante Belange handelt.

Interessant ist Heiligs Meinung, die er nach dem Auffliegen des NSU äußerte, denn er hielt den Selbstmord der Uwes in der Berichterstattung der Mainstream-Presse für „Fake-News", wie er seiner Mutter berichtete. Zudem ergänzte er, dass alles anders gewesen sei und dass die Presse Lügen verbreite. Im Sinne einer klassischen Verschwörungstheorie verstieg er sich zu den Behauptungen, dass die dem NSU zugeschriebenen Morde von höherer Stelle organisiert waren (ohne aber spezifische Auftraggeber zu benennen). Dennoch bestand er darauf, dass zahlreiche einflussreiche Personen (darunter hochrangige Rechtsanwälte und Beamte) in die Affäre um den NSU verwickelt seien. Heilig hatte durch seine kurzzeitige Mitgliedschaft in diversen rechtsextremen Gruppen Einblick in die Akteurs- und Interaktionsstruktur der Szene verschafft.

Trotz aller Ungewissheiten lohnt es sich, einen Blick auf Heiligs Todesumstände zu werfen. Auch nach seinem Tod gab es Ungereimtheiten. Diese betreffen die kriminaltechnischen Ermittlungen, denn Heiligs Eltern wiesen darauf hin, dass sich sowohl sein Handy als auch sein Laptop in dem ausgebrannten Auto befanden. Den Eltern erschien es merkwürdig, dass beide Gegenstände kriminaltechnisch nicht untersucht wurden. Eine Erklärung dafür könnte lauten, dass Polizei und Geheimdienste Heilig ohnehin elektronisch überwachten. Dann wussten sie genau, welche Daten sich auf den Geräten befanden, sodass eine Analyse überflüssig war. Die Erklärung hat den Haken, dass sich Heilig zum Zeitpunkt des Selbstmordes schon lange von der rechtsextremen Szene gelöst hatte und es fraglich ist, wieso ihn die Behörden weiter überwachten.

Heiligs Eltern berichteten weiter, vor der Selbstverbrennung habe es Manipulationen an den Autos der Familie gegeben, die beinahe zu Unfällen geführt hatten. Zudem gab es Anzeichen für eine Observation, da vor dem Haus zu seinen Lebzeiten immer eine Menge weißer Zigarettenstummel lagen, die nach seinem Tod dort nicht mehr auftauchten.

Mit Heiligs Tod endeten die mysteriösen Todesfälle in seinem Umfeld nicht. Heilig war bis kurz vor seinem Tod mit einer Frau (mit kroatischen Wurzeln) liiert. Melisa Marijanovic sagte am 12. März 2015 vor dem NSU-Untersuchungsausschuss Baden-Württemberg aus. Aufgrund der nicht-öffentlichen Sitzung ist nichts über den Inhalt ihrer Aussage bekannt. Die junge Frau machte aber keinen Hehl daraus, dass sie sich bedroht fühlte. Tatsächlich starb auch sie dann ganz unvermittelt: Etwa zwei Wochen nach ihrer Aussage vor dem Untersuchungsausschuss wurde sie von ihrem neuen Freund und Verlobten in ihrer Wohnung gefunden, wobei sie in schweren Krämpfen lag. Kurz darauf verstarb die junge Frau, wobei die Diagnose Lungenembolie lautete. Eine Lungenembolie in solch einem jungen Alter ist erklärungsbedürftig. Die Ärzte kamen zu dem Schluss, dass sie aus einer Thrombose resultierte, die sich Marijanovic nach einem Motorradunfall kurz vor ihrem Tod geholt hatte. Auch dieser Tod scheint mysteriös, zumal auch ihr neuer Freund eines unnatürlichen Todes starb.

Hier stellt sich die Frage, ob Marijanovic ihrem neuen Freund Geheimnisse anvertraute, die sie von Heilig hatte. Musste deshalb auch der neue Freund sterben bzw. reichte schon der Verdacht, dass Marijanovic ihn in Geheimnisse eingeweiht haben könnte? Gesichert ist, dass er sich knapp ein Jahr nach Marijanovics Tod zu Hause erhängte, obwohl sein Umfeld eine suizidale Neigung verneinte. Außerdem ist von Indizien die Rede, dass er in der betreffenden Nacht unbekannten Besuch empfing. Auch in diesem Fall gibt es Hinweise, die ein Fremdverschulden nahelegen. Beweise? Wieder Fehlanzeige.

Wie Heilig traf auch eine ehemalige rechtsextreme Frau das Schicksal eines überraschenden Todes. So wurde Corinna B. am 30. Januar 2017 vor den Untersuchungsausschuss des baden-württembergischen Landtags geladen. Die Frau galt zu früheren Zeiten als eine Schlüsselfigur der Neonazi-Szene in Schwaben. Die offizielle Pressemitteilung des NSU-Untersuchungsausschusses verlautbarte: „Die Zeugin gehörte in den 1990er Jahren mutmaßlich zu einer Gruppierung von Rechtsextremisten im Raum Ludwigsburg, welche im persönlichen Austausch mit der Neonazi-Szene in Jena stand."

B. soll 1996 eine Szene-Gaststätte in Ludwigsburg mit Zschäpe, Böhnhardt und Mundlos besucht haben. B. hatte also persönlichen Kontakt zum NSU-Trio, was gegebenenfalls daran lag, dass sie zu jener Zeit in einer Beziehung mit einem prominenten Veranstalter von Skinhead-Konzerten lebte. Dies legt den Verdacht nahe, dass B. Kenntnisse über das braune Netzwerk in Schwaben und dessen Beziehungen zum Zwickauer Trio besaß. Zudem dürfte sie durch ihren Lebensgefährten Einblicke in die dem NSU nahestehende Blood und Honour-Bewegung und in Strukturen des Ku-Klux-Klans besessen haben. Der Vorgesetzte von Kiesewetter und V-Leute aus dem Umfeld des NSU waren ja auch nachweislich beim Ku-Klux-Klan tätig.

Überraschend starb B. einen Tag vor ihrer Aussage. Das Bizarre an den Umständen nach ihrem Tod war, dass sie sofort eingeäschert wurde, obwohl sich der NSU-Untersuchungsausschuss um eine Obduktion bemühte. Aussagen, dass B. ermordet wurde, gelten als unseriös. Aber sogar Wolfgang Drexler (SPD) gab zu, dass er nicht sicher sei, ob B. eines natürlichen Todes starb oder ob nicht Fremdeinwirkung vorläge. Stellt man diese Aussage in Beziehung zu Drexlers sonst eher verhaltenem (denn wild die Wahrheit zutage fördernden) Verhalten im Untersuchungsausschuss, dann scheint sie brisant.

Damit nicht genug, denn die mysteriösen Todesfälle der Zeugen in Sachen Polizistenmorde von Heilbronn reißen nicht ab. So starb am 11. 6. 2016 Lieselotte Walz an einer unheilbaren Knochenkrankheit. Sie war die Zeugin, die nach den tödlichen Schüssen auf der Theresienwiese einen russisch sprechenden, blutverschmierten Mann in eine Limousine mit Mosbacher (MOS) Kennzeichen einsteigen sah, wodurch sie zu einer zentralen Zeugenfigur in diesem Kriminalfall wurde. Ihren Angaben entsprechend wurden Phantombilder erstellt. Die Phantombilder wurden aber nie zur Fahndung freigegeben – nur durch ein Leck gelangten sie 2013 in eine Zeitung und damit an die Öffentlichkeit. Keines der Phantombilder weist auch nur eine entfernte Ähnlichkeit mit Böhnhardt und Mundlos auf. Was merkwürdig ist: Die Ermittlungsbehörden schenkten den Zeugenaussagen weitgehend Glauben, bis 2011 die NSU-Täterschaft durch die Behörden in Stein gemeißelt wurde.

Der polizeiliche Gutachter Heinz-Dieter Wehner, der zu dem vielsagenden Ergebnis kam, dass die Schüsse von Heilbronn von zwei Rechtshändern abgegeben wurden (was Böhnhardt als Täter ausschloss), erlag im Sommer 2016 einem Krebsleiden. Wehner hatte zu Recht moniert, dass Kiesewetters KFZ nicht für die üblichen kriminaltechnischen Untersuchungen zur Verfügung gestellt wurde. Nun ist Krebs eine Todesursache, die nicht im Verdacht steht, extern induziert werden zu können, dennoch fällt das massive Zeugensterben im NSU-Kontext auf. Im Fall des Bombenanschlags in der Kölner Keupstraße starb ein Zeuge ebenso unerwartet im April 2015 an einem Krebsleiden. Markant: Der Bruder des Toten war ein türkischer Offizier im Range eines Oberleutnants – und er war zur Tatzeit in der Keupstraße. Dies könnte Fragen hinsichtlich einer türkischen Geheimdienst- und Militär-Verwicklung aufwerfen. Der türkische Offizier wurde nach dem Anschlag zum Tatkomplex vernommen, aber seine Aussagen wurden vernichtet. Wieso und wer profitierte davon? Was hatte der türkische Militärangehörige ausgesagt? Was war seine Mission in Köln oder handelte es sich doch „nur" um einen Verwandtenbesuch? Hatte er im Auftrag seines Staats die Spur der Döner-Morde verfolgt und wurde beinahe selbst Opfer eines Anschlags?

Kommen wir zum wahrscheinlich signifikantesten Zeugentod. Anhand dieses mysteriösen Todesfalls können weitere brisante

Fragen gestellt werden. Der Betroffene war V-Mann Corelli. Bei ihm handelte es sich nach Einschätzung vieler Experten um den wichtigsten V-Mann – vielleicht noch wichtiger als Spitzenspitzel Brandt. Völlig überraschend starb Corelli am 7. April 2014, bevor er erneut durch die Behörden befragt werden konnte. Die Todesursache war eine unerkannte Form der Diabetes. Dieser diabetische Schock könnte fragwürdig erscheinen, zumal die Krankheit bei ihm nie diagnostiziert wurde.

Corelli gilt NSU-Kennern als Erfinder und Organisator des NSU. Corelli handelte in Sachen NSU sozusagen im quasi-staatlichen Auftrag. Die Summe, die Corelli für seine Spitzeldienste erhielt, summierten sich auf etwa 180.000 €. Nach eigenen Angaben hatte er das Geld in die Aufbauarbeit rechtsextremistischer Strukturen gesteckt, wobei die brisante Frage auftaucht, ob ein Teil dieses Kuchens beim NSU-Trio ankam.

Bezüge zwischen Corelli und dem NSU gibt es viele. So hatte der V-Mann den NSU bereits 2003 (also acht Jahre vor dessen Enttarnung) in einem rechtsextremen Lied untergebracht. Zudem wurde der NSU in dem von Corelli gesponserten rechtsextremistischen Fanzine „Der Weiße Wolf" ein Jahr zuvor erwähnt, da es dem NSU die inzwischen bekannte Grußbotschaft sendete: Der Kampf gehe weiter und die NSU-Geldspende habe Früchte getragen. Außerdem: Corelli erstellte mit Helfern eine CD mit digitalem Bildmaterial, auf dessen Cover sich die Aufschrift „NSU/NSDAP" befindet. Auch das geschah lange bevor der NSU öffentlich in Erscheinung trat.

Das besondere Merkmal an Corelli ist, dass sich dieser seit September 2012 in einem staatlichen Zeugenschutzprogramm des BKA befand, da zu diesem Zeitpunkt seine jahrelange Kollaboration mit dem Verfassungsschutz bekannt wurde. Corelli durchlief im Zeugenschutzprogramm mehrere streng geheim gehaltene Stationen in Großbritannien und Leipzig, bevor er in Paderborn tot aufgefunden wurde.

Was auch immer Corelli getan hatte und wusste, kurz vor der Befragung durch Ermittlungsbeamte fanden die zuständigen Beamten ihn tot auf, wodurch seine Aussage verhindert wurde. Der angebliche diabetische Schock wurde eingehend untersucht und es gab zwei widersprüchliche Versionen.

Ein Gutachten besagt, dass der Tod durch extern induzierte Stoffe wie Wachstumshormone oder Medikamente denkbar sei, das zweite Gutachten bestreitet das und geht von einem Tod ohne Beeinflussung aus. Ein prominenter Zeuge starb also im BKA-Zeugenschutzprogramm auf mysteriöse Weise. Bei dem eigentlich hochprofessionellen Zeugenschutzprogramm einer Bundesbehörde waren nur Eingeweihte und Staatsakteure aus dem Dunstkreis der Geheimdienste in der Lage, Corellis Aufenthaltsort in Erfahrung zu bringen. Dann wären Corellis Mörder (sollte das erste Gutachten stimmen) genau dort zu finden, was ein beängstigender Gedanke ist.

Das massive „Zeugensterben" in Sachen NSU fällt also auf. Allerdings können keine belastbaren Beweise herangeführt werden, dass es sich um Morde handelt. Das wäre unseriös. Dennoch ist die Häufung nicht von der Hand zu weisen, zumal jeder Todesfall Fragezeichen aufwirft, welche die Möglichkeit eines unnatürlichen, herbeigeführten Todes nicht ausschließen. Sollten hier wirklich Zeugen zum Schweigen gebracht werden?

17   Fazit

Auf die Frage, was für ihn schwerer wiegen würde (die konkreten Morde an neun Menschen mit Migrationshintergrund oder der institutionell verankerte Rassismus in deutschen Behörden) antwortete Mazyek: „Selbstverständlich ist für die direkt Betroffenen der Mord schlimmer. Das ist doch die schlimmste Form des Unrechts. Aber für die Community mit dem sogenannten Migrationshintergrund wiegt ein mutmaßlich staatlicher Rassismus schwerer."

Das sind deutliche Worte.

Das vorliegende Buch hat mehr Fragen gestellt, als es gesicherte Beweise liefern konnte. Dies liegt nicht an der Unfähigkeit des Autors, sondern an einer beinahe unüberschaubaren Gemengelage von unzähligen Akteuren und einer sehr langen Zeitspanne. Zudem dürfte ersichtlich geworden sein, dass es durchaus Akteure gab, die im Zusammenhang mit dem NSU alle Spuren zu beseitigen versuchten.

Im Gegensatz zu anderen Werken über den NSU stand hier die Zeitspanne des NSU-Trios im Untergrund im Fokus. Die Zeit vor dem Abtauchen in die Illegalität ist gut belegt und es lassen sich zahlreiche Akten, Aussagen usw. als „Beweise" anführen. Leider gilt dies nicht mehr für die Zeit, als der NSU den letzten Buchstaben seines Akronyms für bare Münze nahm und im Untergrund lebte.

Es bleibt zu hoffen, dass die in diesem Buch präsentierten Ungereimtheiten der größten Mordserie Nachkriegsdeutschlands die Leser zum Innehalten, Nachdenken und Schlüsse ziehen animiert.

Ich selbst habe die Zeit der Recherchen für dieses Buch als intensiv empfunden. Dass Menschen mit dem Tode bedroht wurden, weil sie mit mir sprechen wollten, ist mir nahegegangen. Ich selbst erhielt keine Drohungen. Vermutlich, weil klar ist, dass ich nur brisante Fragen stellen und den Finger in die sprichwörtlichen Wunden legen, aber nichts beweisen kann. Vielleicht ist dies für mich als Autor und Mensch ein Glücksfall. Dies trifft aber leider nicht auf den Fall NSU zu. Denn hier gibt es trotz aller medialen, parlamentarischen und juristischen Aufarbeitung eine Menge noch zu füllender Leerstellen. Es bleibt zu hoffen, dass sich im Laufe der Zeit Personen, die in die Causa NSU verwickelt sind, entscheiden, ihr Schweigen zu brechen und die Öffentlichkeit von ihrer Rolle und ihrem Wissen in Kenntnis zu setzen. Denn dass eine durchaus als Staatsaffäre zu titulierende Verbrechensserie größtenteils im Dunkeln bleibt, ist einer repräsentativen Demokratie, wie sie in Deutschland laut Grundgesetz zu herrschen hat, völlig unwürdig. Nicht nur die Angehörigen der Opfer, sondern alle Menschen in diesem Land haben schließlich ein Recht darauf zu erfahren, was wirklich hinter dem NSU und den angeblich von ihm begangenen Taten steckt.

18 Literatur (Auswahl)

Stefan Aust/Dirk Laabs, Heimatschutz. Der Staat und die Mordserie des NSU. München 2014

Heidi Benneckenstein, Ein deutsches Mädchen. Mein Leben in einer Neonazi-Familie. 2. Auflage. Stuttgart 2019

Paula Bulling/Anne König, Bruchlinien. Drei Episoden zum NSU. Leipzig 2019

Compact Spezial-Editionen zum Thema NSU

Mehmet Daimagüler, Empörung reicht nicht. Unser Staat hat versagt. Jetzt sind wir dran. Köln 2017

Andreas Förster/Thomas Moser/Tumilan Selvakumaran (Hg.), Ende der Aufklärung. Die offene Wunde des NSU. Tübingen 2018

Gisela Friedrichsen, Der Prozess. Der Staat gegen Zschäpe u. a. München 2019

Matthias Meisner/Heike Kleffner (Hg.), Extreme Sicherheit. Rechtsradikale in Polizei, Verfassungsschutz, Bundeswehr und Justiz. Freiburg 2019

Matthias Quent, Rassismus, Radikalisierung, Rechtsterrorismus. Wie der NSU entstand und was er über die Gesellschaft verrät. 2 Auflage. Weinheim/Basel 2019

Annette Ramelsberger u.a. (Hrsg.), Der NSU-Prozess. Das Protokoll. München 2008

Andreas Röpke, 2018. Jahrbuch Rechte Gewalt. Hintergründe, Analysen und die Ereignisse 2017. München 2018

Philip Schlaffer, Hass. Macht. Gewalt. Ein Ex-Nazi und Rotlicht-Rocker packt aus. München 2020

Tanjev Schlutz, NSU. Der Terror von rechts und das Versagen des Staates. München 2018

Karolin Schwarz, Hasskrieger. Der neue globale Rechtsextremismus. Freiburg im Breisgau 2020

Kai Voss, Das NSU-Phantom. Staatliche Verstrickungen in eine Mordserie. Graz 2014

Wolf Wetzel, Der NSU-VS-Komplex: Wo beginnt der Nationalsozialistische Untergrund – wo hört der Staat auf? 3. Auflage. Münster 2015